Georg Auernheimer

Die strategische Falle

Die Ukraine im Weltordnungskrieg

PapyRossa Verlag

Luxemburger Str. 202, 50937 Köln
Tel.: +49 (0) 221 – 44 85 45
Fax: +49 (0) 221 – 44 43 05
E-Mail: mail@papyrossa.de
Internet: www.papyrossa.de

Umschlag: Verlag, unter Verwendung einer
Abbildung © by Andrii | Adobe Stock [489717338]
Druck: CPI – Clausen & Bosse, Leck

Die Deutsche Nationalbibliothek verzeichnet diese Publikation in der Deutschen Nationalbibliografie; detaillierte bibliografische Daten sind im Internet über http://dnb.d-nb.de abrufbar

ISBN 978-3-89438-822-5

Inhalt

Einleitung

»Solche Kriege zwischen Großmächten sind für die Stellvertreter nicht selten brandgefährlich.«

Winston Churchill 1920 zum Angriff Griechenlands auf die Türkei, der im geopolitischen Interesse Großbritanniens war.
(zit. nach Milton 2022, 214)

Die gängige Erzählung über diesen Krieg geht so: Die Großmacht Russland hat ohne Anlass die machtlose Ukraine angegriffen. Der Angriff lasse sich nur mit dem ererbten Imperialismus des russischen Machthabers erklären. – Es sei ein »unprovozierter Angriffskrieg«, wird in endloser Schleife wiederholt. Eine alternative Darstellung, die eine Erklärung liefern könnte, würde davon ausgehen, dass die osteuropäischen Staaten – oder besser die neuen Eliten dieser Staaten – der Russischen Föderation, dem früheren Kernstaat der Sowjetunion, misstrauten und sich der NATO zuwandten, was man seitens des Westens nicht verweigern wollte – wenn dieser es nicht gar selbst forcierte. Von der Osterweiterung dieses Bündnisses sah sich seinerseits Russland bedroht, was von den Vertretern der NATO-Staaten übergangen wurde. Beiderseitiges Misstrauen hätte demnach wie so oft in der Geschichte zum Krieg geführt. Wir hätten eine Konfliktdynamik vor uns, die niemand mehr unter Kontrolle hatte, und die sich deshalb in eine Tragödie verwandelte.

Nun gab es aber ein Ereignis, das trotz aller Beschönigung seitens westlicher Regierungen und Medien nicht zu leugnen ist und auf einen politischen Akteur hinweist. Ende Februar 2014 wurde die ordnungsgemäß gewählte Regierung der Ukraine weggeputscht, und zwar mit Billigung und Unterstützung der EU und der USA. Die US-Administration zeigte ganz offen ihre Unterstützung für den Staatsstreich und die Übernahme der Macht durch russlandfeindliche Kräfte, was eine Provokation gegenüber der Russischen Föderation bedeuten musste. Es war die zweite Provokation nach 2008, als die USA die Ukraine zur Kandidatur für die Aufnahme in die NATO vorschlugen, was die eigenen Diplomaten als eindeutige rote Linie für die russische Führung bezeichnet hatten. – Also doch kein »unprovozierter Angriffskrieg«? Was sich in den acht Jahren zwischen Putsch und Angriff abspielte, macht das Fragezeichen noch größer.

Die Randereignisse um den sogenannten Euro-Maidan verraten *das Interesse der USA an dem Konflikt.* Alles spricht dafür, dass auf dem Boden der Ukraine ein Krieg zwischen den USA und der Russischen Föderation ausgetragen wird. Dass es sich um einen Stellvertreterkrieg handelt, bestätigen die anscheinend unbegrenzten Waffenlieferungen an die Ukraine, die Ausbildung ukrainischer Soldaten in den USA, Großbritannien und in EU-Staaten, die Hilfe westlicher Geheimdienste und die Satellitenaufklärung sowie die kontinuierlichen Konsultationen des ukrainischen Generalstabs mit den US-Streitkräften. Es ist jedoch ein Stellvertreterkrieg mit nicht ganz klaren Kriegszielen. Die sind ebenso klärungsbedürftig wie die Motive. Ein Systemgegensatz wie in der Zeit des Kalten Krieges fällt als Konfliktursache aus: Die Russische Föderation ist Teil der kapitalistischen Weltwirtschaft. Um die Feindseligkeiten verständlich zu machen, hat man im Westen einen fiktiven Systemgegensatz zwischen Demokratie und Autokratie in die Welt gesetzt.

Auch über *die Kriegsziele der Russischen Föderation* wird spekuliert und gestritten. Journalisten, »Osteuropaexperten« und Politiker unterstellen teilweise allen Ernstes, Putin wolle nicht nur die Ukraine »heimholen«, sondern ganz Osteuropa erobern. Die Verfolgung des Kriegsverlaufs und die Analyse der militärischen Strategie Russlands können wahrscheinlich Aufschluss darüber geben, was Motiv und Ziel für den Angriff waren. Seit April 2022 beschränken sich die russischen Streitkräfte im Wesentlichen auf die Verteidigung der von ihnen eroberten Verwaltungsbezirke im Osten und Süden der Ukraine sowie der Krim. Die ukrainische Führung hat ihrerseits klargemacht, dass ihr Ziel die Rückeroberung dieser Oblaste, aber auch der Krim ist. Über die Kriegsziele der westlichen Allianz wird in Denkfabriken, Medien und politischen Foren diskutiert.

Zunächst soll im Folgenden das wirtschaftliche und politische System der Russischen Föderation beleuchtet werden, da dieser große Vielvölkerstaat[1], der aus einem historisch einmaligen Transformationsprozess hervorgegangen ist, hierzulande für viele eine Terra incognita zu sein scheint. Viele von uns assoziieren mit ihm noch Merkmale der Sowjetunion. In unserer knappen Skizze gilt das Augenmerk der Rolle Putins im Transformationsprozess; denn dessen Personalisierung und Dämonisierung als Feind weckt kindische Vorstellungen und erklärt nichts.

Im zweiten Unterkapitel wollen wir im historischen Rekurs in Erinnerung rufen, wie widersprüchlich und wandelbar die Beziehung der Bundesrepublik und dann der Europäischen Union zur Sowjetunion und später zur Russischen Föderation war. Die transatlantische Bindung an die USA muss dabei Berücksichtigung finden.

Daraufhin wird auf den Beginn der unilateralen Machtverhältnisse nach dem Zusammenbruch der Sowjetunion zurückgeblendet, als die US-Eliten entsprechend der Wolfowitz-Doktrin bestrebt waren, die Supermachtposition künftig um jeden Preis zu behaupten. Im Kampf um die Kontrolle Eurasiens sehen sich die USA nun seit Beginn des 21. Jahrhunderts mit China als wirtschaftlichem Rivalen konfrontiert. Strategisch boten sich unterschiedliche Optionen gegenüber Russland und China an. Die sollen am Schluss des ersten Kapitels erörtert werden.

---

1 Die Vielfalt an Nationalitäten ist zwar in der Russischen Föderation mit den »Russen« als Titularnation nicht mehr so groß wie in der Sowjetunion, aber immer noch beträchtlich. Insofern wäre es angemessener, von »russländisch« anstatt von »russisch« zu sprechen – im Sinne von »rossijskij«, also »Russland« anstatt »Russen« betreffend. Doch wird im Folgenden der allgemeinen Gewohnheit entsprechend und damit der besseren Lesbarkeit halber der Begriff »russisch« verwendet.

Leider ist es hier nicht möglich, die Interessen und Motive des britischen Establishments in diesem Krieg zu klären. Großbritannien hat in diesem Drama bisher eine unterbelichtete Rolle gespielt. Boris Johnson hat Selenskyj im April 2022 zum Abbruch der Friedensverhandlungen gedrängt. London steht bei den Finanzhilfen für die Ukraine an dritter Stelle und in vorderster Linie bei Waffenlieferungen. Zudem fällt der regelmäßige mediale Bezug auf »den britischen Militärgeheimdienst« als Informationsquelle für das Kriegsgeschehen auf. Großbritannien ist der einzige Akteur, dessen Motive, so er denn eigenständige hat, unklar sind. Dieser blinde Fleck sei nur angemerkt.

Da unsere These ist, dass die mehrschichtigen inneren Konflikte der Ukraine den Angriffspunkt für die geopolitische Strategie der USA in Eurasien lieferten, werden wir am Anfang *des zweiten Kapitels* dem Prozess des Nation Building der Ukraine mit seinen Schwierigkeiten breiten Raum geben. In weiteren Abschnitten des Kapitels wird die Vorgeschichte zur Invasion Russlands ab dem Maidan-Aufstand und dem Putsch 2014 alternativ zum westlichen Narrativ dargelegt.

Inhalt *des dritten Kapitels* ist der Kriegsverlauf vom Einmarsch und den sabotierten Friedensverhandlungen bis zum Abnutzungskrieg und zur ukrainischen Gegenoffensive, die spätestens im Herbst 2023 ins Stocken geraten ist. Die verheerenden Kriegsfolgen für die Ukrainerinnen und Ukrainer wollen wir, soweit Ende 2023 absehbar, verdeutlichen. Die frontnahen Regionen im Osten und Süden der Ukraine werden so zerstört und kontaminiert sein, dass es Jahrzehnte brauchen wird, um sie wieder wirtschaftlich produktiv und lebensfreundlich zu machen. Der Kriegsverlauf ist nur soweit von Interesse, als er die jedenfalls bis Herbst 2023 begrenzten Kriegsziele Russlands verdeutlicht. Von langfristigem Interesse sind die weltweiten Folgen dieses Kriegs.

Wir möchten *im vierten Kapitel* sichtbar machen, dass der Krieg nicht nur für die Ukraine erschreckende Folgen zeitigen wird. Schon jetzt zeichnet sich eine furchterregende Militarisierung der

Gesellschaften ab. Die konfrontative Politik der westlichen Allianz, die auch die VR China ins Visier genommen hat, verhindert die Kooperation der Weltgemeinschaft, die dringend geboten wäre, um die ökologische Katastrophe zu verhindern und das Elend und die Perspektivlosigkeit in einigen Weltregionen zu bekämpfen. Im Fokus unserer Überlegungen stehen die planetaren Belastungsgrenzen, zu deren Überschreitung die Kriege und Kriegsvorbereitungen beitragen. Die Emissionen der angekündigten Rüstungsvorhaben und Manöver konterkarieren alle Anstrengungen zum Klimaschutz. Statt die Gelder und überhaupt die gesellschaftlichen Ressourcen und Kräfte in diese Vernichtungs- und Mordmaschinerien zu investieren, müssten sie internationalen Großprojekten zum Umbau der Wirtschaft und zur Stärkung der Resilienz gegenüber bereits irreversiblen Umweltschäden zugutekommen.

Auf die Frage der möglicherweise zu erwartenden weltweiten Wirtschaftseinbrüche und der sozialen Kosten, die dieser Krieg verursachen kann, gehen wir nicht ein. Denn hier bewegt man sich schnell auf spekulativem Feld. Es ist möglich, dass die G7-Staaten – im Verbund mit weiteren westlichen Ländern – den Wirtschaftskrieg beenden, weil die Bumerang-Effekte auf die eigenen Volkswirtschaften deutlicher zutagetreten. Für die europäische Wirtschaft zeichnet sich eine Rezession ab. Im Übrigen sind aber die internationalen Machtverhältnisse in Bewegung geraten. Und die Staaten im globalen Süden könnten die Rivalität zwischen West und Ost zu ihrem Vorteil nutzen.

Am Schluss setzen wir uns mit zwei analytischen Beiträgen über den Ukrainekrieg auseinander, um abschließend unsere Interpretation zu präzisieren. Das betrifft vor allem die Schuldzuweisungen. Sind die USA nur »mitverantwortlich« für diesen Krieg? Manche werden sagen: Dieser Krieg hätte nie begonnen werden dürfen, auch wenn er provoziert wurde. Auf die Frage von US-Regisseur Oliver Stone, ob er »für die Ukraine in den Krieg ziehen« würde, antwortete Putin im Jahr 2015: »Das wäre das Worst-Case-Szenario« (Stone 2018, 111).

1.
Der Kampf um die neue Weltordnung

Vorgeschichte zum Krieg (I)

Die große Transformation von der Sowjetunion zur Russischen Föderation

Die Sowjetrepubliken, die in der Sowjetunion, im Groben dem territorialen Erbe des Zarenreichs, vereint waren, hatten das verbriefte Recht auf Austritt aus der Union, was auf Lenin zurückging. Dieses Recht nahmen die baltischen Staaten und Armenien schon 1990 wahr. Im Dezember 1991 gründeten die Staatschefs von Russland, Belarus und der Ukraine, die ebenfalls schon ihre Eigenständigkeit erklärt hatten, in einer Staatsdatscha bei Belowesch die Gemeinschaft Unabhängiger Staaten (GUS), womit die Sowjetunion als völkerrechtliches Subjekt beerdigt wurde (u.a. mdr.de, 1.9.2022). *Die übereilte Auflösung der Union* ohne die Vereinbarung von Übergangsfristen und Stufenplänen und ohne die rechtliche Regelung von Minderheitenfragen war folgenreich, weil wirtschaftliche Stränge gekappt wurden und die Nationalitätenfrage später in mehreren Nachfolgestaaten zum Konfliktstoff wurde. Gorbatschow hatte ursprünglich noch eine Übergangsfrist von fünf Jahren nach Austritt aus der Union vorgesehen und einen gemeinsamen Wirtschaftsraum empfohlen (Krone-Schmalz 2015, 57). Nun aber fanden sich unter anderem etwa 25 Millionen ethnische Russen oder Menschen, die sich als Russen verstanden, plötzlich außerhalb der Russischen Föderation wieder, zum Beispiel rund 1,8 Millionen auf der Krim, die 1991 innerhalb der Ukraine einen Autonomiestatus erhielt.

Eine überlegte, dem Gemeinwohl verpflichtete Politik bestimmte auch die wirtschaftspolitische Transformation nicht. *Der Übergang von der Planwirtschaft zur kapitalistischen Marktwirtschaft* wurde in allen ehemaligen Sowjetrepubliken von westlichen Beratern und Think Tanks mitgestaltet, wobei die US-amerikanischen Berater einen strikt marktradikalen Kurs vertraten, wie Putin 2015 im Interview Oliver Stone erzählte (Stone 2018, 44). Auch IWF und Weltbank nahmen starken Einfluss auf die Transformation, noch vor der Privatisierung zum Beispiel auf die staatliche Preisgestaltung. So sollte der Staat den Landwirtschaftsbetrieben etwa weniger für Getreide bezahlen (Krone-Schmalz 2015, 62). Zur Agenda von IWF und Weltbank gehörte vor allem die Privatisierung der Staatsbetriebe, und zwar ungeachtet volkswirtschaftlicher Schlüsselfunktionen. Diese wurden auf verschiedene Weise sehr schnell in Privateigentum überführt (Hofbauer 2014). Sie wurden verkauft oder versteigert, häufig an Führungskräfte aus dem eigenen Haus (sog. Insider-Privatisierung). Allein in Russland wurden 14.000 Unternehmen versteigert (Jaitner 2023, 72). »Industrielle Herzstücke wurden in aller Regel von staatlichen Agenturen in einem Bieterverfahren an westliche Konkurrenten oder andere Kapitalgesellschaften verkauft« (Hofbauer 2014, 45). Das große Angebot führte zu einem Unterbietungswettbewerb. Die teilweise auch ausgegebenen Anteilsscheine oder Volksaktien waren bald im Besitz von kapitalkräftigen Käufern oder Investmentfonds. In der Petrogasbranche erwarben findige Jungunternehmer Unternehmensanteile im Tausch gegen Kredite an den finanzschwachen Staat.

Die Methoden der Privatisierung waren nach dem Osteuropa-Experten Hannes Hofbauer oft von »mafiösem Charakter« (2014, 46). Selbst Joseph Stiglitz, ehemaliger Chef-Volkswirt der Weltbank, hat in Bezug auf Russland von »Raubritter-Privatisierung« gesprochen (NZZ, 30.11.2002). Er kritisiert, die Transformation sei »robber barons« überlassen worden (1999, 42). Die Destruktion der politischen Ordnung, die mit dem Wechsel der Wirtschaftsform einherging, führte zu anarchischen Verhältnissen. Ein »völliger Rückzug des Staates aus der Ökonomie« wie speziell in Russland unter Jelzin (Jaitner 2014, 85) verleitete zu Diebstahl und Raub. Es fehlte der Rahmen für politische Aushandlungsprozesse, staatliche Kontrollmechanismen waren vor allem im Russland der 1990er Jahre außer Kraft gesetzt. Hans-Henning Schröder registrierte in einem Kommentar zu den Ereignissen des Jahres 1993 *eine »Paralyse der politischen Führung«* (1993, 1303). »Ministerien, Zentralbehörden und Einflussgruppen verschiedener Couleur verfolgen unabhängig voneinander ihre Eigeninteressen« (1304). Russische Oligarchen, die nur ihre persönliche Bereicherung im Sinn hatten, konnten »politische Schlüsselpositionen« besetzen (Jaitner 2014, 87). Michail Chodorkowski zum Beispiel, der den Erdölförderungs- und Petrochemiekonzern Jukos an sich gerissen hatte, wurde 1993 stellvertretender Minister für Brennstoffe und Energie. In der zweiten Hälfte der 1990er Jahre gab es »keine Trennung mehr zwischen Oligarchie und Politik« (ebd.).

Mit dem Zusammenbruch des planwirtschaftlichen Systems kam es zu einer Hyperinflation, die die Sparguthaben der breiten Masse entwertete. In allen früheren RGW-Staaten – also in Staaten, die einst dem sowjetisch geführten Rat für gegenseitige Wirtschaftshilfe angehört hatten – sank die Produktion von Industriegütern je nach Land bis 1993 um 40 bis 70 Prozent (Hofbauer 2014, 43). Es kam zur allgemeinen Verelendung, während gleichzeitig eine dort zuvor unbekannte soziale Ungleichheit entstand. Das galt auch für die Ukraine. Für *die Oligarchen* in Russland, die vor allem die Öl- und Gasreserven und andere Rohstoffe zur Quelle ihres Reichtums machten, war der abgewertete Rubel kein Geschäftshindernis. Im Gegenteil, die Konvertibilität mit dem Dollar war vorteilhaft für den Export. Die russische Wirtschaft stützte sich zeitweise fast nur noch auf den Export von Öl, Gas und Kohle, so dass sie wie die Ökonomie vieler Entwicklungsländer ins Stadium des Extraktivismus zurückfiel (Jaitner 2014, 88). Ende der 1990er Jahre war die Armut in den

Ländern Osteuropas, gemessen an internationalen Kriterien, von vier Prozent auf 45 Prozent angestiegen (Stiglitz 1999).

Wladimir Putin, der im August 1999 von Jelzin zum Nachfolger gekürt und von der Duma im Amt des Ministerpräsidenten bestätigt, dann im Dezember 1999 zum Präsidenten der Russischen Föderation gewählt wurde, leitete einen radikalen Kurswechsel ein, zähmte die politische Macht der Oligarchen und stärkte die Zentralgewalt. Das Vermögen von Oligarchen, die sich eindeutig illegal bereichert hatten, wurde beschlagnahmt. Sie setzten sich vor allem nach Großbritannien und Israel ab (Baud 2023, 205). Putin schuf Ansätze einer Sozialpolitik, unter anderem mit einem »Fonds für nationale Wohlfahrt«. Zunächst einmal sorgte er im Jahr 2000 nach seinem Amtsantritt für die pünktliche Auszahlung von Löhnen und Gehältern, die damals nicht selbstverständlich war (Krone-Schmalz 2015, 80). Die Armutsrate wurde bis 2015 um zwei Drittel gesenkt und das Durchschnittseinkommen angehoben. Dieser Linie verdankt Putin bis heute ein hohes Ansehen und hohe Zustimmungswerte in der Gesellschaft (Baab 2023, 51). Er baute außerdem demokratische Elemente in das politische System ein, das er zu einem parlamentarischen System transformierte, in dem er sich auf eine Regierungspartei stützt (Schulze 2020, 35). Bei Jelzin und seinen Anhängern hatte nach Jaitner »ein tiefes Misstrauen gegen jegliche parlamentarische Initiative und Unabhängigkeit« bestanden (2023, 87). Für den im Westen als Demokraten gefeierten Jelzin war die Gewaltenteilung zwischen Legislative und Exekutive eine »zerstörerische Doppelherrschaft« gewesen (89).

Der Politikwissenschaftler Dieter Segert (2023) unterscheidet für die Russische Föderation folgende *Phasen der Systemtransformation*: Die Formierung einer kapitalistischen Klasse setzt er schon in der Zeit der Perestroika an. Ihr folgte die Phase der wirtschaftlichen Depression im Übergang zur Marktwirtschaft mit einem massiven Rückgang des Bruttosozialprodukts aufgrund der Deindustrialisierung – das Produktionsniveau von 1989 sollte erst um 2007 wieder erreicht werden – mit Massenarmut, sozialer Verunsicherung, Armut der öffentlichen Hand und »institutionalisierter Gesetzlosigkeit«. Eine Folge waren sinkende Geburtenraten und Emigration. Auf dem Land sicherte allein die Rückkehr zur Subsistenzwirtschaft das Überleben. Ab dem Jahr 2000 erholte sich in Phase drei die Wirtschaft nach der Entmachtung der Oligarchen und einer Stärkung der kleinen und mittleren Unternehmen, was auch die Stärkung der Funktion der Zentralbank verlangte. Die Erdöl- und Erdgasindustrie wurde wieder verstaatlicht. Der Staat ist an Schlüsselunternehmen des Industrie- und Finanzsektors beteiligt. Öffentliche Institute halten zwei Drittel der Bankvermögen, was wiederum die Regulationsfunktion stärkt. Die öffentlichen Ausgaben haben wieder mehr wirtschaftliches Gewicht erhalten. Die Einkommen der Bevölkerung der Russischen Föderation hängen bis zur Hälfte vom Staat und staatlichen Transfers ab (Vercueil 2023, 46). Der Staat nimmt wieder stärker seine Regulationsfunktion wahr, greift stärker in die Wirtschaft ein (ebd.). Nach wie vor gibt es aber eine große regionale Ungleichheit.

Peter Schulze, der die politische Entwicklung der Russischen Föderation im Fokus hat, sieht jeweils mit der Amtsübernahme durch Putin und mit Putins Rede auf der Münchner Sicherheitskonferenz eine neue Phase eingeleitet. Denn mit jener Rede von 2007 habe die Unterwerfung unter den Westen geendet (2020, 35). Putin ist es gelungen, die Macht der Oligarchen und »roten Direktoren« (Jaitner 2023, 112ff.), die nach der zweiten Privatisierungswelle Mitte der 1990er Jahre zeitweise das bedrohliche Ausmaß eines »state capture« (126) angenommen hatte, einzuschränken. Dabei handelte es sich aber um einen Deal: staatliche Sicherung der Vermögenswerte gegen politische Abstinenz. Er habe den Oligarchen gesagt, so Putin, dass diese »alle äquidistant zur Regierung sein müssten« (Stone 2018, 31). Politische Stabilität stellte er her, indem Teile der Gesellschaft auf allen Ebenen in »Räte« eingebunden werden – für Jaitner *ein »staatlich regulierter Korporatismus«* (2023, 146).[2]

---

2 Die langjährige Russland-Korrespondentin Gabriele Krone-Schmalz beurteilt solche Formate positiver. Sie erwähnt ein »Bürgerforum« mit mehreren Tausend Teilnehmenden in der frühen Amtszeit Putins (2015, 82f.).

Als grundlegende Schwäche der Russischen Föderation verbleibt *die wirtschaftliche Dominanz der Rohstoff- und Petrogasförderung* und daneben auch der Rüstungsindustrie. Die Wirtschaft des Landes lässt sich als »rentenbasiertes Akkumulationsregime« kennzeichnen (Vercueil 2023).[3] Der Rohstoffreichtum ist für die Russische Föderation in ähnlicher Weise ein Fluch wie für viele Länder des globalen Südens (Stichwort: Extraktivismus). Putin brachte 2016 das Problem auf den Punkt: »Man kann Wirtschaftsakteure nur schwer dazu bewegen, in neue Industrien zu investieren, die weniger profitabel sind als die Erdöl- und Erdgasbranche« (Stone 2018, 147). Die Wertschöpfung ist in wenigen Wirtschaftszweigen konzentriert (Vercueil 2023, 46). Über die Möglichkeiten der staatlichen Finanzpolitik entscheidet das Aufkommen an Devisen und damit die Exportwirtschaft (41). Dabei entfallen 60 Prozent der Ausfuhren auf fossile Energieträger (Jaitner 2023, 152). Bis 2019 sank jedoch der Anteil der Einkünfte aus Öl und Gas am Staatshaushalt auf 39 Prozent (Kronauer 2022, 39). Und der Anteil fossiler Energieträger am BIP betrug 2021 nur 15 Prozent (Baud 2023, 224). Die Petrogas-Rente hat zentrale Bedeutung. Gazprom und Rosneft sind die wichtigsten Finanziers des Staates. Das begünstigt eine »Ökonomie der Gunstbezeigungen« (Vercueil 2023, 48). Die Öl- und Gasförderung verlangt außerdem weder innovationsfreudige Unternehmer noch Fachkräfte der Weltspitze. Ein Problem sind die Kapitalabflüsse über Exportunternehmen, zum Teil zur persönlichen Bereicherung im Ausland gebunkert. Der Ökonom Lutz Brangsch sieht nach wie vor »Hemmnisse für eine Belebung der nichtextraktiven Sektoren der Wirtschaft. Diese liegen innerhalb des Landes in der politisch-institutionell befestigten Macht des Finanzsektors und der Rohstoffwirtschaft begründet« (Brangsch 2022).

---

3 Renten verdanken sich dem exklusiven Besitz einer Ressource, hier vor allem von Erdöl und Erdgas (im Unterschied zu dem durch Ausbeutung von Arbeitskraft gewonnenen Mehrwert). Der Begriff »Akkumulationsregime« bezeichnet den jeweiligen »Modus systematischer Verteilung und Reallokation des gesellschaftlichen Produkts« (HKWM, Bd. 1, Sp. 102). Er entstammt einer primär französischen Forschungsrichtung des Marxismus, die auch gesellschaftliche Institutionen, Normen und Lebensweisen als wirtschaftlich relevant betrachtet.

Die Russische Föderation war damit nach Jaitner (2023) *Teil der Semiperipherie im Weltsystem* geworden.[4] Nur in den Bereichen Raumfahrt, Militär- und Nukleartechnologie ist Russland derzeit konkurrenzfähig. Unterhalb des politökonomischen Establishments habe sich eine neue Mittelschicht bilden können, wobei die Gesellschaft von hoher sozialer Immobilität gekennzeichnet sei (75).

Die politische Kultur der Russischen Föderation ist nachhaltig durch das System Jelzin in den 1990er Jahren geprägt worden, der damals Entscheidungen von historischer Tragweite eigenmächtig herbeiführte und alle Kräfte ausschaltete, die die von ihm und einer Gruppe von »Reformern« favorisierte Variante der Transformation, nämlich eine deregulierte Marktwirtschaft, nicht mittragen wollten. Nach Felix Jaitner erstickte Boris Jelzin die Keime der Demokratiebewegung, die in der Phase der Perestroika entstanden war. Eigenmächtig unterstellte er im August 1991 alle Exekutivorgane der UdSSR dem Präsidenten der Russischen Sozialistischen Föderativen Sowjetrepublik (RSFSR), also der Russischen Teilrepublik. Eigenmächtig wurden auch die schon erwähnten Belowescher Vereinbarungen mit den Staatschefs von Belarus und der Ukraine getroffen. »Fest steht«, so Jaitner, »dass die Republikpräsidenten in keiner Weise autorisiert waren, eine Entscheidung von dieser Tragweite zu treffen« (2023, 58). Es handelte sich nicht um ein institutionalisiertes Gremium. Und keine Regierung, kein Parlament hatte entsprechende Vollmachten erteilt. Eigenmächtig löste Jelzin dann als Präsident der Russischen Föderation im September 1993 per Dekret das Parlament, den Obersten Sowjet, auf. Und als sich Widerstand regte, ließ er das Parlament beschießen und die Mandatsträger festnehmen. Die Gegner seiner neoliberalen »Reform« waren keineswegs Vertreter irgendeiner Art von Reaktion, die zum alten System zurück wollten, sondern lediglich Befürworter einer staatlich regulierten und sozial orientierten Marktwirtschaft (87). Auf

4 Immanuel Wallerstein unterscheidet in seiner Weltsystem-Theorie zwischen dem Zentrum der hoch industrialisierten Staaten und den auf die Lieferung von Rohstoffen und Energie beschränkten Ländern der Peripherie.

ihre Ablehnung stieß die wirtschaftliche »Schocktherapie« mit ihrer mangelnden Rechtssicherheit.

Konsequenterweise stärkte Jelzins Verfassungsreform, die er ohne jeden zivilgesellschaftlichen Dialog durchzog, die Macht des Präsidenten auf Kosten der parlamentarischen Initiative und Kontrolle (91). Man muss allerdings feststellen, dass Praktiken wie die Auslagerung von politischen Entscheidungen in nicht demokratisch legitimierte Gremien, die Jaitner kritisch anmerkt, heute keine Eigenarten Russlands mehr sind; denn solche Praxis ist leider auch in Westeuropa gängig geworden. Das bedeutendste russische Gremium dieser Art ist der Nationale Sicherheitsrat. Die unter Jelzin durchgeführte Verfassungsreform gibt dem Präsidenten große Macht. Er kann jedem Gesetzesvorhaben seine Zustimmung versagen, was das Parlament als Legislative in Frage stellt. Jelzin hat öffentliche Partizipation auf ein Minimum reduziert und damit das politische Leben gelähmt.

Das System stützt sich nach Brangsch (2022) hauptsächlich auf *drei Machtsäulen*: den Sicherheitsapparat, die ökonomischen Eliten der großen privaten und staatlichen Konzerne sowie die Finanzwirtschaft und die Zentralbank, deren neoliberale Finanzpolitik schwer mit einer innovationsorientierten Industriepolitik zu vereinbaren sei. Einen zweiten Kreis der Macht bildeten die regionalen Eliten, die »ein unwägbarer Faktor« seien. Insgesamt macht Brangsch ein spannungsreiches Machtgefüge aus. »Modernisierung durch Repression« ist nach ihm die gewählte Scheinlösung. Der Systemkritiker Boris Kagarlitzki prangert Wahlfälschungen sowohl bei der Verfassungsänderung im Jahr 2020 als auch bei Regional- und Dumawahlen an (2023, 127).

Politische Passivität oder »fatalistische Haltung« (Brangsch) bestimmt seit der Ära Jelzin das Bild. Man erinnere sich: Bei Jelzins Angriff auf das Parlament im Jahr 1993 gingen die Massen nicht auf die Straßen, um ihre Volksvertretung zu verteidigen. Für Kagarlitzki ist die gesellschaftliche Passivität »zur Grundlage des politischen Systems geworden« (2023, 126). Kleine oppositionelle Minderheiten würden unterdrückt. Massenproteste wie zwischen 2011 und 2013 sind seit langem nicht mehr zu registrieren. Irritierend wirkte bei der Revolte von Prigoschins Söldner-Truppe im Juni 2023 das Ausbleiben von spontanen Demonstrationen in Moskau, St. Petersburg und anderen großen Städten, sei es gegen oder auch für die Meuterei. Aber die Reaktionen Putins auf die Revolte warfen auch ein irritierendes Licht auf das politische System, nicht nur auf die politische Kultur. Putin, der zunächst am 24. Juni 2023 in einer Fernsehansprache erklärt hatte, die Rebellen hätten »Russland verraten«, ließ Prigoschin unbehelligt nach Belarus ausreisen und verfügte eine Amnestie für die sonstigen Beteiligten. Damit nicht genug, gewährte er Anfang Juli Prigoschin und den Offizieren der »Wagner-Gruppe« Gnade und stellte ihnen in einem Gespräch neue Aufgaben. Dabei hatte Russlands Geheimdienst FSB anfangs ebenfalls von verbrecherischen und verräterischen Befehlen Prigoschins gesprochen, fügte sich aber dann der neuen Linie. Wer oder was im August 2023 den Absturz des Privatjets von Prigoschin und damit seinen Tod verursacht hat, ist bis heute nicht restlos aufgeklärt. Es ist aber hier auch nicht das, was hier interessiert. Befremden muss die Ausschaltung der Justizorgane. Das erinnert an Zeiten der absoluten Monarchie, so gewiss diese Art der Konfliktlösung größeres Blutvergießen verhindert und die Lage beruhigt haben mag. Putin liefert das Bild des aufgeklärten Fürsten. Ein Oberst namens Andrej Besrukow soll, auch im Hinblick auf die unklare Rolle einiger hoher Militärs, in einer TV-Diskussion kritisch bemerkt haben, dem Staat fehle »ein System der realen Verantwortung von oben bis unten« (zit. nach: der Freitag, 29.6.2023).

Auffallend kann man finden, dass Putin nichts einwendet, als Oliver Stone im Gespräch meint, er sei quasi der »Chief Executive Officer« des Unternehmens Russland (141f.). Nach Ansicht der Politologin Tatjana Stanowaja vom Carnegie Center in Moskau »sind alle in Putins Umgebung Vollzugsbeamte« (freitag.de, 6.4.2022). Aufmerksamkeit verdient die Bemerkung des Chefkommentators von *Moskowski Komsomolez*, Michail Rostowski, zur Revolte des Wagner-Chefs Prigoschin im August 2023: Die Machtvertikale in Russland funktioniere nur, »wenn es eine von allen anerkannte Autorität an der Spitze der Machtpyramide gibt.« Das begründet er nicht, wie im Westen üblich, mit typisch russischer Tradition. Sein Argument ist, andernfalls sei »die Handlungsfähigkeit des Staates unter den Bedingungen der außerordentlichen Angriffe von Seiten des Westens in Frage gestellt« (jW, 26.8.2023).

Jaitner bemerkt eine »reaktionäre, großrussische Kultur- und Geschichtspolitik«, verbunden mit der Propagierung religiös-konservativer Werte und innerer Repression (2023, 157). Vertretern linker Alternativen wird, nicht anders als im Westen, nach Möglichkeit kein öffentliches Forum geboten. Die letzten Jahre wurden auch Haftstrafen verhängt. Nikolai Platoschkin, der einen »Neuen Sozialismus« propagiert, wurde 2020 zu fünf Jahren Haft verurteilt und so zum Schweigen gebracht. Am 26. Juli 2023 wurde der Marxist und Chefredakteur eines linken Online-Magazins, Boris Kagarlitzki, verhaftet. Auch ihm drohten zunächst fünf Jahre Haft, im Dezember 2023 kam er gegen eine Geldstrafe frei. Der Vorwurf: »Öffentlicher Aufruf zum Terrorismus, Rechtfertigung von Terrorismus und Propaganda für Terrorismus über Medien und das Internet«.[5]

Das Verbot mancher NGOs, die ausländisches Geld erhalten, muss vor dem Hintergrund westlicher Destabilisierungsversuche gesehen werden. Jacques Baud verweist auf die Finanzierung durch die USA, speziell seitens des National Endowment for Democracy, und Großbritannien und auch auf ausgewanderte Oligarchen als Sponsoren (2023, 208). Gabriele Krone-Schmalz meint: »Denn eine Gesellschaft, die sich eingebettet fühlt und nicht umzingelt, kann sich viel freier und unbeschwerter entfalten« (2015, 86). Etwas Nachsicht verdient sogar die »nationalistische, imperiale Rhetorik«, die Jaitner hervorhebt (170), wenn man die Demütigungen Russlands nach 1991 berücksichtigt. Eine Folge des »neoliberalen Transformationsprozesses« sei die Konjunktur »national-konservativer Ideen« (171). Bei Putin und seinem Kreis finden solche Ideen anscheinend

5 Platoschkin verbrachte letztlich »nur« ein Jahr im Hausarrest; Kagarlitzki saß schon in der UdSSR Jahre in Haft (nds, 27.7.2021).

großen Anklang. Die ideologische Orientierung im Kreml scheint aber insgesamt widersprüchlich zu sein.[6] Putin selbst hegt Sympathien für den reaktionären Zaren Alexander III. (1845-1894), was auch nahelegt, dass er repressive Maßnahmen als Mittel der Innenpolitik durchaus für angebracht hält. Außenpolitisch betrieb jener Zar keine expansive Politik. Auch Putin setzte von Anfang an auf Entspannung, allein schon um sein ambitioniertes innenpolitisches Programm durchsetzen zu können. Schon in seinen ersten beiden Amtsjahren trat die Russische Föderation dem Angepassten Vertrag über Konventionelle Streitkräfte in Europa (KSE-Vertrag), dem Atomwaffensperrvertrag und dem START-II-Vertrag bei.

Viele wollen *die Motive für den Angriff auf die Ukraine* in prominent vertretenen Ideen wie der von der Eurasischen Union oder der »Russischen Welt« (Russki Mir) sehen (Kronauer 2018, 142f.). Das mag nahe liegen, wenn man solchen Ideen einen hohen Stellenwert gibt, aber diese Erklärung wird durch den Langmut und die wiederholten Dialogangebote der russischen Führung auf die Provokationen des Westens in Frage gestellt. Hätte Putin aufgrund der unterstellten imperialen Ansprüche die Ukraine erobern wollen, dann hätte er sie vor der massiven Aufrüstung des Nachbarlandes durch die USA angreifen müssen, noch besser vor der zweiten Welle der NATO-Expansion. 2022 war der günstige Zeitpunkt für einen Eroberungskrieg verpasst. Der Politikwissenschaftler John Mearsheimer von der University of Chicago: »Einige betonen zum Beispiel, dass er gesagt habe, die Ukraine sei ein ›künstlicher Staat‹ oder kein ›echter Staat‹. Solche undurchsichtigen Äußerungen sagen jedoch nichts über die Gründe für seinen Kriegseintritt aus. Dasselbe gilt für Putins Aussage, er betrachte Russen und Ukrainer als ›ein Volk‹ mit einer gemeinsamen Geschichte … Es gibt keine Beweise dafür, dass Putin am 24. Februar, als er seine Truppen in die Ukraine schickte, die Absicht hatte, die Ukraine als unabhängigen Staat abzuschaffen und

6 Vgl. jW, 14.3.2023. In den Interviews, die Oliver Stone 2015 und 2016 mit Putin führte, ist keine Spur von »nationalistischer, imperialer Rhetorik« zu vernehmen.

sie zu einem Teil Russlands zu machen« (Mearsheimer 2022). Dass die Stärke der Invasionstruppen im Februar 2022 dafür untauglich gewesen wäre, wurde von mehreren Militärs festgehalten. Jacques Baud ist überzeugt, dass Putin die Ukraine nicht erobern wollte. Ja, mehr noch, er zeigt als Militärexperte an der Folge der Ereignisse und militärischen Aktivitäten kurz vor dem 24. Februar 2022 sogar auf, dass bis dahin kein Angriff geplant war. Kagarlitzki: »Der Kreml war nicht bereit für den Krieg« (2023, 129). Er registriert übrigens »das völlige Fehlen patriotischer Begeisterung« (ebd.).

An dieser Stelle einige Worte über *John Mearsheimer*, weil er im Folgenden zum Ukrainekrieg mehrfach zu Wort kommen wird, und über Jacques Baud, weil sein Urteil als militärischer Beobachter besonderes Gewicht hat. Mearsheimer, ein angesehener US-Wissenschaftler, vertritt in der Politikwissenschaft den Offensiven Neorealismus – »Realismus« deshalb, weil Idealvorstellungen über politische Verhältnisse suspendiert werden. Vertreter der realistischen Schule gehen zum Beispiel davon aus, dass es in allen Gesellschaften immer »Eliten« geben wird. Mearsheimers Forschungsfeld sind jedoch internationale Beziehungen. Dort sieht er, ausgehend von der Anarchie des internationalen Systems, alle Mächte ihre Interessen auf Kosten von Rivalen verfolgen. Vor allem zwischen den jeweiligen Großmächten herrschen Konkurrenzverhältnisse im Kampf um größtmögliche Sicherheit und Hegemonie. Das Forschungsinteresse ist auf strukturelle Bedingungen wie militärische und wirtschaftliche Macht gerichtet. Daher decken sich die Ergebnisse oft mit marxistischen Analysen. »How States think. The Rationality of Foreign Policy«, der Titel eines Buchs von Mearsheimer, verrät viel über seinen Ansatz. Der Realismus hat ihm zu einem nüchternen Blick auf die schonungslose Machtpolitik der USA verholfen. Seine Kritik daran ist nicht moralisch grundiert, sondern von der Sorge getragen, dass die Machtbalance außer Kontrolle gerät. Schon 2014 warnte er deshalb vor der massiven Einmischung in der Ukraine.

Jacques Baud, Schweizer Oberst, arbeitete als für den Warschauer Pakt zuständiger Analyst für den Schweizer Nachrichtendienst.

Bei den Vereinten Nationen war er für die Bekämpfung der Proliferation von Kleinwaffen zuständig. Einen Einblick in die Vorgänge in der Ukraine seit dem Maidan-Aufstand gewährte ihm seine Beteiligung an einer dortigen NATO-Mission. Als Chef der NATO-Einheit, die 2015 die Waffenlieferungen an die Aufständischen im Donbass zu überwachen hatte (Baud 2023, 142), ist er ein äußerst wichtiger Zeitzeuge. Aufgrund seiner Tätigkeit bei der UNO und seines Studiums in Internationaler Sicherheit und Internationalen Beziehungen war es für ihn vermutlich nicht schwer, dabei die größeren Zusammenhänge zu sehen. Als Schweizer konnte er unvoreingenommener als andere den Konflikt analysieren.

Das Verhältnis der Bundesrepublik und der EU zur Russischen Föderation

Der Übergang zur Marktwirtschaft in der neu geschaffenen Russischen Föderation weckte sogleich neue Erwartungen bei der deutschen Wirtschaft, die zu allen Zeiten – außer während des Vernichtungsfeldzugs gegen die Sowjetunion (1941-1945) – wirtschaftliche Beziehungen zu Russland bzw. zur Sowjetunion unterhalten hatte. Schon Ende 1992 vereinbarte Bundeskanzler Helmut Kohl mit Boris Jelzin den Ausbau der wirtschaftlichen Zusammenarbeit, wobei man auch Joint Ventures zwischen deutschen und russischen Unternehmen ins Auge fasste (Kronauer 2018, 55).

Die Beziehung war von deutscher Seite spätestens seit der Oktoberrevolution immer listenreich gewesen. Man wollte gute Geschäfte miteinander machen, wurde aber auch die verführerische Idee nicht los, bei günstiger Gelegenheit den fremden Laden zu übernehmen, das Schiff zu entern. Schon in der ersten Phase des Imperialismus liebäugelte man im Deutschen Reich ungeachtet der guten Geschäfte, die man im Zarenreich vor allem bei den Anfängen der Ölförderung machte, mit der Idee, die dortigen »Randstaaten«, vor allem die Ukraine, in ihren nationalen Unabhängigkeitsbestrebungen zu unterstützen.[7] Als sich für die Ukraine im Zuge der Revolution die Möglichkeit zur Sezession bot, schloss sie 1918 einen gesonderten Friedensvertrag mit dem Deutschen Reich und der Habsburger Monarchie, woraufhin deren Truppen ein Marionettenregime installierten. Der beginnende Raubzug stieß auf Widerstand und wurde durch sowjetische Truppen beendet. In der folgenden Zwischenkriegszeit nahm Deutschland 1922 mit dem Vertrag von Rapallo und dem ergänzenden Handelsvertrag von 1926 wirtschaftliche Beziehungen mit der jungen Sowjetunion auf. Die dort vorangetriebene Elektrifizierung des Landes bot großartige Geschäftsmöglichkeiten für Siemens und AEG. Krupp erhielt Aufträge für den Bau von Lokomotiven. Der Russland-Ausschuss der Deutschen Wirtschaft diente der Förderung der wirtschaftlichen Beziehungen, die bis zum neuerlichen Angriffskrieg 1941 unterhalten wurden. Nach dem Krieg trat der 1952 gegründete Ost-Ausschuss der Deutschen Wirtschaft die Nachfolge an und knüpfte mit dem ersten Handelsvertrag wieder an alte Verbindungen an. Die freundschaftlichen Handelsbeziehungen hielten die Bundesrepublik nicht davon ab, gleichzeitig subversive Kräfte wie den Antibolschewistischen Block der Nationen (ABN) oder die OUN der ukrainischen Nationalisten zu unterstützen, die in München residierten, wo auch *Radio Liberty* stationiert war. Die Regierung unter Willy Brandt wechselte dann zur Entspannungspolitik, die mit dem Moskauer Vertrag von August 1970 einen Höhepunkt erreichte. Zur gleichen Zeit wurde das große Erdgas-Röhren-Geschäft zwischen deutschen Stahlkonzernen und Sojusnefteexport abgeschlossen, mit dem die dauerhafte Versorgung der deutschen Wirtschaft mit russischem Erdgas begann. Der Bundesrepublik kam zugleich bis zum Ende der Sowjetunion die permanente Ausweitung der Exporte zugute.

Als dort die wirtschaftspolitische Transformation eingeleitet wurde, zeigten die deutschen Energiekonzerne sogleich ein enormes Interesse an den riesigen Erdgasreserven und -ressourcen der Rus-

---

7 Rund 20 Prozent der ausländischen Kapitalbeteiligungen entfielen auf deutsche Unternehmen, und zwar großenteils in der Ukraine (jW, 24.10.2022).

sischen Föderation. Schon 1993 konnte die BASF-Tochter Wintershall ein Joint Venture mit Gazprom vereinbaren. Deutsche Firmen wurden zur sogenannten Transform-Beratung hinzugezogen, was zur Förderung zahlreicher Gemeinschaftsprojekte beitrug. Deutsche Banken, an der Spitze die Dresdner und die Deutsche Bank, kamen wieder groß mit Russland ins Geschäft. Aber schon seit Anfang der 1990er Jahre gab es auch Bestrebungen zur Erweiterung der EU bzw. EG um jene Staaten, die vorher Mitglied des Rats für gegenseitige Wirtschaftshilfe (RGW) oder gar Teil der Sowjetunion gewesen waren. Die EU schloss mit der Russischen Föderation ein Agreement on Partnership and Cooperation (PCA). Als aber die russische Wirtschaft zusammenbrach und wenig Absatzchancen bot, wurde der Außenhandel mit osteuropäischen Staaten, unter anderem mit Polen, enorm gesteigert. Von 1991 bis 2004 verdreifachte sich das Volumen fast (Kronauer 2018, 67), so dass die Russische Föderation als Handelspartner von Polen und anderen osteuropäischen Staaten an die Seite gedrängt wurde.

Mitte der 1990er Jahre begann man auch wieder, subversive Kräfte in Russland zu unterstützen, diesmal tschetschenische, und zwar gemeinsam mit den USA, was der Regierung der Russischen Föderation nicht entging: »Sie unterstützten die Separatisten und Terroristen im Nordkaukasus«, so Putin, der versicherte, dafür Beweismaterial zu haben (Stone 2018, 50f.).[8]

Als sich aber die Russische Föderation mit der Wahl Putins ab 2000 stabilisierte, verstärkte man seitens des deutschen Kapitals die wirtschaftlichen Beziehungen wieder.[9] Am 25. September 2001 hielt

---

8 Offenkundig unterstützte die CIA tschetschenische Dschihadisten. Der Politikwissenschaftler Martin Malek (2002) hält in einem Beitrag für die Konrad-Adenauer-Stiftung fest: »Tschetschenen wurden zweifellos in Lagern der ›El Kaida‹ ausgebildet« (kas.de, Sept. 2002, S. 93). Eine Verbindung, der auch der Islamwissenschaftler Guido Steinberg (2014) nachging (swp-berlin.org, Juni 2014).

9 Geradezu euphorisch feierte man den neuen Präsidenten der Russischen Föderation im Jahr 2000. Ein *Zeit*-Journalist schrieb: »Der russische Präsident verfügt über die klassischen Sekundärtugenden. Deshalb versteht er unser Land so gut« (zeit.de, 8.6.2000, zit. nach Kronauer 2018, 72).

Putin eine viel beachtete Rede im Deutschen Bundestag. Er gab dabei auf diplomatische Art eine versteckte geostrategische Empfehlung: »Niemand bezweifelt den großen Wert der Beziehungen Europas zu den Vereinigten Staaten. Aber ich bin der Meinung, dass Europa seinen Ruf als mächtiger und selbstständiger Mittelpunkt der Weltpolitik langfristig nur festigen wird, wenn es seine eigenen Möglichkeiten mit den russischen menschlichen, territorialen und Naturressourcen sowie mit den Wirtschafts-, Kultur- und Verteidigungspotenzialen Russlands vereinigen wird« (bundestag.de, 25.9.2001). Die gemeinsame Erklärung von St. Petersburg im Jahr 2003, die im Rahmen des 2001 initiierten »Petersburger Dialogs« verabschiedet wurde, war in genau diesem Geist verfasst, basierend auf Pragmatismus und moderaten gemeinsamen Interessen (Schulze 2020, 34).

Die Ausfuhren nach Russland stiegen von 2000 bis 2012 um das Vierfache (Kronauer 2018, 73f.). Auch die Investitionstätigkeit wurde wieder lebhafter. 2013 erreichten die Direktinvestitionen ein Volumen im Wert von 22 Milliarden Euro. Seit 2003 hatten Joint Ventures sibirische Erdgasfelder erschlossen. 2005 war mit Zustimmung der EU-Kommission die Nord-Stream-Pipeline durch die Ostsee vereinbart worden, die 2011 in Betrieb genommen wurde. Noch Mitte jenes Jahrzehnts träumten einige Kreise in der Bundesrepublik von einer neuen Weltordnung, in der die EU mit Deutschland an der Spitze und mit Hilfe des Rohstoffreichtums der Russischen Föderation zu einer Weltmacht aufsteigen könnte (Kronauer 2018, 76ff.). Selbst eine militärische Kooperation wurde in Aussicht genommen. Es gab bilaterale Manöver, und Rheinmetall bekam den Auftrag, ein modernes Gefechtsübungszentrum in der Oblast Nischni Nowgorod zu errichten.

Das US-Establishment verfolgte seit langem mit Besorgnis die europäisch-russischen oder deutsch-russischen Gemeinschaftsprojekte. Daher konnten Transatlantiker einer engen Kooperation mit der Russischen Föderation wenig abgewinnen. Es gab aber auch Kreise, die sich solche Sorgen nicht machten und die bestrebt waren, Europa in relativer Autonomie vom transatlantischen Mainstream in einer Union zu vereinen (Auth 2023, 126). Dieses politische Lager fand sich allerdings nur in Kontinentaleuropa. Großbritannien nahm eine Sonderrolle ein. Repräsentativ für die Einstellung der dortigen Eliten dürfte der britische Historiker und Publizist Timothy Garton Ash sein, der auf die Gefahr verwies, dass Europa unter dem gestiegenen Einfluss der Bundesrepublik ohne die führende Rolle der USA zusammenwachsen könnte (Auth 2023, 126).

Das Problem, dass die Kontakte zu Russland bzw. zur Sowjetunion von jenseits des Atlantiks misstrauisch verfolgt wurden, war für die deutsche Außenpolitik nicht neu. Schon als in den 1950er Jahren das bundesdeutsche Kapital die Fühler ausstreckte, um wieder Wirtschaftsbeziehungen mit der Sowjetunion aufzunehmen, hatte man Rücksicht auf das CoCom-Embargo nehmen müssen, das die US-Administration gegen die Sowjetunion verhängt hatte.[10] Das vereinigte Deutschland der 1990er Jahre hatte aber nun ein ganz anderes Gewicht, und die wirtschaftlichen Kontakte mit Russland wurden in den USA mit größerem Misstrauen verfolgt. Der US-Geostratege George Friedman bestätigte dies 2015 in einem Vortrag. Es sei »die Urangst« der Vereinigten Staaten, dass sich »deutsche Technologie, deutsches Kapital« mit »russischen Rohstoffen, russischer Arbeitskraft« verbinde (Kronauer 2018, 116). Es war *die Angst vor einer eurasischen Allianz* als ernsthaftem Rivalen. Schon vor 1990 bestanden solche Ängste. Nach 1990 war das Ziel, »jede weitreichende wirtschaftliche und politische Annäherung zwischen dem wiedervereinigten Deutschland und Russland mit allen Mitteln zu verhindern« (Auth 2023, 117).

Ein nicht zu unterschätzender Aspekt war die Versorgung der bundesdeutschen und generell westeuropäischen Wirtschaft mit russischem Erdgas. Schon Anfang der 1980er Jahre waren die USA angestrengt bemüht gewesen, die damals geplanten Pipeline-Verträge zu verhindern. Als das mit politischer Einflussnahme nicht gelang, griff

10 Das Coordinating Committee on Multilateral Export Controls diente im Kalten Krieg zur Exportkontrolle westlicher Technologie in die Staaten des Ostblocks. Der Vertrag von Rapallo war übrigens 1922 auf Proteste Frankreichs und Großbritanniens gestoßen. Aber das hatte einen anderen Konflikthintergrund.

die US-Regierung zum Mittel der Gewalt und gab der CIA, wie zunächst die *Washington Post* 2004 berichtete, grünes Licht zur Zerstörung der Pipeline von Sibirien in die Ukraine (spiegel.de, 27.2.2004). Jacques Baud vermutet hier ein starkes Motiv dafür, Russland zum Angriff auf die Ukraine zu provozieren. Als Militär sieht er aber das Bestreben der USA, eine Annäherung zwischen Deutschland/Europa und der Russischen Föderation zu blockieren, auch militärstrategisch motiviert (2023, 85 u. 87). In den 1980er Jahren sei es den USA darum gegangen, die Zustimmung zur Strategie des flexible response mit dem sogenannten NATO-Doppelbeschluss bei der Bevölkerung nicht zu verlieren. Generell hätten die USA stets alles getan, »um das Entstehen einer europäischen Verteidigungsfähigkeit zu verhindern« (24).[11] Das politische Motiv verdeutlicht die Historikerin Sandra Kostner. Wäre Gorbatschows Vision von einem »gemeinsamen europäischen Haus« Wirklichkeit geworden, dann wäre das mit »der Schwächung der transatlantischen Beziehungen zugunsten des Aufbaus eines gesamteuropäischen Bezugsrahmens« einhergegangen (2023, 68). Die Geopolitik der USA hat also eine ökonomische, eine militärische Seite und eine politische Seite, soweit sich das trennen lässt. Ein Instrument zu deren Durchsetzung war die Gründung transatlantischer Vereinigungen und Think Tanks.

Schon bald nach 1945 gründete man in den USA, um dem Werben der sowjetischen Führung um eine geeintes Nachkriegsdeutschland den Boden zu entziehen, zwei Nichtregierungsorganisationen, mit denen *die Bindung der westdeutschen Eliten an die USA* gestärkt werden sollte. Das waren die Atlantik-Brücke e. V. und das American Council on Germany, beide 1952 gegründet. *Die Atlantik-Brücke* ist ein Verein, dem führende Köpfe aus Wirtschaft, Politik, Wissenschaft, Medien und bald auch aus den Streitkräften angehören sollten, damit diese über ihre Netzwerke gesellschaftspolitisch Einfluss nehmen und nicht zuletzt die öffentliche Meinung in die

11 In diesem Zusammenhang ist an den Plan des französischen Ministerpräsidenten René Plieven zur Aufstellung einer Europa-Armee im Jahr 1950 zu erinnern, dem die USA gar nichts abgewinnen konnten.

gewünschte Richtung lenken. Heute gehören dem rund 500 Mitglieder zählenden Verein Führungskräfte aus der Wirtschaft, Politiker und Politikerinnen sowie Netzwerker aus den genannten Bereichen an. Die Atlantik-Brücke ist Gründungsmitglied des New Traditions Network, einem von der US-Botschaft koordinierten Zusammenschluss von sechzig in Deutschland ansässigen pro-amerikanischen Think Tanks, Stiftungen und Nichtregierungsorganisationen. Mit dem Female Network Atlantik-Brücke möchte man offenbar weibliche Führungskräfte gewinnen. Marie-Agnes Strack-Zimmermann, Vorsitzende des Verteidigungsausschusses des Bundestags, und Ricarda Lang, Co-Parteivorsitzende der Grünen, referierten 2023 vor diesem Kreis. Omid Nouripour, ebenfalls Parteivorsitzender der Grünen ist Mitglied der Atlantik-Brücke. Somit ist die Spitze der Partei dem Verein eng verbunden. Vorsitzender der Atlantik-Brücke ist seit 2019 Sigmar Gabriel (SPD), sein Stellvertreter ist Norbert Röttgen (CDU). Ein weiteres prominentes Mitglied ist Angela Merkel. Die Nennungen beleuchten exemplarisch den enormen Einfluss des Vereins auf die deutsche Außenpolitik.

Das *American Council on Germany*, eine Tochtergesellschaft des schon 1921 gegründeten Council on Foreign Relations, ist nominell eine Nichtregierungsorganisation und fungiert als Partnerorganisation der Atlantik-Brücke. Die NGO zählt 800 Mitglieder, das prominenteste darunter war Henry Kissinger. Erklärtes Ziel der vom Vorsitzenden des Council on Foreign Relations initiierten Organisation war die Integration Westdeutschlands in die Europäische Gemeinschaft, um dessen Entwicklung unter Kontrolle zu halten. Heute ist die Organisation politisch nicht mehr von großer Bedeutung.

Die Beziehungen zwischen der Bundesrepublik und der Russischen Föderation zu stören, musste im Interesse der US-Administration und des US-Kapitals liegen. Gelang es, Russland in militärische Alarmbereitschaft zu versetzen oder gar zu einem Angriff gegen die Ukraine zu provozieren, dann war kaum etwas anderes zu erwarten, als dass die EU mit Deutschland an der Spitze sich in die Front des Westens einreihen würde. Bei Jacques Baud weckt die Verstärkung der ukrainischen Bombardements auf die Ortschaften im Donbass Mitte Februar 2022, verbunden mit der wiederholten Voraussage eines baldigen russischen Angriffs seitens der US-Administration den Verdacht, dass man die Ukrainer zum Handeln zwingen und Putin herausfordern wollte, um mit der Zuspitzung des Konflikts »Deutschland dazu zu bringen, sich den Sanktionen gegen Nord Stream 2 und Russland anzuschließen« (2023, 176). Und außerdem war damit das Aus für die Erdgasgeschäfte sicher (Baud 2023). Auf die Mitglieder der Atlantik-Brücke und auf die russophoben EU-Staaten in der Nachbarschaft zur Russischen Föderation konnte man dabei bauen.

Die USA im Kampf um die unangefochtene Vorherrschaft

Nach dem Zerfall der UdSSR waren die US-Eliten, inzwischen angeführt von den Neocons, darauf bedacht, mit allen Mitteln die Stellung der USA als einziger Großmacht für die Zukunft zu sichern. Besonders deutlich wird dieses Bestreben in dem ursprünglichen Entwurf des *Defense Policy Guidance*, den Paul Wolfowitz, Staatssekretär unter George Bush, 1992 verfasste: »Unser erstes Ziel ist es, das Aufkommen eines neuen Rivalen zu verhindern, sei es auf dem Territorium der früheren Sowjetunion oder sonst irgendwo.«[12] Nach öffentlicher Kritik an dieser offen imperialistischen Absichtserklärung, bekam das Papier eine diplomatischere Fassung: »Unser grundlegendes Ziel ist die Abschreckung und Verteidigung gegen Angriffe von welcher Seite auch immer … Das zweite Ziel ist die Stärkung und Erweiterung des Systems der Sicherheitseinrichtungen (defense arrangements), das demokratische und gleichgesinnte Nationen in einer gemeinsamen Verteidigung gegen Aggressionen verbindet … Das dritte Ziel ist es, jede feindliche Macht an der

12 Zit. nach: New York Times (nytimes.com), 8.3.1992. Auch im Folgenden Übersetzung englischsprachiger Zitate: G. A.

Beherrschung einer Region zu hindern, die für unsere Interessen bedeutsam ist, und damit auch die Barrieren gegen das neuerliche Aufkommen einer globalen Bedrohung der Interessen der USA und unserer Verbündeten zu verstärken« (ebd.). Die redaktionelle Überarbeitung des strategischen Fahrplans verrät, dass es zwei Linien im außenpolitischen Establishment der USA gab. Auch die Absicht, die Staaten des gerade erst aufgelösten Warschauer Pakts in die NATO zu integrieren, wurde anfangs von vielen Politikern abgelehnt (youtube.com, 30.6.2023).

Ebenso wie die Politik Deutschlands gegenüber Russland bzw. gegenüber der Sowjetunion war die Politik des Westens unter Führung der USA seit der Kubakrise von 1962 von einem *Hin und Her zwischen Blockkonfrontation und Entspannung* gekennzeichnet gewesen. 1975 einigten sich 35 Staaten nach mehreren von den Warschauer-Pakt-Staaten initiierten Treffen auf der abschließenden Konferenz für Sicherheit und Zusammenarbeit in Europa (KSZE) in der Schlussakte von Helsinki (1975) auf Prinzipien für eine friedliche Koexistenz. 1979 beschloss die NATO jedoch, angeblich als Antwort auf die neuen SS-20-Flugkörper der Sowjetunion, die Stationierung von 198 Pershing-II-Raketen und 464 Marschflugkörpern in Europa. Ab 1981 setzte mit der Präsidentschaft von Ronald Reagan ein massives Wettrüsten ein. Die Luft-, Raumfahrt- und Computerindustrie wurde mit vielen Milliarden aus den Forschungs- und Entwicklungsbudgets des US-amerikanischen Verteidigungsministeriums und der NASA gefördert. Umfangreiche Forschungs- und Entwicklungsprojekte dienten dem Aufbau eines Abwehrschirms gegen Interkontinentalraketen unter dem Namen Strategic Defense Initiative (SDI). Ein solcher Abwehrschirm hätte das Prinzip der gegenseitigen Abschreckung außer Kraft gesetzt. Die Sowjetunion konnte mit dieser Entwicklung nicht mehr mithalten. Michail Gorbatschow bemühte sich um das Ende der Konfrontation, zumal die Sowjetunion durch den Zermürbungskrieg gegen die von den USA aufgerüsteten Mudschahedin in Afghanistan geschwächt war. Mit der Charta von Paris für ein neues Europa sollte 1990 der

Kalte Krieg beendet werden. Die Beteiligten, neben der Vertretung der Sowjetunion und der USA die Staats- und Regierungschefs aller europäischen Staaten, verlautbarten: »Wir erklären, dass sich unsere Beziehungen künftig auf Achtung und Zusammenarbeit gründen werden. Europa befreit sich vom Erbe der Vergangenheit.«

Was für ein politisches Subjekt ist »der Westen« und was ist die NATO? Den Westen kann man als ein Zweckbündnis von europäischen Staaten im Verein mit Japan, Kanada, Australien, Neuseeland verstehen, die, geführt von den USA, eine gemeinsame Feindbestimmung eint. Früher war der sogenannte Ostblock unter Führung der Sowjetunion der Feind. Heute sind es Russland und China mit den angeblich von ihnen ausgehenden internationalen Bedrohungen. Zeitweise wurden mit dem internationalen Terrorismus Interventionen gerechtfertigt. Eindeutig identifizierbar ist der Westen in Gestalt der G7-Staaten. Alle Staaten des Westens haben ungeachtet der hegemonialen Stellung der USA ihre je eigenen imperialistischen Ansprüche.

Die NATO wurde 1949 mit der Unterzeichnung des Nordatlantikpakts von den USA und einigen europäischen Staaten, unter anderem Großbritannien, Frankreich und Italien, gegründet. Damit war die Allianz zwischen den USA, Großbritannien und der UdSSR gegen die Achsenmächte endgültig beendet. Im selben Jahr wurde die Sowjetunion mit der Zündung ihrer ersten Atombombe Nuklearmacht, was das strategische Konzept der NATO auf deren Eindämmung beschränkte und die Politik der gegenseitigen Abschreckung einleitete. Mit dem Verschwinden der Sowjetunion und des Warschauer Pakts verlor die NATO ihren Feind, und ihr Gründungsauftrag wurde obsolet. Artikel 7 des Pakts, der auf den regionalen Charakter des Verteidigungsbündnisses abstellt, war überholt. Aber die NATO wandelte sich vom erklärten Verteidigungs- zum Interventionsbündnis, was eine neue Militärdoktrin erforderte. Die NATO ist nur scheinbar ein Bündnis unter Gleichen. Die US-Administration hat eindeutig »das Sagen«. Ihre Führungsrolle belegt Artikel 10 des Pakts: »Die Parteien können durch einstimmigen Beschluss jeden anderen europäischen

Staat, der in der Lage ist, die Grundsätze dieses Vertrags zu fördern und zur Sicherheit des nordatlantischen Gebiets beizutragen, zum Beitritt einladen. Jeder so eingeladene Staat kann durch Hinterlegung seiner Beitrittsurkunde bei der Regierung der Vereinigten Staaten von Amerika Mitglied dieses Vertrags werden.« Der Vertrag wurde 1948 von einem Komitee bei Gesprächen in Washington, D. C. entworfen. Für die bestimmende Rolle der USA lassen sich noch zwei historische Indizien anführen: Der schrittweise Rückzug Frankreichs aus dem Bündnis zwischen 1958 und 1966, unter anderem deshalb, weil Charles de Gaulle gleichberechtigte Partnerschaft vermisste, und die Kritik von NATO-Mitgliedern an der Dominanz der USA im Jugoslawienkrieg (1999). Die Luftangriffe gegen Jugoslawien seien nicht im Obersten Hauptquartier der NATO in Europa, sondern vom Oberbefehlshaber der US-Armee in deren Hauptquartier für den Kommandobereich Europa mit US-Offizieren geplant worden. Allein der Umstand, dass die USA die stärkste Militärmacht im Bündnis sind, und zwar mit großem Abstand gegenüber den anderen Mitgliedern, begründet ihre bestimmende Rolle. Das gilt es im Konflikt mit der Russischen Föderation zu beachten und rechtfertigt es, im Folgenden USA und NATO in einem Atemzug als Akteur zu nennen. »Die Nato ist faktisch ein amerikanisches Militärbündnis«, meinte Jeffrey Sachs (weltwoche.ch, 27.8.2023).

Heute sind aber alle fast Mitgliedsstaaten der EU zugleich NATO-Mitglieder. »Abgesehen davon … teilen sie dieselben Werte und stehen ähnlichen Bedrohungen und Schwierigkeiten gegenüber«, so die Begründung der engen Beziehung zwischen den beiden Organisationen auf der Website der NATO (zit. nach Serfati 2023, 34). Die Annahme, dass in Zukunft eine auch militärische Rivalität zwischen EU und USA zu erwarten sei, ist dem Wirtschaftswissenschaftler Claude Serfati zufolge nicht überzeugend, weil die NATO für die EU zur Erreichung ihrer imperialistischen Ziele unverzichtbar sei (ebd.; Wagner 2023, 59).

Am 20. Dezember 1991 – der Warschauer Pakt war am 31. März aufgelöst worden und am 9. Dezember hatten die Staatschefs von

Russland, der Ukraine und Belarus das Ende der Sowjetunion besiegelt – wurde der Nordatlantische Kooperationsrat (North Atlantic Cooperation Council, NACC) als Dialogforum zwischen der NATO und den ehemaligen Ostblockstaaten gegründet. »Es galt, die Staaten Ost- und Südosteuropas vorsichtig an die NATO heranzuführen, ohne Moskau allzu sehr zu verschrecken«, so das Motiv des Westens (Kronauer 2018, 103). Bei der 1994 beschlossenen Partnerschaft für den Frieden (Partnership for Peace) waren neben den Staaten des NACC die neutralen Staaten Europas (außer Zypern) beteiligt.

Nur ein Jahr nach der eingegangenen Partnerschaft für den Frieden bombardierte die NATO ungeachtet russischer Proteste zweieinhalb Wochen lang in über 3.500 Einsätzen den serbisch kontrollierten Teil Bosniens. In Folge dieser Operation sah sich Jelzin, der anfangs ein unerschütterliches Vertrauen in die Politik des Westens gehabt zu haben schien, zum zweiten Mal vor der NATO gewarnt (Kronauer 2018, 125; s. weiter unten). Im Mai 1997 wurde die NATO-Russland-Grundakte unterzeichnet, bevor man im Juli des Jahres Polen, die Tschechische Republik und Ungarn zu Verhandlungen über einen NATO-Beitritt einlud. Und schon 1998 schlossen die USA einen großen Waffenverkauf an Polen ab. Dabei hatte die NATO-Russland-Grundakte das erklärte Ziel, »die Spuren der früheren Konfrontation und Konkurrenz zu beseitigen und das gegenseitige Vertrauen und die Zusammenarbeit zu stärken«. Sandra Kostner vermutet, dass man solche Versicherungen abgab, weil man sich des provokativen Charakters der NATO-Erweiterung bewusst war (2023, 55). Gabriele Krone-Schmalz fragt sich, was »Kompensationsangebote« wie »Partnership for Peace« (PfP) im Konfliktfall wert waren (2015, 105). Und wenn man liest, dass PfP dazu dienen sollte, bei den Nicht-NATO-Staaten, auch den neutralen Staaten, die Übernahme von NATO-Standards und die Teilnahme an gemeinsamen Manövern anzuregen (Kronauer 2022a, 135), dann erscheint die »Friedenspartnerschaft« in neuem Licht. Im Rahmen der PfP führt die NATO seit 1997 gemeinsame Marinemanöver mit der Ukraine im Schwarzen und im Asowschen Meer durch.

Der größte Vertrauensbruch war *die Erweiterung der NATO nach Osten*, wobei es gleichgültig ist, dass die Absage an die Erweiterung dem letzten Staatspräsidenten der Sowjetunion 1990 nicht schriftlich bestätigt worden ist. Mehrfach wurde bezeugt, dass man sich im Rahmen der Verhandlungen über den Zwei-plus-Vier-Vertrag, mit dem die ehemaligen Alliierten der Vereinigung der beiden deutschen Staaten zustimmten, über die militärische Beschränkung einig war. Gorbatschow hatte auf die Versprechen der westlichen Verhandlungspartner vertraut. Die Erweiterung über Deutschland hinaus war für ihn erklärtermaßen »inakzeptabel«. Der US-Außenminister James Baker schloss ihm gegenüber im Februar 1990 eine NATO-Expansion aus (Krone-Schmalz 2015, 99).[13] Boris Jelzin stellte 1993 in einem Brief an US-Präsident William »Bill« Clinton klar, der Zwei-plus-Vier-Vertrag schließe seinem Sinn nach eine NATO-Osterweiterung aus. Entsprechende Versprechungen muss es nach Baud gegeben haben, »weil der Westen keine andere Möglichkeit hatte, die Zustimmung der UdSSR für die Wiedervereinigung Deutschlands zu bekommen« (Baud 2023, 29).

Im März 1999 wurden Polen, die Tschechische Republik und Ungarn Mitglieder der NATO. Es war die erste Welle der NATO-Expansion. Und es war auch das Jahr des Führungswechsels in Moskau. Jelzin ernannte Wladimir Putin zum Kandidaten für das Amt des Ministerpräsidenten. Wenige Tage nach der NATO-Expansion bombardierte die NATO von Ende März bis Anfang Juni die Bundesrepublik Jugoslawien, um eine angebliche humanitäre Katastrophe im Kosovo zu verhindern.

Der Angriff auf Jugoslawien, der mit dem Völkerrecht nicht zu vereinbaren war, aber auch dem bisherigen Auftrag der NATO widersprach, veranlasste deren Führung zu einer Erweiterung des selbst beanspruchten Auftrags. Nicht mehr nur Territorialverteidigung, sondern Verteidigung der westlichen Interessen stand von jetzt an

13 Derselbe James Baker erklärte: »Die KSZE ist die eigentliche Gefahr für die NATO« (zit. nach: nd-aktuell.de, 22.8.2023). Denn die KSZE verpflichtete sich zur Wahrung der Sicherheitsinteressen aller Vertragsstaaten.

auf dem Programm, übrigens ohne formelle vertragliche Vereinbarung der Mitglieder. Offen wurde nun das Selbstverständnis als Verteidigungsbündnis aufgegeben. Man ermächtigte sich selbst zur Krisenintervention in allen Weltregionen (Paech 2022). Die USA erklärten im Jahr 2000 in dem Strategiepapier »Joint Vision 2020« die militärische Überlegenheit auf allen Gebieten zu ihrem Ziel.

In der erwähnten Rede im Deutschen Bundestag von 2001 lobte Putin: »Das Sicherheitssystem, welches wir in den vergangenen Jahrzehnten geschaffen haben, wurde verbessert. Eine der Errungenschaften des vergangenen Jahrzehnts war die beispiellos niedrige Konzentration von Streitkräften und Waffen in Mitteleuropa und in der baltischen Region.« Er versicherte den Abgeordneten: »Russland ist ein freundlich gesinntes europäisches Land. Für unser Land, das ein Jahrhundert der Kriegskatastrophen durchgemacht hat, ist der stabile Frieden auf dem Kontinent das Hauptziel.« Und er erinnerte sie: »Wie bekannt, haben wir den Vertrag über das allgemeine Verbot von Atomtests, den Vertrag über die Nichtverbreitung von Kernwaffen, die Konvention über das Verbot von biologischen Waffen sowie das START-II-Abkommen ratifiziert.« Fügte aber kritisch an: »Leider folgten nicht alle NATO-Länder unserem Beispiel« (bundestag.de, 25.9.2001). Er war nicht blind – wie nicht zuletzt die erwähnte westliche Unterstützung von Dschihadisten im Tschetschenienkrieg zeigte –, aber er setzte in jener Zeit ganz auf Diplomatie.

Putin überging nicht den nur zwei Wochen zurückliegenden Anschlag auf das World Trade Center. Die bisherige Sicherheitsstruktur sei den neuen Bedrohungen nicht gewachsen und noch sei das Vertrauen zwischen den Großmächten nicht groß genug. In der Folgezeit unterstützte die Russische Föderation die US-Regierung im »Krieg gegen den Terror«. Sie half bei der Beschaffung von Waffen und bei der Einrichtung von Nachschublinien, stellte Geheimdienstakten zur Verfügung, räumte den USA Überflugrechte für Flüge nach Afghanistan ein, und Putin wandte als Vertreter der GUS nichts ein gegen die Überlassung von Militärbasen durch Kirgistan und Usbekistan (Stone 2018, 49).

Ungerührt trat George W. Bush 2001 einseitig von *dem ABM-Vertrag* von 1972 zurück, für Putin zu Recht »der Eckpfeiler des gesamten Systems der nationalen Sicherheit und die Grundlage der internationalen Sicherheit« (Stone 2018, 61), weil der Verzicht auf Abwehrsysteme gegen feindliche Flugobjekte (ballistic missiles) beide Seiten verwundbar gemacht hatte. Eine solche Abschreckung ist effektiver als die vertragliche Beschränkung von Waffensystemen.

In das Jahr 2002 fallen zwei Termine, deren Nebeneinander nachdenklich macht. Zum einen wurde der NATO-Russland-Rat (NRR) ins Leben gerufen, mit dem beiderseitige Konsultationen zur Regel gemacht werden sollten. Zum anderen lud die NATO die drei baltischen Staaten sowie Bulgarien, Rumänien, Slowakei und Slowenien zu Beitrittsverhandlungen ein, drei ehemalige Sowjetrepubliken also, drei ehemalige Mitglieder des RGW und eine Teilrepublik des früheren Jugoslawien. Jacques Baud: »Der NRR hat zum Ziel, einen Dialog mit Russland aufrechtzuerhalten, damit die NATO-Erweiterung nicht als eine Bedrohung wahrgenommen wird« (2023, 41).

Am 20. März 2003 griffen die USA und Großbritannien mit der »Koalition der Willigen« unter Missachtung des Sicherheitsrats und ohne vorherige Konsultationen mit der Russischen Föderation wegen angeblicher Bedrohung durch Massenvernichtungswaffen den Irak an. Der Vertreter der Russischen Föderation hatte die Ermächtigung zum Krieg verweigert. Der Völkerrechtler Norman Paech sah damals »das Scheitern der UNO in diesem Konflikt besiegelt« und »die Erosion der UNO-Friedensordnung« eingeläutet (Paech 2003).

Im November 2003 unterstützte das Center for Applied Non-Violent Action and Strategies (CANVAS) junge Aktivisten in Georgien bei ihren Protesten. Diese »*Rosenrevolution*« – finanziert wurde sie von der Open Society Foundation von George Soros – war von Missständen wie Korruption ausgelöst, wurde aber zu dem von den USA gewünschten Machtwechsel genutzt.

Nach dem gleichen Muster wurde im November 2004 unter Nutzung breiter Unzufriedenheit *die Orange Revolution in der Ukraine* gefördert. Auslöser war der Vorwurf des Wahlbetrugs. Die Wahlbehörde habe die Auszählung der Stimmen zugunsten von Wiktor Janukowytsch, dem russlandfreundlichen Kandidaten, manipuliert. Die Proteste, die von der Westukraine ausgingen, wurden wie in Georgien von einer Organisation meist studentischer Aktivisten angeheizt, unterstützt von der Konrad-Adenauer-Stiftung und der Open Society Foundation. Selbst nachdem der Wahlsieg von Janukowytsch offiziell bestätigt worden war, rief der Verlierer Wiktor Juschtschenko zum Generalstreik und zu Sitzblockaden auf. Nach Überprüfung der Wahlergebnisse beruhigte sich die Lage aber. Die Verwaltung von Lwiw (Lemberg) wollte die Wahl jedoch länger nicht anerkennen.

Im März 2004 – im Irak waren die USA als Besatzungsmacht darum bemüht, den Regime Change zu festigen – wurde die zweite Expansion der NATO in Richtung russischer Grenze vollzogen, indem die Aufnahme der drei baltischen Staaten und der vier weiteren genannten Staaten vertraglich abgeschlossen wurde. Die »Strategie der Einkreisung« Russlands stützte sich laut dem Politikwissenschaftler Günther Auth erstens auf »die Förderung antirussischer Ressentiments in Osteuropa und an den Grenzen Russlands durch die gezielte Unterstützung ultra/nationalistischer Kräfte … zweitens die anhaltende Militarisierung der Staaten an den Grenzen Russlands durch die Aufnahme solcher Länder in die NATO und/oder durch die Aufrüstung sowie die Umstrukturierung und Angleichung der nationalen Streitkräfte an die Standards der NATO« (2023, 132). Beides war bis Mitte des ersten Jahrzehnts schon weit gediehen.

Eine rote Linie wurde Anfang April 2008 auf dem *NATO-Gipfel in Bukarest* überschritten, als nach dem Wunsch der US-Administration Georgien und die Ukraine in den Membership Action Plan (MAP) der NATO aufgenommen werden sollten, was der Zusage einer baldigen Mitgliedschaft gleichkam.[14] Mit der Aufnahme der beiden Nachbarstaaten hätte der Russischen Föderation die Umklammerung

14 In Georgien hatte man mit Saakaschwili und in der Ukraine mit Juschtschenko nach Westen orientierte Staatschefs, so dass sich die USA auf die Wünsche der beiden Staaten berufen konnten.

von Süden und Westen gedroht. Der damalige US-Botschafter in der Ukraine, William J. Burns, warnte seine Administration in einer persönlichen Mail an die Außenministerin Condoleezza Rice: »Der Beitritt der Ukraine zur NATO ist für die russische Elite (nicht nur für Putin) die eindeutigste aller roten Linien. … Das Russland von heute wird darauf reagieren. Die russisch-ukrainischen Beziehungen werden in eine tiefe Krise geraten … die einen fruchtbaren Boden für russische Einmischungen auf der Krim und in der Ostukraine schaffen wird« (Burns 2019, 232f.). Die deutsche Kanzlerin Angela Merkel verhinderte zusammen mit dem französischen Präsidenten Nicolas Sarkozy diese Stufe der Eskalation. Die Entscheidung war aber nur aufgeschoben. Die Führung Russlands musste darin »eine existentielle Bedrohung« sehen (Mearsheimer 2022). George F. Kennan, Diplomat (u.a. nach 1945 in Moskau) und Historiker, hatte schon 1997, als die Regierung Clinton an die Erweiterung der NATO dachte, in der *New York Times* gewarnt: »Eine Erweiterung der NATO wäre der verhängnisvollste Fehler der amerikanischen Politik in der gesamten Ära nach dem Kalten Krieg« (nytimes.com, 5.2.1997).

Die Einschätzung des US-Think-Tanks Stratfor von 2013 macht verständlich, warum die Führung Russlands durch das Angebot an die Ukraine so alarmiert war. Wenn die Ukraine dem russischen Einflussbereich entzogen werde, »wäre Russland nicht mehr zu verteidigen«, so das Statement (zit. nach Kronauer 2018, 107). Jeffrey Sachs, prominenter US-Ökonom und Berater von UN-Generalsekretär António Guterres, 2023 im Interview: »Auslöser des Krieges war vor allem der Versuch der USA, das NATO-Militärbündnis auf die Ukraine und Georgien auszudehnen. Das war ein großer Fehler, wie von US-Spitzendiplomaten, darunter George Kennan, Henry Kissinger, Jack Matlock, William Burns, William Pery und vielen anderen, vorhergesagt wurde« (jW, 1.7.2023). Noch deutlicher äußerste sich John Mearsheimer im Juni 2023 in einem Gespräch mit dem bekannten US-Journalisten Glenn Greenwald: »Es war von Anfang an klar, dass die Aufnahme der Ukraine in die NATO ein Rezept für eine Katastrophe ist« (weltwoche.ch, 22.2.2023).

Nachdem die US-Administration die Aufnahme Georgiens und der Ukraine in den MAP nicht durchsetzen konnte, schürte sie einen *Konflikt in Georgien.* »Es überrascht nicht«, so Mearsheimer (2022), »dass die unter amerikanischer Führung unternommenen Anstrengungen zur Integration Georgiens in die Nato im August 2008 – vier Monate nach dem Bukarester Gipfel – zu einem Krieg zwischen Georgien und Russland führten.« Im Konfliktfall, so offenbar die Überlegung im Vorfeld, konnte man der internationalen Öffentlichkeit Militärhilfe plausibel machen. Diesmal brauchte es keine Farbrevolution, denn man hatte mit Micheil Saakaschwili, ab 2004 Staatspräsident, den richtigen Mann an der Spitze des Staates – westlich orientiert samt Studium in den USA (vgl. worldleaders.columbia.edu). Als Anlass bot sich der alte Nationalitätenkonflikt mit Südossetien an. In der Zeit der Sowjetunion hatte Südossetien einen Autonomiestatus innerhalb Georgiens gehabt, was die Osseten nach der Unabhängigkeitserklärung Georgiens, angeheizt durch den Nationalismus der georgischen Regierung, ihrerseits zum Streben nach Unabhängigkeit verleitete. Nach wiederholten Scharmützeln kam 1992 unter Vermittlung der Regierung Jelzin ein Waffenstillstand zustande, den eine Friedenstruppe in Südossetien garantieren sollte. Im August 2008 befahl Saakaschwili, ermuntert von den USA, den *Angriff auf Südossetien*, wobei auch der Stützpunkt der russischen Friedenstruppe unter Beschuss genommen wurde. Vierzehn russische Soldaten wurden getötet. Nach einigem Zögern und Appellen zur Deeskalation an die Adresse der USA (Stone 2018, 250) ordnete der russische Präsident, damals Dmitri Medwedew, eine militärische Operation zum Schutz Südossetiens an. Russische Truppen rückten in dem fünftägigen Krieg bis kurz vor Tiflis vor. Der kritische Bericht der EU-Kommission von 2009 bescheinigte der Russischen Föderation lediglich eine Unverhältnismäßigkeit des Gegenschlags auf den georgischen Angriff (euronews.com, 8.8.2018).

Den Wendepunkt im Konflikt zwischen den USA und der Russischen Föderation datieren die Politikwissenschaftler John Mearsheimer (2022) und Hajo Funke (2023) auf das Jahr 2008. Laut Funke war

2008 »das Jahr einer sicherheitspolitischen Wende, der Abwendung Putins von den Interessen an einer kooperativen Entwicklung in den internationalen Beziehungen« (2023). Zu erinnern ist daran, dass der damals neu ins Amt gekommene Interimspräsident Medwedew im Juni 2008 dem Expansionsbestreben der NATO noch mit der Idee eines »Vertrags für Sicherheit in Europa« begegnen wollte. Aber diese Idee hatte keine Chance. Sie wurde 2009 vom NATO-Generalsekretär und von der US-Außenministerin Hillary Clinton abgelehnt.

Ein Jahr vor dem NATO-Gipfel in Bukarest, am 10. Februar 2007, hatte *Putin in seiner Rede auf der Münchner Sicherheitskonferenz* in bis dahin ungewöhnlich klarer Sprache die Enttäuschung und Entrüstung Russlands über die Politik des Westens zum Ausdruck gebracht, womit er in der westlichen Presse weitgehend auf Unverständnis stieß. »Sicherheit für einen ist Sicherheit für alle«, erklärte er zum »Grundprinzip«, was im Umkehrschluss heißt: Wenn einer (z.B. die Russische Föderation) keine Sicherheit hat, ist die Sicherheit weltweit gefährdet. Er kritisierte die Missachtung des Völkerrechts und die »Stagnation auf dem Gebiet der Abrüstung«. »Die Pläne, bestimmte Elemente des Raketenabwehrsystems auf Europa auszuweiten«, kennzeichnete er als beunruhigend für die Russische Föderation. Jacques Baud bestätigt als Militärexperte die Gefahr für die Russische Föderation (2023, 23). Putin wies darauf hin, dass die NATO-Staaten den Vertrag über konventionelle Streitkräfte in Europa sieben Jahre nach der Neufassung von 1999 noch nicht unterzeichnet hätten und dass die USA vorgeschobene Stützpunkte in Rumänien und Bulgarien errichteten. Die Expansion der NATO bezeichnete er als »eine ernste Provokation« für Russland. Dessen ungeachtet strebte die US-Regierung ein Jahr später den NATO-Beitritt Georgiens und der Ukraine an.

Resümee: Zwischen 1999 und 2009 hat die NATO unter Führung der USA schrittweise frühere Ostblockstaaten, darunter drei ehemalige Sowjetrepubliken, für das Bündnis gewonnen und sich der Grenze zur Russischen Föderation genähert. Damit war für die

Russische Föderation nicht nur der Schutzwall verloren gegangen, den die Sowjetführung nach dem deutschen Vernichtungsfeldzug errichtet hatte. Aufgrund der geopolitischen Neuausrichtung der Regierungen in den neuen NATO-Staaten sah sie sich sogar feindseligen Nachbarn gegenüber. Die Orange Revolution hatte gezeigt, dass die USA die Integration der Ukraine in EU und NATO für den Tag X anstrebten. Außerdem hatten schon die 1990er Jahre, vor allem mit dem Angriffskrieg der NATO gegen die Bundesrepublik Jugoslawien, keinen Zweifel mehr gelassen, dass es sich nicht um ein Verteidigungsbündnis handelt. Der US-geführte Irakkrieg machte deren aggressive Geopolitik deutlich. Das gilt auch für die maßgeblich von Frankreich, den USA und Großbritannien betriebene Zerstörung Libyens (2011). Die mehrmalige Missachtung des Völkerrechts erhöhte die Unsicherheit für die Russische Föderation.

Die geostrategischen Optionen der USA

Zbigniew Brzezinski, ehemaliger Sicherheitsberater von Präsident James »Jimmy« Carter, selbst aus einer osteuropäischen Diplomatenfamilie stammend, bestärkte die US-Eliten 1997 mit seinem Buch »The Grand Chessboard« in der geostrategischen Zielsetzung, die Ukraine dem Einfluss der Russischen Föderation zu entziehen. Die Schachbrett-Metapher bezog sich vor allem auf Eurasien, wo Brzezinski den Hauptschauplatz künftiger Machtkämpfe ausmachte: »Allein schon die Existenz einer unabhängigen Ukraine hilft, Russland zu verändern. Ohne die Ukraine hört Russland auf, ein eurasisches Imperium zu sein« (1999, 76). Kiew sei daher in das transatlantische Bündnis zu integrieren. Die Erweiterung der EU um Osteuropa, damals noch nicht vollzogen, hielt Brzezinski für nützlich, solange ein integriertes Europa nicht die USA »in geopolitischen Angelegenheiten herausfordern« könne (zit. nach Kronauer 2018, 101).

Damit sprach Brzezinski die schon erwähnte »Urangst« des US-Establishments vor der geballten Wirtschaftskraft eines mit Russland kooperativ verbundenen Europas an. Putin versuchte noch 2010, deutsche Führungskräfte für *die Vision von einem eurasischen Wirtschaftsraum von Wladiwostok bis Lissabon* zu interessieren (u.a. SZ, 25.11.2010). Wenn die Wahrscheinlichkeit eines solchen Projekts aufgrund der engen transatlantischen Beziehungen der Bundesrepublik auch gering war, so konnte es in den USA doch Unbehagen bereiten. Zugleich sah man sich ungleich stärker von der wachsenden Wirtschaftsmacht der VR China bedroht. US-Präsident Biden nannte im Oktober 2022 in seiner Rede zur »Nationalen Sicherheitsstrategie« die Volksrepublik den ersten Gegner noch vor der Russischen Föderation.

In dieser Situation gab es *zwei alternative geostrategische Optionen*: Das eine Kalkül war, die Russische Föderation zu schwächen und ihre Kooperationsbeziehungen zur EU zu kappen, wobei der Ukraine ein hoher Stellenwert zukam. Wenn diese aus dem russischen Einflussbereich und Wirtschaftsraum herausgelöst werden könnte, werde Russland geschwächt. In dem erwartbaren Konflikt werde die EU zu einer klaren Positionierung zugunsten der transatlantischen Bindungen genötigt werden, womit auch das westliche Bündnis gegen China gestärkt werde. In Kauf nehmen müsste man die wahrscheinlich zu erwartende Annäherung zwischen der Russischen Föderation und der VR China. Dem US-amerikanischen Thinktank RAND Corporation zufolge werde Russland »abhängiger von China sein als vor dem Krieg – unabhängig davon, wie lange dieser dauert« (RAND Corp. 2023). Deshalb wurde von einigen die alternative strategische Option befürwortet, »Moskau und Beijing zu entzweien und China zu isolieren«, wozu die USA »ihre Beziehungen zu Russland neu ausbalancieren« müssten (Kronauer 2022, 188). Diese Option wurde unter der Präsidentschaft von Biden offenbar verworfen.

Warum? Das wird erklärbar, wenn es stimmt, dass der Ukrainekrieg »ein Krieg um den Dollar« ist, wie Oleg Nesterenko, Direktor des Europäischen Industrie- und Handelszentrums in Paris, Partner der Russischen Industrie- und Handelskammer in Frankreich, erklärt. Er sieht in diesem Krieg den dritten Dollarkrieg nach dem

Irakkrieg und der Zerstörung Libyens: »Seit Putins Amtsantritt, lange vor 2021 und sogar noch vor dem antirussischen Staatsstreich in der Ukraine 2014, hat Russland, eine führende Energiemacht, den Prozess der Liquidierung von in Dollar notierten US-Anleihen eingeleitet. Innerhalb von fünf Jahren, von 2010 bis 2015, halbierte Russland die Anzahl der US-Anleihen, die es besaß. Während es früher zu den größten Haltern der Welt gehörte, besitzt es heute kaum noch welche« (nds, 7.7.2023). Parallel dazu begann sich die Russische Föderation allmählich auch vom Petrodollar-System zu trennen, indem sie Handelsabkommen abschloss, bei denen eine Zahlung in Landeswährung vereinbart war, angefangen mit China. Man fing an, große Mengen an Energieprodukten in chinesischen Yuan und russischen Rubel zu bezahlen. Wenn der US-Dollar, eine Treuhandwährung, seine dominante Stellung als internationale Reservewährung einbüßt, ist das eine echte Bedrohung für die USA.

Aber es könnte noch einen weiteren Grund gegeben haben, warum die zweite Option nicht in Frage kam. Das könnte mit dem Interesse mächtiger Kapitalfraktionen in den USA an den mineralischen Ressourcen der Ukraine und an den Gasfeldern im Donbass und südlich der Krim, aber vor allem auch an den ertragreichen landwirtschaftlichen Nutzflächen von immensem Ausmaß in der Ukraine erklärt werden (Auth 2023, 129). Auth verweist auf Förderverträge mit Chevron, ExxonMobil und anderen westlichen Konzernen für die Gas-Extraktion (ebd.). Mindestens ebenso viel Begehrlichkeiten dürften die Lithium-Vorkommen in der Ostukraine wecken – ein Schatz, auf den Roderich Kiesewetter (CDU) im Dezember 2023 verwies (nordkurier.de, 22.12.2023). Eine Annäherung zwischen dem Westen und Russland hätte eine Einbindung der Ukraine in die westliche Allianz ausgeschlossen, zumindest die wirtschaftliche Ausbeutung der Ukraine behindert.

Agrarinvestmentgesellschaften, Saatgut- und Düngemittelhersteller richteten schon länger ihr Augenmerk auf die *ukrainische Landwirtschaft*, auf die unvergleichlich fruchtbaren Schwarzerde-Böden, insgesamt bis zu 41 Millionen Hektar Ackerland (oaklandinstitute.org, 6.8.2021). Boden hat wegen der Sicherheit als Kapitalanlage weltweit eine enorme Wertsteigerung erfahren, gesteigert durch die »Flexcrops« mit ihrer vielfältigen Verwertbarkeit als Nahrung, Viehfutter und Treibstoff. In der Ukraine haben neben mehreren Oligarchen auch ausländische Gesellschaften, darunter Pensionsfonds, riesige Flächen in Besitz genommen. Das Oakland Institute geht von schätzungsweise 3,4 Millionen Hektar in den Händen ausländischer Unternehmen und ukrainischer Unternehmen mit ausländischen Fonds als Anteilseignern aus (ebd.; marx21.de, 19.9.2022). Manche Schätzungen reichten 2021 bis zu sechs Millionen Hektar. 2016 hatten zehn multinationale Agrarkonzerne 2,8 Millionen Hektar Land kontrolliert. 2021 war laut Oakland Institute die Firma Kernel, ein Agrarkonzern in ukrainischer Hand mit Sitz in Luxemburg, der größte Landbesitzer mit 576.000 Hektar. Die Flächen der nächstgrößten Landeigner, darunter ein US-amerikanischer Private Equity Fonds und ein saudischer Fonds, reichten von 430.000 Hektar bis zu 120.000 Hektar. Fünf Prozent des Agrarlandes hat der chinesische Staat erworben (Baab 2023, 132).

Bis 2021 konnten ausländische Fonds und Unternehmen Ackerland lediglich pachten, nicht aber kaufen. Mit dem Gesetz zur »Landreform« vom 1. Juli 2021 machte man einen ersten Schritt zur Schaffung eines Landmarktes, indem man den Kauf und Verkauf von privatem Land in beschränktem Maß erlaubte. Ein Referendum sollte nach dem Gesetz darüber entscheiden, wann diese Beschränkung beseitigt wird und wann ausländische Investoren freie Hand zum Landkauf erhalten. Präsident Selenskyj soll auf Druck von außen hin das Moratorium 2022 eigenmächtig aufgehoben haben. Klar ist jedenfalls, dass ein Landmarkt das Ziel des internationalen Kapitals und der transnationalen Institutionen ist. Die Landreform von 2021 wurde mit einem IWF-Kredit von fünf Milliarden Dollar belohnt. Ein Programm für Grundbucheintragungen und Landtitel, mit einem Darlehen der Weltbank gefördert, schafft die formalen Voraussetzungen für die Kommerzialisierung des Bodens (marx21.de, 19.9.2022). Schon 2015 hat außerdem Artikel 404 der EU-Vereinbarung mit der

Ukraine den Weg für eine Lockerung der gängigen Zertifizierungspraktiken für gentechnisch verändertes Saatgut frei gemacht und Erleichterungen für die Agroindustrie geschaffen (fian.at, 7.7.2015).

In einer Studie des Oakland Institute vom März 2015 ist zu lesen: »Ausländische Unternehmen weiten ihren Einfluss auf den ukrainischen Agrarsektor aus. Unternehmen der Biotechnologie sind in der Ukraine präsent und haben ihre Investitionen in den letzten Jahren erheblich erhöht. Westliche Konzerne haben nicht nur die Kontrolle über bestimmte profitable Agrarbereiche übernommen, sondern mit einer vertikalen Integration des Agrarsektors begonnen.« Das heißt, alle Schritte von der Ernte oder der Aufzucht und Schlachtung von Vieh über die Verarbeitung bis zum Verkauf werden in Regie genommen. Abschließend heißt es: »Alle Aspekte der ukrainischen Agrarlieferkette werden zunehmend von westlichen Firmen kontrolliert« (zois-berlin.de, 9.1.2019). Nach Berichten von 2022 haben inzwischen die Global Player *Cargill, DuPont* und *Monsanto* circa 17 Millionen Hektar im Osten und Süden der Ukraine aufgekauft. Anteilseigner an allen drei US-Firmen ist der Vermögensverwalter BlackRock. Monsanto/Bayer und DuPont haben Saatgutfabriken in Planung (Rügemer 2024, 7; Baab 2023, 130). Cargill ist inzwischen auch Mehrheitsinhaber des Tiefwasserhafens »Neptune« nahe Odessa (cargill.com, 16.7.2021). Das Kapital ist, wie man sieht, siegesgewiss. Im Zusammenwirken von IWF, Weltbank, EU-Institutionen und US-amerikanischen Beratungsfirmen gedachte man, die ukrainische Landwirtschaft marktgerecht zu transformieren und profitabel zu machen.

Die Handelskammer der USA, auch zuständig für die Beziehungen zur Ukraine, der US-Ukraine Business Council und die European Business Association haben neben dem IWF seit 2014 die Prioritäten der ukrainischen Wirtschaftspolitik bestimmt (thegrayzone.com, 28.4.2022).

2.
Vom Euro-Maidan bis zur Invasion Russlands

Vorgeschichte zum Krieg (II)

Die Ukraine – ideal für die Interventionsstrategie der USA

Man musste kein Prophet sein, um zu wissen, dass die Ukraine aufgrund ihrer Geschichte schnell zum Opfer eines Konflikts mit der Russischen Föderation würde, sobald sie vom kollektiven Westen umworben würde. Man brauchte nur die Geschichte Osteuropas zu studieren oder sie wie Zbigniew Brzezinski zu kennen. Der Politikwissenschaftler Nikolai Petro (2023) von der University of Rhode Island sieht einen mindestens einhundertfünfzig Jahre währenden Streit um die Identität der Ukraine, ausgetragen zwischen den westukrainischen »Eliten« auf der einen und den ost- und südukrainischen auf der anderen Seite. Hillary Clinton meinte kurz nach dem Einmarsch Russlands im Februar 2022, Afghanistan liefere das Modell (morningstaronline.co.uk, 8.4.2022). Dort hatten die USA die Revolutionsregierung in Bedrängnis gebracht, indem sie die Mudschahedin mit Waffen und der Rekrutierung von Dschihadisten aus dem Ausland unterstützten, so dass sich die Sowjetregierung nach langem Zögern veranlasst sah, dem Hilfeersuchen aus Kabul Folge zu leisten und Truppen zu entsenden. Brzezinki triumphierte später, man habe die Sowjets damals in eine Falle gelockt. Die Rolle der Mudschahedin sollten diesmal ukrainische Ultranationalisten übernehmen. Dafür waren schon jahrelang Vorbereitungen getroffen worden.

Die Ukraine ist eine der jüngsten Nationen weltweit, wenn man das Bewusstsein der Staatsbürger und Staatsbürgerinnen, Angehörige einer Nation zu sein, als Kriterium nimmt. Vermutlich hat erst die russische Invasion die Ukrainer zur Nation gemacht, allerdings auf Kosten der Sezession des Donbass und der Krim. Die Ukraine verdankt – Ironie der Geschichte – quasi Putin ihre Nationwerdung. Das Bewusstsein der nationalen Zugehörigkeit und Zusammengehörigkeit, nicht unbedingt Einheit, das es offenbar in modernen Staaten ungeachtet der Klassenspaltung bis zu einem gewissen Grad gibt und braucht, hat historisch einiges zur Voraussetzung. Wenn wir Otto Bauer (1882-1938), der sich als Sozialist in der K.u.k.-Monarchie mit der Nationalitätenfrage auseinandergesetzt hat, in einem Punkt folgen wollen, dann bindet die geschichtlich bedingte »Schicksalsgemeinschaft« die Angehörigen einer Nation, ungeachtet dessen, dass Krisen und Kriege, nicht zuletzt von Angehörigen der jeweiligen gesellschaftlichen Klassen, sehr unterschiedlich erlebt werden (Bauer 1907/1975). Richtig verstanden, steckt in dem Begriff Erlebnis auch die je unterschiedliche Deutung des jeweils gemeinsam Erfahrenen. So bildet sich ein kollektives Gedächtnis, das für *Nation Building* konstitutiv zu sein scheint (Assmann 1988). Dass die Nation im Gegensatz zur Familie, zu einem Verein, Club oder einer Jugendgruppe nur eine »vorgestellte Gemeinschaft« (imagined community) ist, so die Sichtweise des US-Politologen Benedict Anderson (1936-2015), muss der konstitutiven Bedeutung der gemeinsamen Geschichte nicht widersprechen.[15]

Die Bevölkerung der Ukraine hat aber *gemeinsame Erfahrungen nur in der Sowjetzeit von 1920 bis 1991* und danach gemacht. Es waren für die breite Masse teilweise sehr leidvolle Erfahrungen bei den Kämpfen nach der Auflösung des Zarenreichs, bei der ersten deutsch-österreichischen Besatzung 1918/19, in der großen Hungersnot der 1930er Jahre. Und traumatisch waren vor allem die Er-

15 Anderson hat, biographisch bedingt, mehr die jungen Nationen in Südostasien vor Augen als die alten Nationalstaaten Europas.

fahrungen mit Massenmord, Zerstörung und Deportationen durch die deutsche Wehrmacht. Aber in den Kriegen und unter den Besatzungsregimen wurden in der Mittel- und Oberschicht unterschiedliche Positionen eingenommen. Auch unter den »einfachen Leuten« gab es nicht wenige Kollaborateure, so dass die Erinnerungen im Freund-Feind-Schema gespeichert waren und sind. Für die Mehrheit waren, so darf man annehmen, die Anfangsjahre in der Ukrainischen Sozialistischen Sowjetrepublik und die Zeit nach der Befreiung von der deutschen Terrorherrschaft voller Hoffnung. Nicht zuletzt konnte der Stolz auf den erfolgreichen Befreiungskampf Selbstbewusstsein stiften.

Das Dilemma für *die ukrainische Nationalbewegung* besteht nun aber darin, dass sie die Zeit der Sowjetunion ausschließlich als Zeit der Unterdrückung wahrgenommen haben möchte. Alles andere will sie aus dem kollektiven Gedächtnis auslöschen. Der westlich orientierte, von USA und EU favorisierte ukrainische Präsident Wiktor Juschtschenko (2005-2010) erinnerte die Ukrainer an die Hungersnot der 1930er Jahre in der Sowjetzeit, was die US-Historikerin Anne Applebaum für geschichtspolitisch geschickt hält. »Juschtschenko verstand die Macht der Hungersnot als einigende nationale Erinnerung der Ukrainer.«[16]

Das Unterdrückungsnarrativ, das für den ukrainischen Nationalismus zentral ist – es umfasst auch die Zeit der Zarenherrschaft – hat eine Funktion. Es überdeckt zunächst einmal die extreme Klassenspaltung der Oligarchenwirtschaft. Die neoliberale Politik hat die private Armut und die Armut der öffentlichen

16 Anne Applebaum, zit. nach jW, 2.12.2022. Auf Drängen Juschtschenkos verabschiedete das Parlament am 28.11.2006 ein Gesetz, in dem die große Hungersnot von 1932/33 als »Genozid am ukrainischen Volk« (Holodomor) bezeichnet wird. Der Begriff wurde unverkennbar in sprachlicher Anlehnung an »Holocaust« gebildet. Israel hingegen erkennt den großen Hunger von damals »nicht als Akt eines ethnischen Genozids« an (ukraine-nachrichten.de, 29.9.2008). Die Geschichtsforschung erklärt die Hungersnot in damals vielen Teilen der Sowjetunion mit der übereilten Kollektivierung der Landwirtschaft.

Hand noch verschärft. Die Erzählung von der jahrhundertelangen Unterdrückung soll auch die religiösen und sprachlichen Differenzen plausibel machen, und warum die Kultur so stark von russischen Traditionen durchzogen ist. Es gibt die Spaltung zwischen ukrainisch-orthodoxen, katholisch-orthodoxen und katholischen Christen. Die meisten Gläubigen hat die Ukrainisch-Orthodoxe Kirche. Es gibt oder gab bis zum Sprachgesetz von 2019 die Spaltung zwischen überwiegend russisch- und überwiegend ukrainischsprachigen Gebieten.

Die Geschichtsrevision beleuchtet in ihrer Radikalität eine grundlegende Schwierigkeit ukrainischer Geschichtspolitik unter nationalistischem Vorzeichen. Das Territorium der heutigen Ukraine war seit Mitte des 17. Jahrhunderts weitgehend und seit dem 18. Jahrhundert bis auf Galizien Teil des Zarenreichs, was die Spuren russischer Kultur fast untilgbar macht. Zugleich war die Ukraine multikulturell. Die Bevölkerung ist ethnisch vielfältig. Ukrainisch und Russisch waren und sind die dominanten Familiensprachen. Nationale Geschichtsrekonstruktionen sind nie völlig unumstritten. »In jeder Gesellschaft gibt es nicht nur einen Geschichtenerzähler, sondern stets mehrere, die sich nicht einmal über den allgemeinen Aufbau der Erzählung verständigen können«, so Harold James in seinem Buch über »Deutsche Identität« (1991, 17). Aber in der Ukraine wird nicht über verschiedene Narrative gestritten. Dort wird einfach durch Direktiven »von oben« ein Traditionsstrang weggeschnitten. Entlarvend ist folgende Äußerung des ukrainischen Theaterregisseurs Stas Zhyrkov in einem Interview: »Wir müssen fast alles niederreißen. Alles, was es jetzt an ukrainischer Kultur gibt, wurde in sowjetischer Zeit aufgebaut. Wir brauchen eine Art Dekolonisation, ein Verlernen dessen, was wir noch als Kultur verstehen« (freitag.de, 29.6.2023). Viele Intellektuelle haben inzwischen anscheinend das Unterdrückungsnarrativ verinnerlicht. Die Schriftstellerin Tanja Maljartschuk spricht bei einer Lesung von der Angst »eines seit Ewigkeiten unterdrückten und kolonialisierten osteuropäischen Volkes, dessen Sprache vor nicht allzu langer Zeit noch verboten war« (zit. nach SZ, 30.6.2023). Legendenbildung ist dabei unvermeidlich.[17]

Dieses Narrativ, das in der heutigen Ukraine gepflegt wird und das auch einige westliche Historiker übernommen haben (z. B. Schulze Wessel 2023), hält wissenschaftlicher Überprüfung nicht stand. Denn die Nation ist keine Naturkategorie, sondern ein spätes historisches Produkt. Vor der Entstehung von Nationalstaaten dachten die Menschen nicht in nationalen Zugehörigkeiten.[18] Trennend und identitätsstiftend war allenfalls die konfessionelle Zugehörigkeit. Eine Nation, die gar nicht existierte, konnte auch nicht unterdrückt werden. Die Territorien, die das Staatsgebiet der heutigen Ukraine bilden, waren im Mittelalter, bevor sie über Jahrhunderte Teil des Königreichs Polen-Litauen wurden, Fürstentümer, die meist den Mongolen-Khans tributpflichtig waren (Plokhy 2022, 93ff). Das Königreich Polen-Litauen trat 1686 nach einem mehrjährigen Krieg das Territorium östlich des Dnepr oder Dnipro an das Zarenreich ab, was die kulturellen Zuordnungen nachhaltig beeinflusst hat (Plokhy 2022, 169). Die Krim war übrigens Ende des 18. Jahrhunderts, d. h. bis zur Eroberung in den Russisch-Türkischen Kriegen, ein tributpflichtiger Vasall des Osmanischen Reichs, besiedelt von Tataren. Für die bäuerliche Bevölkerung war nur wichtig, welche Belastungen die jeweilige Herrschaft mit sich brachte. Alles andere war nicht relevant. Und auch der Adel assimilierte sich, sprach entweder Polnisch oder Russisch, wenn nicht lieber Französisch.

Im Rückblick auf die Ukrainische Sozialistische Sowjetrepublik, die 1920 die kurzlebige Ukrainische Volksrepublik abgelöst hatte, wird die Erzählung von der Unterdrückung der ukrainischen Kultur

---

17 Die Schriftstellerin war nach Klagenfurt zur Lesung im Rahmen des Ingeborg-Bachmann-Preises eingeladen. Dem *SZ*-Bericht zufolge machte sie auf suggestive Art die Erzählung von einem Juden-Pogrom zu einem Teil der leidvollen ukrainischen Geschichte, was den Berichterstatter nur wenig irritiert.

18 Der Historiker Plokhy in seinem Kommentar zur Unterordnung des Kosaken-Hetmans Chmelnyzkyi unter die Zarenherrschaft: »Niemand in Perejaslaw oder Moskau dachte oder sprach 1654 in ethnischen Begriffen« (2022, 164).

nicht nur widerlegt, sondern durch die damalige sowjetische Kulturpolitik blamiert. Das Ukrainische wurde nämlich von der sowjetischen Regierung nach der Übernahme der Macht als Schriftsprache standardisiert. Die Sowjets vollendeten damit die Arbeit von Pionieren wie Iwan Kotljarewskyi (1769-1838) und Taras Schewtschenko (1814-1861), die mit ihren Dichtungen eine ukrainische Literatursprache geschaffen hatten. Bis dahin hatte es nur das Kirchenslawische gegeben. Das Volk sprach verschiedene ukrainische Dialekte. Der amerikanisch-ukrainische Historiker Serhii Plokhy erläutert Kotljarewskyis Werk so: »Die Sprache seiner Heimat, der Poltawa-Region des einstigen Hetmanats, wurde für die Sprecher zahlreicher ukrainischer Dialekte zur Grundlage des Standardukrainischen« (Plokhy 2022, 223). Ganz ähnlich also, wie mit der Bibelübersetzung Luthers das Mittelhochdeutsche zum Standarddeutschen wurde.

Dass sich das Russische in der Ukraine als dominante Verkehrssprache durchsetzte, dafür ist nicht politische Repression verantwortlich, zumindest nicht seit dem Ende des Zarenreichs. In der frühen Zeit der ukrainischen Sowjetrepublik war die Ukrainisierung politisches Programm. Vorher war der Sprachgebrauch eine Standesfrage gewesen. Das Ukrainische galt als Sprache der Bauern und Dienstboten. Wer etwas auf sich hielt, sprach im Zarenreich Russisch, in Polen Polnisch und in der Donaumonarchie Deutsch. In der Sowjetunion wurde erst in den 1970er Jahren »die Etablierung des Russischen als ›zweite Muttersprache‹ propagiert« (Komlosy 2023, 25), was zugegebenermaßen einen gesellschaftlichen Trend verstärkte. Denn in der mehrsprachigen Sowjetunion war Russisch die lingua franca für die Verständigung im Wirtschaftsleben, in der Politik, im öffentlichen Dienst, beim Militär, in der Wissenschaft. Mit zunehmender Mobilität innerhalb der Union wurde Russisch dominant. Ukrainisch war dann nur noch die Sprache im Dorf und »zog daher mitunter das Image des Rückständigen auf sich« (Komlosy 2023, 25).

Vor dem Sprachgesetz unserer Tage, das die russische Sprache aus dem öffentlichen Leben verbannen soll, war Russisch weithin dominant. 2003 gaben im Osten der Ukraine bis zu 90 Prozent Russisch als ihre Umgangssprache an. In der mittleren Ukraine waren es immerhin noch beinahe 60 Prozent. Die Antwort auf das kulturelle und sprachliche Schisma war *ein Ultra-Nationalismus mit faschistischen Zügen*. Das erste, was die Führung anstrebte, war sprachliche und religiöse Homogenität. Schon unter Juschtschenko wurde 2006 ein Rundfunk- und Fernsehgesetz verabschiedet, mit dem Quoten für russischsprachige Sendungen eingeführt wurden. 2014 hatte Jazenjuk als Übergangspräsident den ersten Anlauf für ein Sprachgesetz versucht, musste es aber aus außenpolitischen Rücksichten zurückziehen.

Am 25. April 2019 fand das heutige *Sprachgesetz* eine Mehrheit im Parlament.[19] Die Opposition hatte aus Protest nicht an der Abstimmung teilgenommen. Die ukrainische Sprache muss nach dem Gesetz nicht nur im öffentlichen Sektor sowie den Organen der lokalen Selbstverwaltung, in gesellschaftlichen Einrichtungen und Organisationen, in Bildung und Wissenschaft, in der Armee und in den Sicherheitskräften verwendet werden, sondern auch im Gesundheitswesen, im Dienstleistungssektor, im Energiebereich und in der Industrie, in Kinos und Theatern und in den Medien. Intendiert wird damit, den Gebrauch der russischen Sprache auf den privaten Raum zu beschränken. Wie realistisch das ist, sei dahingestellt (vgl. die Reiseeindrücke von Baab 2023). Eine »Staatliche Kommission zum Schutz der Sprache« überwacht den Sprachgebrauch.[20] Printmedien müssen in der Staatssprache erscheinen. Sie können jedoch auch in anderen Sprachen herausgegeben werden, sofern gleich-

19 Das Sprachgesetz, das 1957 in dem von der britischen Kolonialherrschaft befreiten Sri Lanka verabschiedet worden war, hätte der Ukraine zur Warnung dienen können. Es machte Singhalesisch zur einzigen Amtssprache, brachte damit die Tamilen gegen den Staat auf und war einer der Gründe für den jahrzehntelangen blutigen Bürgerkrieg.

20 Im November 2022 wurde dem Bürgermeister von Charkow eine Geldstrafe auferlegt, weil er in öffentlichen Verlautbarungen und Kurznachrichten die russische Sprache verwendet hatte. Er war ein Jahr vorher mit 50 Prozent gewählt worden (just-now.news, 25.11.2022).

zeitig zur fremdsprachigen Auflage auch eine Auflage in der Staatssprache gedruckt wird. Für Sprachen »autochthoner« Minderheiten gelten Sonderregelungen. Mit der Kennzeichnung als »autochthon« wird die russischsprachige Bevölkerung der historischen Realität zum Trotz als fremd exkludiert.

Im Herbst 2022 startete die Selenskyj-Regierung einen koordinierten *Angriff auf die Ukrainisch-Orthodoxe Kirche* unter Beteiligung mehrerer Behörden mit dem Ziel des Verbots, weil diese Kirche zwar autonom, aber der Orthodoxen Kirche des Moskauer Patriarchats verbunden ist. Von Oktober 2022 bis Januar 2023 führten der Sicherheitsdienst SBU, die Polizei und die Nationalgarde Massendurchsuchungen in Kirchen und Klöstern durch. Die Räume des Kiewer Höhlenklosters, ein umfangreicher Komplex, wurden gekündigt (nds, 11.4.2023).

Zweitens betreiben die staatlichen Organe seit 2014 auf allen Ebenen eine *Geschichtspolitik*, mit der nicht nur alles getilgt wird, was an die Sowjetära erinnert, sondern alles Russische vergessen gemacht werden soll. Die Umbenennung von Straßen, Plätzen, Ortschaften und der Sturz von Denkmälern wurden 2014 nach dem Staatsstreich zur Staatsdoktrin erhoben. Anfang 2023 erklärte Kulturminister Olexander Tkatschenko, man wolle den öffentlichen Raum konsequent »derussifizieren«. 2016 wurde die Schnellstraße Moskowski-Prospekt in Kiew in Stepan-Bandera-Prospekt umbenannt. 2022 ließ die Kiewer Stadtregierung unter Bürgermeister Vitali Klitschko fast einhundert Straßen umbenennen, die an die Zugehörigkeit der Ukraine zum Zarenreich oder zur Sowjetunion erinnerten. Solche Maßnahmen hat es landesweit gegeben. Am 16. Dezember 2022 wurde in Dnipro das Denkmal für Alexander Puschkin abgebaut. Am 26. Dezember 2022 hob dort ein Kran die Statue von Maxim Gorki vom Sockel. Sie wurde auf dem Gelände eines städtischen Unternehmens eingemottet. Auch die Dichter Michail J. Lermontov und Lew N. Tolstoi blieben von Säuberungsaktionen nicht verschont, und selbst an Anton Tschechow oder den Universalgelehrten Michail Lomonossow (1711- 65) soll in der Ukraine nichts mehr erinnern. Ende Dezember 2022 wurde in Odessa das Denkmal der Stadtgründerin, der Zarin Katharina II., zerstört. In Kiew und anderen Großstädten wurden in russischer Sprache verfasste Bücher tonnenweise zum Recycling eingesammelt.[21]

Denkmäler sind dazu gedacht, ein kollektives Gedächtnis in den Köpfen zu verankern und die Nation als »tägliches Plebiszit« (Ernest Renan) zu fördern. Das kollektive Gedächtnis braucht gemäß dem Kulturwissenschaftler Jan Assmann symbolische Stützen, damit die »Erinnerung durch kulturelle Formung (Texte, Riten, Denkmäler) und institutionalisierte Kommunikation (Rezitation, Begehung, Betrachtung) wachgehalten wird« (1988, 12). Denkmälern und Straßennamen kommt damit eine wichtige Funktion beim Nation Building zu. Das hat die ukrainische Führung auf ihre Art verstanden und umgesetzt. Das Netzwerk faschistischer Organisationen und Denkfabriken, die den Nazi-Kollaborateur Stepan Bandera feiern, hat dabei nicht nur Einfluss ausgeübt, sondern den Ton angegeben. Für die neue Benennung von Straßen und Plätzen hat man neben den Namen mittelalterlicher Fürsten die Namen von faschistischen Kultfiguren und neuen Kriegshelden, zum Beispiel der Kämpfer des Asow-Regiments, gewählt. Der 14. Oktober, Gründungstag der faschistischen Ukrainischen Aufstandsarmee (UPA), wurde zum Feiertag erklärt.

Ein Dokument aus dem Jahr 1993 weckt übrigens den Verdacht, dass die geschilderte Politik der Entrussifizierung dem Interesse der westlichen Allianz entspricht. Damals erschien eine vom ehemaligen Generalinspekteur der Bundeswehr, Dieter Wellershoff, herausgegebene Veröffentlichung, die Ergebnisse des *Seminars der Bundesakademie für Sicherheitspolitik* zu geopolitischen Fragen dokumentiert. Darin ist u.a. zu lesen: »Ein vorrangiges Problem ist, daß sich die Staatswerdung der Ukraine zwangsläufig aufgrund der historischen Entwicklung *in einer strikten Abgrenzung* zu Rußland

21 Zweiundzwanzig Puschkin-Denkmäler wurden 2022 entfernt. Kein Gedanke daran, dass die Werke eines Puschkin, Tolstoi oder Gorki von universalem Gehalt sind, ein Menschheitserbe (vgl. Auernheimer 2022; jW, 14.1.2023).

vollziehen muß. Die nationale Emanzipation verlangt die Zerstörung der alten Bindungen zu Rußland und die Beseitigung des in allen gesellschaftlichen Bereichen noch wirksamen russisch-sowjetischen Einflusses. Diese *Destruktion* müßte Hand in Hand gehen mit einem konstruktiven gesellschaftlichen Aufbau, um die Systemtransformation zu erreichen« (Wellershoff 1993).

Exkurs: Die Banderisten

Stepan Bandera aus Galizien (1909-1959) gilt als der Gründer der Organisation Ukrainischer Nationalisten (OUN), die 1929 im Rahmen eines Kongresses in Wien gegründet wurde. Die Wahl des Ortes verrät einiges über die Vorgeschichte. Nach dem Ende des Habsburger Reichs und des Zarenreichs war im Zuge der Neuordnung Europas die neue polnische Republik entstanden. Wolhynien und Galizien, zwei Regionen mit großen Anteilen ukrainischsprachiger Bevölkerung, wurden Teil Polens und waren der Polonisierungspolitik des neuen Staates ausgesetzt. Ein ehemaliger Oberst der österreichischen Armee organisierte 1920 eine Widerstandsgruppe der Ruthenen, so die damalige Bezeichnung der Ukrainer in der Doppelmonarchie, die Anschläge auf Infrastruktureinrichtungen verübte. Man schreckte auch nicht vor dem Versuch eines Attentats auf den polnischen Staatschef Piłsudski zurück. Die OUN übernahm 1929 als Nachfolgerin jener Geheimorganisation deren terroristische Praktiken und führte ab 1930 einen Guerillakrieg mit dem Ziel, den polnischen Staat zu destabilisieren, Mordanschläge auf polnische Politiker und ukrainische »Verräter« eingeschlossen. Die OUN wurde dabei von Anfang an von deutschen Diensten und der Reichswehr unterstützt. Ab 1933 intensivierten sich die Kontakte.

Nach dem Überfall der deutschen Wehrmacht auf Polen erhofften sich die Anhänger der OUN davon einen ersten Schritt zur Bildung eines eigenen Staates, was das Bündnis mit Nazi-Deutschland im Kampf gegen die Sowjetmacht nahelegte. Mitglieder der OUN-B, des radikalen Zweigs der Organisation, ließen sich daher für *die von der Wehrmacht gebildeten Ukrainer-Bataillone*, das »Bataillon Nachtigall« und das »Bataillon Roland«, rekrutieren, die am Vernichtungsfeldzug teilnahmen. Die Einheiten beteiligten sich an Pogromen und verübten auch selbst welche. Die OUN-B, benannt nach ihrem Führer Bandera, war 1940 aus der Spaltung der Organisation hervorgegangen. Der konkurrierende, von den Bandera-Leuten scharf bekämpfte Kontrahent Andrij Melnyk (1890-1964) leitete die nach ihm bezeichnete OUN-M. Nachdem das NS-Regime die Gründung eines ukrainischen Staates abgelehnt hatte, setzte sich 1942 die OUN-B an die Spitze des Untergrundkampfes von Partisanen und rekrutierte die Ukrainische Aufstandsarmee (UPA) als militärischen Zweig der OUN-B. Der Kampfverband gewann eine Stärke von plus/minus 100.000 Mann[22] und kontrollierte weite Gebiete der westlichen Ukraine. Er kämpfte teils gegen Wehrmachtseinheiten, teils gegen die Polnische Heimatarmee und teils gegen die Rote Armee und beging gezielte Massaker an der dort angesiedelten polnischen Bevölkerung. Mitglieder der OUN-M dienten zur gleichen Zeit ab 1943 als Freiwillige bei der SS-Division Galizien.

Zahlreiche Mitglieder der OUN-B und OUN-M sowie Kämpfer der SS-Division Galizien fanden nach Kriegsende Exil in Westdeutschland, Kanada und den USA, wo sie sich überall neu organisierten. *Zentrum der ukrainischen Exil-Gemeinde in der Bundesrepublik* wurde München, zugleich Sitz von *Radio Free Europe / Radio Liberty*, wo unter anderem die »Ukrainische Freie Universität« gegründet wurde. Bandera erlag dort 1959 einem Anschlag des KGB. Im US-amerikanischen Exil schlossen sich ehemalige Mitglieder der OUN im Ukrainian Congress Committee of America (UCCA) zusammen, das u. a. eng mit der mächtigen Denkfabrik Atlantic Council vernetzt ist (Winter 2023b). Unter Präsident Reagan wurde die UCCA in den 1980er Jahren stark aufgewertet. Die

---

22 Die Schätzungen reichen von 30.000 bis hin zu 200.000 Mann. Letztere Zahl geht auf einen deutschen Geheimdienstbericht von 1944 zurück (vgl. Encyclopedia of Ukraine, Bd. 5, 1993).

Zusammenarbeit mit der CIA soll von Anfang an eng gewesen sein. In Kanada, wo heute über 1,3 Millionen Kanadier ukrainischer Herkunft leben, sind die Nationalisten im Ukrainian Canadian Congress organisiert, der als Dachverband verschiedener ukrainischer Verbände fungiert. Die meisten von ihnen haben ihre Wurzeln in der Westukraine, die mehr dem Westen als Russland zugewandt ist. Darunter waren viele Kollaborateure der deutschen Kriegsmaschinerie, die sich am Ende des Zweiten Weltkriegs in den Westen absetzten. »Zwischen den Ukrainern in Kanada und Lwiw/Lemberg in der Westukraine bestehen seit jeher enge kulturelle und politische Beziehungen, auch in der umstrittenen Heldenverehrung.« Der Kult um Stepan Bandera und Roman Schuchewytsch, Anführer des Bataillons Nachtigall, wird gepflegt. »Sogar ein Büro des Rechten Sektors, der Partei Swoboda und anderer rechter Gruppen befinden sich in Kanada. In Edmonton und andernorts in Kanada entstanden regelrechte Kultstätten des ukrainischen Patriotismus.«[23]

In der Ukraine selbst gewannen Nationalisten erstmals wieder politischen Einfluss in der »Ruch«, auf Deutsch »Bewegung«, die sich 1989 als Volksbewegung für die Perestroika formierte, was auch in den Reihen der ukrainischen KP auf Widerhall stieß und dort die Unabhängigkeitsbestrebung verstärkte (jW, 19.9.2022). Bereits 2002 unter der Präsidentschaft von Leonid Kutschma wurden OUN und UPA offiziell anerkannt (LMd, 10.8.2007). Präsident Juschtschenko erklärte 2007 den Anführer des Bataillons Nachtigall, Roman Schuchewytsch, und 2010 am Ende seiner Amtszeit den Faschisten und Nazi-Kollaborateur Stepan Bandera posthum zu »Helden der Ukraine«, womit er zugleich einen neuen Ehrentitel schuf. Eine Hochburg des Bandera-Kults ist heute das »Zentrum für die Erforschung der Befreiungsbewegung« in Lwiw. Die OUN-B hat außerdem die Kontrolle über das staatliche Ukrainische Institut für Nationale Er-

---

23 eurasischesmagazin.de (4.9.2015). Aufschlussreich ist der Eklat im kanadischen Parlament, als dessen Präsident Ende September 2023 beim Besuch von Selenskyj einen ukrainischen Veteranen der Waffen-SS unter Applaus als Helden begrüßte.

innerung (UINP) übernommen. Eine Organisation namens »Ukrainische Studien zur Strategieforschung« richtet jährlich in Kiew die »Bandera-Lesungen« aus (jW, 13.7.2023).

Einige Historiker und Politikwissenschaftler lassen keinen Zweifel am faschistischen Charakter der OUN.[24] Die Organisation machte *Anleihen beim italienischen Faschismus*, der in den 1920er Jahren eine hohe Anziehungskraft hatte. Dass die völkische Idee ein konstitutives Element der Ideologie ist, wird an der heutigen Kulturpolitik deutlich, die alles Russische auslöschen soll. Die ideologische Anrufung der Mitglieder impliziert Aggressivität. »Begegne den Feinden Deiner Nation mit Hass und rücksichtslosem Kampf!«, heißt das achte Gebot der OUN. Dieser Kampf fordert von jedem auch, sich selbst für die Nation zu opfern – ein typisch faschistisches Ideologem. Das erste Gebot im 1929 verkündeten Dekalog hieß: »Du wirst den ukrainischen Staat erkämpfen oder im Kampf für ihn sterben.«

Für den auswärtigen Beobachter gaben die nationalistischen Gruppierungen in der Ukraine zumindest bis 2022 kein eindeutiges Erscheinungsbild ab. Der Schweizer Oberst Jacques Baud, der militärische Projekte in der Ukraine betreut hatte, mochte 2022 nicht von Neonazis sprechen. Denn: »Sie sympathisieren mit dem Gedankengut, sie haben die Abzeichen, aber sie haben weder eine politische Doktrin noch einen politischen Plan.«[25] Richtig scheint zu sein: Man orientiert sich nicht an einer ausgearbeiteten Ideologie, hat keine Vision außer die Vertreibung derer, die man für Russen hält oder die sich als Russen verstehen. Interviews, die die Journalistin Susann Witt-Stahl 2014 mit einschlägigen Aktivisten geführt hat, zeigen ein wirres Weltbild, kontaminiert mit Hass auf alles Russische (Hintergrund, 8.10.2022). Ulrich Heyden im Jahr 2017: »Es gibt in der Ukraine Fackelmärsche der rechtsradikalen Bataillone Asow und Rechter Sektor. Doch es gibt (noch) keine faschistische

24 Weiterführende Hinweise, so auf Veröffentlichungen von Stanley Payne, Andreas Umland oder Frank Golczewski, vgl. wikipedia.org: ›Organisation Ukrainischer Nationalisten‹.

25 z.i.f., 15.3.2022. Man vergleiche die spätere Einschätzung von Baud 2023, 127.

Massenbewegung« (Heyden 2022, 237). Zentral sind die historischen Legenden, die heldenhaften Vorbilder, die Großartigkeit der Ukraine. Prägend scheint eine extreme Gewaltbereitschaft bis zur Selbstvernichtung. Rechte Freiwilligenverbände reagierten 2014 auf die Autonomieforderung der Bezirke im Osten sofort mit dem Beschuss von Dörfern, entführten und ermordeten »Verdächtige«. Von den Ukrainern verlangt man die Selbstaufopferung für die Nation. Dem entsprach zum Beispiel die Aufforderung Selenskyjs an die Bürger, sich zu bewaffnen, womit er sie dem Risiko auslieferte, als Kombattanten erschossen zu werden.

Irritierend für den auswärtigen Beobachter war *die Ermordung von Bürgern und Amtsträgern*, die der Sympathie mit dem Feind, des Defätismus oder gar der Kollaboration beschuldigt wurden. Die im Internet zugängliche Liste Mirotworets (bzw. Mirotworez, dt. Friedensstifter), verwaltet vom gleichnamigen Zentrum (myrotvorets. center), erfasste vor allem ukrainische Regimekritiker, aber auch Menschen aus anderen Ländern, darunter Journalisten. Das Zentrum Mirotworets hat Verbindungen zum ukrainischen Geheimdienst SBU und zum Innenministerium. Insgesamt umfasste die Liste im Januar 2022, also schon vor dem russischen Angriff, über 187.000 Namen. Manche der Aufgelisteten haben über Todesdrohungen geklagt (taz.de, 12.5.2016). Einige kamen, kurz nachdem sie in die Liste aufgenommen worden waren, zu Tode. So zum Beispiel im Jahr 2015 der Journalist Oles Busyna. Er wurde auf offener Straße unweit seines Kiewer Wohnhauses erschossen. Ebenso erging es dem Anti-Maidan-Aktivisten Oleh Kalaschnikow. Als die Russische Föderation kurz nach dem Einmarsch ein Verhandlungsangebot gemacht hatte, wurden ein Geheimdienst-Mann, der Mitglied des Verhandlungsteams war, sowie zwei Bürgermeister, die sich auf unterer Ebene auf Verhandlungen eingelassen hatten, ermordet (Baud 2023, 183).

Den neuen Faschismus könnte man mit folgenden Merkmalen charakterisieren: das Phantasma der jahrhundertelangen nationalen Unterdrückung, Demütigung und Bedrohung, beantwortet mit

Stolz und Aggression, der Kampf um die Reinheit der Nation, ein mythisches Geschichtsbild,[26] das Führerprinzip, Gewalt als politische Praxis, Militanz und Heroismus. Einige Überschneidungen mit dem traditionellen Faschismus sind nicht zu übersehen. Dem Reinheitswahn, speziell dem Ausschluss des Russischen und der Leugnung russischen Erbes, liegt die völkische Idee zugrunde. Vom Antisemitismus hat man sich offiziell verabschiedet. Baud findet jedoch die dortige Entwicklung »eines gewalttätigen Antisemitismus … besorgniserregend« (2023, 124).

Dieser Faschismus oder Ultra-Nationalismus lässt sich mit dem Hindu-Nationalismus vergleichen, der, organisiert in der Bharatiya Janata Party, das reine Hindutum (Hindutva) wiederherstellen will, was die Vertreibung der muslimischen Inder verlangt. Auch *die für faschistische Bewegungen typischen Organisationsformen* ähneln sich. Große Bedeutung kommt Jugendorganisationen zu. Asow ist nicht nur eine Organisation mit einem militärischen Zweig, sondern muss mit 20.000 Anhängern als Bewegung gelten. Asow hat einen Jugendverband und ein Netzwerk von Jugendcamps. Asow betreibt aber auch Kampfsportvereine, Buchclubs, soziale Zentren, Tatoo-Studios, sogar eine Kunstgalerie, so Berichte über Recherchen des kanadischen Journalisten Michael Colborne (jW, 16.6.2022, 20.5.2023). Damit ist es gelungen, die Kultur- und Subkulturszene für sich zu vereinnahmen, damit besonders für Jugendliche attraktiv zu werden und so kulturelle Hegemonie zu erringen. Eine nicht zu unterschätzende Funktion kommt dabei auch den sogenannten Sozialen Medien zu. Die mit subkulturellen Szenen vertraute Journalistin und Publizistin Susann Witt-Stahl schrieb im Oktober 2022: »Was einst Bands mit manifest nazistischer Ideologie wie *Sokyra Peruna* am rechten Rand der Gesellschaft vorbehalten war, ist längst kommerziell erfolgreicher Pop (Hintergrund, 8.10.2022). In einer Studie der Stiftung Wissenschaft und Politik wurde 2019 mit aller Vorsicht ein-

26 So konstruiert man Traditionslinien zurück bis auf die frühmittelalterlichen Kiewer Rus oder das Hetmanat der Kosaken, etwa so wie man sich in Deutschland früher in der Nachkommenschaft der Germanen sah.

gestanden: »Einheiten wie Azov, die Organisation Ukrainischer Nationalisten (OUN), Aidar und andere wurden ab Ende 2014 gemäß den Minsker Vereinbarungen formal in die ukrainischen Streitkräfte integriert; einige von ihnen existieren aber als politische Vereinigungen fort und stehen teilweise der rechtsextremistischen Szene in der Ukraine nahe« (Fischer 2019, 22).

Im Westen hat man sich damit beruhigt und beruhigend darauf verwiesen, dass die rechten Kräfte bei den Wahlen nur wenige Stimmen gewinnen konnten. Tatsächlich blieb das Parteienbündnis der Rechtsradikalen mit Swoboda bei der Parlamentswahl 2019 unter fünf Prozent. Die Rechten mussten starke Verluste hinnehmen. Bei der Bewertung der Wahlergebnisse muss man jedoch beachten, dass der vorher zum Präsidenten gewählte Selenskyj vorgezogene Wahlen dekretiert hatte, und mit ihm verbanden die Wähler aufgrund seiner Wahlversprechen die große Hoffnung auf Korruptionsbekämpfung und Frieden. Er versprach, den Krieg in der Ostukraine zu beenden. Entsprechend groß war der Wahlerfolg seiner neuen Partei »Diener des Volkes« (43,2 %). Der politische Einfluss der Rechtsradikalen in der Ukraine ist nicht von der Zahl der Parlamentssitze abhängig, wie in der schon zitierten Studie der Stiftung Wissenschaft und Politik bestätigt wird: »Auch wenn rechte und rechtsextreme Parteien bei den Wahlen seit 2014 keine nennenswerten Erfolge erzielen konnten, hat nationalistisches Gedankengut in der gesellschaftlichen Auseinandersetzung um den Konflikt im Osten (wie auch bei anderen Themen) erheblichen Einfluss. Es gelingt nationalistischen Akteuren immer wieder, die politische Führung zur Anpassung ihrer Politik zu zwingen« (Fischer 2019, 22).

Den Rechten ist es gelungen, die politische Kultur zu durchdringen und die Institutionen zu erobern. Eine starke Rechtsverschiebung, die zur Veränderung des politischen Klimas führte, erfolgte bereits unter der Präsidentschaft von Wiktor Juschtschenko (2005–2010). Wie erwähnt, verlieh er 2007 dem Anführer des Bataillons Nachtigall, Roman Schuchewytsch, und 2010 Stepan Bandera den Titel »Held der Ukraine«. 2009 hat man eine Briefmarke zum 100. Geburtstag Banderas herausgebracht. Nach dem Staatsstreich konnte Arsenij Jazenjuk von 2014 bis 2016 sein Amt als Ministerpräsident zur Besetzung einflussreicher Positionen nutzen. Andrej Hunko, der als Bundestagsabgeordneter selbst auf der schwarzen Liste Mirotworets gelistet war, sieht in einem Aufsatz zu dem Thema »eine für die Post-Maidan-Verhältnisse charakteristische *Arbeitsteilung zwischen legalen staatlichen und faschistischen para-staatlichen Strukturen*, die außerhalb von Legalität, Legitimität und internationalen Konventionen ungestört agieren können« (2023, 140, Hervorh. G. A.). Faschistische Methoden würden »in einem Graubereich para-staatlich gehalten« (144). Zur Strategie Selenskyjs gehöre es, so Baab, »die Faschisten in den Sicherheitsapparat einzubinden« (147).

Für die geostrategischen Ziele der USA war der ukrainische Nationalismus mit seinem Russenhass funktional. Deshalb zum Beispiel die finanzielle Unterstützung der »Koalition zur Wiederbelebung des Reformpakets« (Reanimation Package of Reforms) durch USAID. Sie dient der Förderung banderistischer Organisationen und Institutionen (jW, 13.7.2023). Der Streit um die Identität des Landes war auch ein Streit um die geopolitische Ausrichtung der Ukraine. Dabei spielten in der unabhängig gewordenen Ukraine auch ökonomische Gesichtspunkte eine wesentliche Rolle. Denn der stärker industrialisierte Osten des Landes wollte die vor allem für Schwerindustrie bewährten Handelsbeziehungen mit der Russischen Föderation nicht verlieren.

Die Nationalisten haben den Streit um die geopolitische Orientierung der Ukraine gewaltsam beendet, aber damit die Spaltung des Landes herbeigeführt bzw. manifest gemacht. Denn nach ihrer Machtübernahme wählte die Bevölkerung der Krim die Sezession. Und als die Mehrheit im Donbass Autonomie forderte, reagierte die Regierung mit der Bombardierung von Städten, militärischer Intervention und einem Wirtschaftsboykott. Die Minsker Abkommen von 2014/15, die eine von der Verfassung garantierte Regionalisierung zum Inhalt hatten, waren aufgrund der starren Haltung der Nationalisten chancenlos.

Der Euro-Maidan und die Aufrüstung der Ukraine: Vom Protest zum Putsch

2009 – der Plan der USA, Georgien und die Ukraine zu NATO-Beitrittskandidaten zu machen, war ein Jahr vorher vorläufig gescheitert – begann die Regierung Barack Obama mit Joseph Biden als Vizepräsidenten ukrainisches Militär auszubilden, die Ukraine aufzurüsten und informell in die NATO-Strukturen zu integrieren. Der Soziologe Wolfgang Streeck: »Von da an war die Ukraine über Jahre weltweit das Land mit dem höchsten jährlichen Zuwachs der Rüstungsausgaben, spendiert von den USA. 2020 erklärte die Nato dann, sie habe mit der Ukraine die lange angestrebte ›Interoperabilität‹ erreicht, also eben die gegenseitige Abstimmung der Militär- und Kommandostrukturen, wie sie für die Mitglieder der Nato Pflicht ist.«[27]

Biden ließ die Öffentlichkeit im März 2022 wissen: »Wir haben der Ukraine im letzten Jahr mehr Sicherheitsunterstützung zukommen lassen, als jemals zuvor – Waffen im Wert von 650 Millionen Dollar, einschließlich Luftabwehr- und Panzerabwehrausrüstung vor der Invasion. Als die Invasion begann, waren sie also bereits im Besitz der Waffen, die sie brauchten, um dem russischen Vormarsch entgegenzutreten« (wsws.org, 17.3.2022). Der Betrag von fünf Milliarden Dollar, den die Diplomatin Victoria Nuland schon 2013 bei ihrem Besuch des Euro-Maidan stolz als Hilfe für die Transformation der Ukraine nannte, hat sicher auch der militärischen »Entwicklungshilfe« gegolten. Ab 2014 sollte die militärische Ertüchtigung der ukrainischen Streitkräfte noch einmal massiv verstärkt werden.

John Mearsheimer rechnet in einem Vortrag vor: »Die Allianz begann 2014 mit der Ausbildung des ukrainischen Militärs und stellte in den folgenden acht Jahren durchschnittlich 10.000 ausgebildete Soldaten pro Jahr zur Verfügung. Im Dezember 2017 beschloss die Trump-Administration, Kiew mit ›Verteidigungswaffen‹ auszustat-

---

27 fr.de, 24.2.2023. John Mearsheimer zufolge begannen die USA hingegen erst 2017 unter Donald Trump mit der Aufrüstung der ukrainischen Armee (youtube.com, 23.7.2023).

ten. Andere Nato-Länder schlossen sich bald an und lieferten noch mehr Waffen an die Ukraine. Das ukrainische Militär begann auch, an gemeinsamen Militärübungen mit Nato-Kräften teilzunehmen. Im Juli 2021 veranstalteten Kiew und Washington gemeinsam die Operation Sea Breeze, eine Marineübung im Schwarzen Meer, an der Seestreitkräfte aus 31 Ländern teilnahmen und die direkt gegen Russland gerichtet war. Zwei Monate später, im September 2021, führte die ukrainische Armee die Übung Rapid Trident 21 durch, die von der US-Armee als ›jährliche Übung zur Verbesserung der Interoperabilität zwischen verbündeten Nationen und Partnerstaaten‹ bezeichnet wird, um zu zeigen, dass die Einheiten bereit sind, auf jede Krise zu reagieren« (Mearsheimer 2022). In das von Mearsheimer genannte Ausbildungsprogramm waren rechtsextreme Milizen wie das Asow-Bataillon einbezogen. Sie wurden von Kanada, den USA und Großbritannien an der Nationalen Militärakademie Hetman Petro Sahaidatschnyi in Lemberg ausgebildet (Baud 2023, 126). Zugleich bildeten US-Spezialeinheiten ab 2015 im grenznahen Combat Training Center mehr als 27.000 ukrainische Soldaten aus (Baab 2023, 94).

Parallel dazu stärkte man die Soft Power, mit der man die Bevölkerung für den Westen gewinnen wollte. 2012 stattete die einst von Ronald Reagan gegründete US-Stiftung Endowment for Democracy knapp unter sechzig Nichtregierungsorganisationen in der Ukraine mit Finanzmitteln aus. Es flossen 3,5 Millionen Dollar. 2014 sprang die 2013 gegründete Stiftung European Endowment for Democracy mit 150.000 Euro bei (Rude 2014, 109). In 16 Großstädten wurden »Informationsbüros« eingerichtet (ebd.).

Am 21. November 2013 blies Präsident Wiktor Janukowytsch die Unterzeichnung des schon ausgehandelten und unterschriftsreifen Assoziierungsabkommens mit der Europäischen Union ab, was *die massenhaften Proteste auf dem Maidan* auslöste, obwohl er eine spätere Übereinkunft nicht ausgeschlossen hatte. Janukowytsch sah sich im Konflikt mit der Russischen Föderation, für die das Abkommen einen radikalen Bruch mit den bisherigen Kooperationsbeziehungen, eine

Abkoppelung von der Volkswirtschaft Russlands bedeutete. Denn das Abkommen würde mit der Übernahme der technischen Standards und Handelsverordnungen der EU seitens der Ukraine die enge Verzahnung mit der russischen Volkswirtschaft beenden, so Putin (Stone 2018, 88).[28] Die EU verlangte die Marktöffnung für Westkonzerne, was zugleich die Öffnung für die Zollunion mit Russland und Kasachstan mit sich gebracht hätte. Putin schlug daher nach eigener Aussage trilaterale Gespräche vor, die aber abgelehnt wurden.

Für Janukowytsch selbst dürften die Bedenken gewichtig gewesen sein. Die Schwerindustrie in der Ukraine, speziell auch die Rüstungsindustrie, war ein Erbe aus der Sowjetzeit. Maschinen, Fahrzeuge und Flugzeuge waren sowjetischer Bauart nach sowjetischen Standards. Und »kaum ein ukrainischer Betrieb hätte den Zugang zum EU-Markt nutzen können« (Hofbauer 2014a, 50; Baud 2023, 12). Sowjetischer Bauart waren auch die Atomkraftwerke, die noch bis zur russischen Invasion an das russische und belarussische Stromnetz angeschlossen waren. Die Brennelemente bezog man von russischen Energiekonzernen.[29] Janukowytsch und seinen Beratern war wohl klar: Für Industriegüter wie Maschinen fanden ukrainische Unternehmen fast nur in Russland einen Markt.[30] Lediglich für Agrarprodukte waren gute Absatzmöglichkeiten in der EU zu erwarten, weshalb Agrar-Oligarchen auf die Assoziierung drängten (Baab 2023).

Dem Rücktritt von der Vertragsunterzeichnung folgte ein Sturm der Entrüstung, der angesichts der wirtschaftlichen Lage in der Ukraine verständlich war. Die Proteste waren zweifellos spontan, wenn sie auch schnell von militanten Gruppen vereinnahmt wurden. Das geplante Assoziierungsabkommen hatte in Teilen der Bevölkerung die Erwartung auf einen höheren Lebensstandard geweckt. Wie

28 Zu den Bestimmungen des vorgesehenen Abkommens vgl. Wagner (2014).

29 Die Anpassung der Uranstäbe aus westlicher Quelle an die sowjetische Technik erweist sich heute als schwierig (LMd, 13.10.2022).

30 Als Beispiel für ein in Westeuropa kaum noch absetzbares Produkt nennt Th. I. Steinberg Diesellokomotiven aus der großen Lokomotivenfabrik in Lugansk (Thoden/Schiffer 2014, 36).

sehr sich viele an die Hoffnung auf Anschluss an die EU klammerten, kann man sich vorstellen, wenn man liest, dass der später 2015 erstmals eingeführte Mindestlohn 34 Cent pro Stunde betrug (Rügemer 2022). Aber generell hatten Misswirtschaft, grassierende Korruption und das Versagen staatlicher Dienste Unzufriedenheit erzeugt (Eipeldauer 2014, 129).

***

Exkurs: Die soziale Lage in der Ukraine zu Beginn des Euro-Maidan
Mit dem Zusammenbruch des planwirtschaftlichen Systems kam es wie in Russland zu einer Hyperinflation, die »eine Enteignung der Besitzlosen« verschuldete, »also jener, die nichts haben als die eigene Arbeitskraft und ein Sparbuch« (Hofbauer 2014, 40). Die übereilte, planlose Privatisierung führte zum Zusammenbruch zahlloser Betriebe und verschärfte die Arbeitslosigkeit. Gesellschaftliche Güter wurden zum privaten Reichtum cleverer Funktionäre gemacht. Die Transformation geriet zum großen Raubzug. Wie im übrigen Osteuropa wurden große Kombinate ebenso wie tausende Mittel- und Kleinunternehmen privatisiert. Ende der 1990er Jahre war die Armut in den Ländern Osteuropas, gemessen an internationalen Kriterien, von vier Prozent auf 45 Prozent angestiegen (Stiglitz 1999).

Die ukrainischen Oligarchen verschafften sich die Kontrolle über die Staatsbetriebe durch Aktienanteile von Privatfirmen, die sie gegründet hatten. Die spätere Privatisierung der staatlichen Unternehmen, die in der Ukraine erst Ende der 1990er Jahre erfolgte, verschaffte ihnen noch mehr produktives Vermögen. Die Regulierungsbehörden steuerten sie nach ihrem Interesse. Es entstanden mehrere regionale wirtschaftliche Zentren von miteinander konkurrierenden Unternehmernetzwerken. Segert spricht von »Clans«. Die Oligarchen tätigten keine produktiven Investitionen, kauften sich aber die Medien. Im weiteren Verlauf gelang es, die Wirtschaft etwas zu stabilisieren und die Herrschaft der Oligarchen ein wenig zu zügeln, nachdem die Wirtschaft (gemessen in realem BIP und konstanten Preisen) um fast 60 Prozent geschrumpft war.

Kapitalerträge und höhere Einkommen wurden immer weniger besteuert, ihr Steueranteil an den Haushaltseinnahmen sank stetig. Die Mehrwertsteuer und die Verbrauchssteuern sind bis heute die wichtigsten Steuern für den Staatshaushalt. Die Steuerbelastung der »kleinen Leute« ist sehr hoch. Die Mehrwertsteuer ist mit 20 Prozent höher als die Körperschaftssteuer (18 Prozent).[31] Der großen Schattenwirtschaft möchte man mit Steueramnestie begegnen. Das größte Problem ist *die Korruption*. Ein Unternehmer mit einem Betrieb in der Ukraine schrieb in einem Leserbrief an die *Süddeutsche Zeitung*: »Die Korruption ist extrem hoch, Staatsorgane werden meines Erachtens im Rahmen von Beziehungsgeflechten zur Durchsetzung der Interessen von kriminellen Clans missbraucht« (SZ, 28.3.2022). Im internationalen Korruptionsindex, genauer dem Corruption Perceptions Index, nahm die Ukraine in der Wahrnehmung von Experten und Unternehmern 2013 im UMfeld von einigen afrikanischen Staaten Platz 144 von 175 ein. Der Score zeigte hohe Korruption an (transparency.org, 2013). Jacques Baud hält die Ukraine, auch aus eigener Erfahrung vor Ort, für »ein Land, das durch und durch korrupt ist« (2023, 101).

Die Art der Transformation führte zur Verelendung der breiten Masse. Zeitweise wurden keine Löhne mehr bezahlt. Noch 2002 betrug der Durchschnittslohn umgerechnet 75 Euro, nur wenig über dem offiziellen Existenzminimum. 2019 lebte etwa ein Viertel der Bevölkerung unter dem Existenzminimum (Segert 2023, 30). *Die Lohnquote*, ein Indikator für soziale Ungleichheit, bewegte sich von 2007 bis 2018 unter 25 Prozent des BIP, sank zeitweise auf 20 Prozent.[32] Die Aussagekraft des Durchschnittslohns ist wegen großer

---

31 Körperschaftsteuer (Abkürzung: KSt) ist die Steuer auf das Einkommen von juristischen Personen wie beispielsweise Kapitalgesellschaften. Sie entspräche somit quasi der »Einkommenssteuer« von AGs (Aktiengesellschaft) oder GmbHs (Gesellschaft mit beschränkter Haftung).

32 Vgl. wiiw.ac.at, Sept. 2019. Zum Vergleich: In der BRD lag die Lohnquote 2021 bei 71,2 Prozent. Eine Lohnquote von 20 % zeigt an, dass das BIP zu 80 % durch Kapitalertäge, Finanztransaktionen, Bodenrenten etc. erwirtschaftet wird.

regionaler Unterschiede gering. Im Osten der Ukraine zahlten die Firmen 2013 in der Spitze bis zu 400 Euro Monatslohn, ganz im Westen des Landes nur die Hälfte.[33] Eine Grundschullehrerin musste mit 120 Euro monatlich auskommen. Auch Stundenlöhne von drei bis vier Euro blieben hinter den steigenden Lebenshaltungskosten zurück. Die Durchschnittsrente betrug 2013 nur 140 Euro. Millionen ukrainische Familien lebten dürftig von der Bewirtschaftung oder Verpachtung von zwei bis vier Hektar Land.[34] Baab spricht von einem »Überlebenskampf auf niedrigem Niveau« (2023, 112).

Die offizielle Arbeitslosenquote erreichte zeitweise neun Prozent. Ohne die enorme *Arbeitsmigration* wäre sie sicher viel höher. Nach Angaben der Caritas lebten 2008 beinahe 1,3 Millionen Ukrainer und Ukrainerinnen in Polen, Tschechien und Südeuropa, vorwiegend beschäftigt auf dem Bau, in der Landwirtschaft und in Privathaushalten, und zwei Millionen in Russland. Heute sind es dort nach Kai Ehlers (2022) ca. sechs Millionen. Die Weltbank ging 2013 davon aus, dass fast 15 Prozent der ukrainischen Bevölkerung zumindest zeitweise im Ausland gearbeitet hatten. Die Rücküberweisungen oder Remittances der Arbeitsmigrantinnen und -migranten machte 2019 zehn Prozent des Bruttosozialprodukts aus (Pindjuk 2020, 169). Dazu kam Auswanderung auf Dauer, was einen beträchtlichen *Bevölkerungsschwund* um sechs Millionen von 1990 bis 2013 und um zehn Millionen bis 2017 bedingte (Pindyuk 2020).

Das Gesundheitssystem ist desolat (vgl. Baab 2023, 112). Die Versorgung ist nach der Verfassung kostenlos. Aber ohne verdeckte Rechnungen und »Spenden« kann niemand eine Behandlung in Anspruch nehmen. In einem Bericht aus dem Jahr 2017 heißt es: »Die Qualität der medizinischen Leistungen in den staatlichen Einrichtungen ist sehr gering. Die durchschnittliche Lebenserwartung

33 Das dürfte auch die stärkere Beteiligung der Westukraine an den Maidan-Protesten erklären. Nach anderen Angaben war die regionale Differenz etwas geringer (vgl. Steinberg, in: Thoden/Schiffer 2014, 39).

34 Zahlenangaben nach Rügemer (2022). Zum Vergleich: Die landwirtschaftliche Fläche pro Betrieb liegt in Deutschland bei durchschnittlich 63 Hektar.

der Ukrainer liegt bei 71,3 Jahren, was zehn Jahre weniger ist als in den Ländern Mittel- und Westeuropas. Laut WHO liegt die Ukraine weltweit auf Platz 2 bei der Sterblichkeit wegen Herz-Kreislauf-Erkrankungen und europaweit auf Platz 2 bei Krebserkrankungen und Todesfällen wegen Tuberkulose. Die meisten Ärzte missachten die internationalen Richtlinien und Prinzipien der evidenzbasierten Medizin. Experten zufolge sind bis zu 50 Prozent der Medikamente in den ukrainischen Apotheken Fälschungen« (uacrisis.org, 11.9.2017).

Die Wohnungspolitik war 1990 nach westlichem Vorbild auf Marktmechanismen ausgerichtet worden, wobei die Politiker als brave Schüler der Chicago Boys westliche Länder noch im Grad der Liberalisierung übertrafen. Die Soziologin Alona Liasheva (Lwiw) von der Forschungsstelle Osteuropa an der Universität Bremen schildert diese Politik folgendermaßen: »Eine massenhafte Privatisierung von Wohnungen in den 1990er Jahren; eine Förderung des Immobilienmarktes in den 2000er Jahren; eine Förderung für private Bauherren, besonders bei Bauland; staatliche Zuschüsse für die Bevölkerung beim Haus- und Wohnungskauf. Gleichzeitig wurde öffentlicher Wohnungsbau vernachlässigt und der Mietwohnungsmarkt nicht effizient reguliert« (Liasheva 2022). Die Subventionierung von Wohnungskauf und Hausbau war angesichts des Lohnniveaus vermutlich politisch ein Flop. Sie konnte nur Leuten zugutekommen, die sich bereichert hatten.

Die Westorientierung der Ukraine war generell mit einer Hinwendung zu *einer neoliberalen Wirtschaftspolitik* und mit Eingriffen von außen verbunden. Nach der Wahl Juschtschenkos zum Präsidenten 2004 wurde ein auf den Finanzsektor gestütztes Wachstumsregime etabliert. Der Konsum sollte mit Krediten angekurbelt werden. Der IWF, der 2013 um Unterstützung gebeten worden war, verlangte neben der Kürzung der Staatsausgaben eine Heraufsetzung des Rentenalters und die Erhöhung von Massensteuern. Die Stagnation der wirtschaftlichen Entwicklung wurde damit aber nicht behoben. Anders als in Polen und der Russischen Föderation zeigen sich bei der Ukraine zwischen 1990 und 2018 kaum Wachstumseffekte. Und im Vergleich mit anderen Transformationsländern konnte die Ukraine die geringsten ausländischen Direktinvestitionen verbuchen (Pindyuk 2020, 163). Nach dem Assoziierungsabkommen 2014/16 mit der EU brachen die Exporte nach Russland ein (ebd.).

Das Vermögen der zehn reichsten Oligarchen belief sich 2016 auf elf Milliarden US-Dollar und machte 2015 13 Prozent des BIP aus. Das Vermögen der fünf reichsten lag 2016 zwischen 652 Millionen (Firtasch) und 4,1 Milliarden US-Dollar (Achmetow).[35] Alle haben ihr Kapital in einer breiten Skala von Wirtschaftszweigen, aber auch in Medien angelegt. Petro Poroschenko, Oligarch und Präsident, hatte nicht nur eine Süßwarenfabrik, sondern war auch in Schiffbau, Rüstungsindustrie und Medien eingestiegen. Eine solche Machtkonzentration und soziale Ungleichheit braucht außer der Meinungsmache einen repressiven Staatsapparat. Manche Oligarchen, wie etwa Ihor Kolomojskyj – jener, der Selenskyj zum Einstieg in die Politik verhalf –, leisteten sich eigene bewaffnete Milizen. Als er 2023 wegen Finanzbetrug angeklagt wurde, sprach ein Richter von »Betrug in epischem Ausmaß« (SZ, 4.9.2023). Das Aufbegehren der Bevölkerung ließ sich mit dem wiederholten Versprechen kanalisieren, die Ukraine werde bald Mitglied der EU.

***

Schon am 19. November 2013, zwei Tage vor der offiziellen Bekanntgabe kündigte Oppositionsführer Arsenij Jazenjuk (Partei Vaterland) das Scheitern des Assoziierungsabkommens an, so dass sich sogleich an jenem Tag, an dem offiziell bekannt gegeben wurde, dass die Vorbereitungen zur Unterzeichnung des Abkommens wegen weiteren Verhandlungsbedarfs gestoppt worden seien, Protestierende auf dem Unabhängigkeitsplatz, kurz Maidan, in Kiew versammelten. Rund 2000 Demonstranten hatten sich über soziale

35 uacrisis.org, 6.4.2017. Baab nennt weitaus höhere Beträge, z. B. zu Firtasch (2023, 113).

Netzwerke organisiert (Baab 2023, 153). Sie kamen zunächst vor allem aus der Westukraine.

Der Drang nach EU-Assoziierung war regional unterschiedlich stark. Noch 2016 wurde sie bei einer Umfrage in der Ostukraine nur von 45 Prozent der Bevölkerung befürwortet, in der Westukraine dagegen von 80 Prozent. Eine Abstimmung darüber fand nie statt (euromaidanpress.com, März 2016). Im April 2013 hatten sich nach einer Erhebung des Kiewer Rasumkov-Zentrums insgesamt nur 42 Prozent für das Assoziierungsabkommen ausgesprochen. 33 Prozent waren für die Zollunion mit den GUS-Staaten (Krone-Schmalz 2015, 17).

Die Proteste gewannen schnell an Zulauf, nicht zuletzt dank der Mobilisierung über soziale Medien und zwei private TV-Sender.[36] Am 24. November, einem Sonntag, waren bis zu 200.000 Menschen auf dem Maidan, die aus dem ganzen Land angereist waren. Zwei Tage vorher hatte Vitali Klitschko verkündet: »Zusammen können wir die Regierung austauschen.« Er griff damit Bestrebungen aus dem Frühjahr auf, Janukowytsch zu stürzen. Das brutale Vorgehen der Polizeieinheit Berkut gegen ein Protestcamp am 30. November weckte große Empörung und brachte am Tag darauf, einem Sonntag, wieder rund 100.000 auf die Straße. Nun kam es zu Vandalismus, Gewalttätigkeiten gegen Unbeteiligte und Prügeleien. Fenster der Stadtverwaltung wurden eingeschlagen. Das Rathaus wurde besetzt. Man versuchte, das Regierungsgebäude zu stürmen. Viele Protestierende waren vermummt und trugen Arbeits- oder Motorradhelme (jW, 2.12.2013). Eine Woche später war der Aufruf zur Massendemo weniger erfolgreich. Aber einige Tausend Protestierende hatten sich inzwischen wieder auf dem Maidan niedergelassen und eine Zeltstadt aufgebaut.

---

36 Beide Sender nahmen erst mit Beginn der Proteste ihre Arbeit auf. Der Sender Hromadske wurde laut eigenem Finanzbericht von 2013 größtenteils von den Botschaften der USA und der Niederlande sowie von der International Renaissance Foundation (IRF) finanziert (hromadske.tv, 2013). Die IRF gehört zu den Open Society Foundations von George Soros.

Im Lauf des Dezembers schwoll die Menge zeitweise bis auf eine halbe Million Protestierende an. Es kam immer wieder zu gewalttätigen Auseinandersetzungen mit Polizeieinheiten. Barrikaden zeugten von der Militanz verschiedener Gruppen. Am 10. Dezember tauchte Victoria Nuland, Staatssekretärin im US-Außenministerium, zusammen mit Catherine Ashton, Erster Vizepräsidentin der EU-Kommission, auf dem Maidan auf. Sie sprach mit Aktivisten und soll Kekse verteilt haben. Am 13. Dezember offenbarte sie in einer Pressekonferenz, dass die USA seit 1991 fünf Milliarden Dollar ausgegeben hätten, um die Protestbewegung und die Annäherung an die EU zu fördern. Um keinen Zweifel an der Unterstützung seitens der USA aufkommen zu lassen, hielt US-Senator John McCain am 15. Dezember eine Rede auf dem Maidan. Vorher hatte er Gespräche mit Vitali Klitschko von der Udar-Partei, Arsenij Jazenjuk von der Vaterlandspartei und Oleh Tjahnibok von der Partei Swoboda geführt, drei rechtsgerichtete bis rechtsextreme, nationalistische Parteien.

Die USA spielten diesmal mit offenen Karten. Nach dem Putsch in Chile am 11. September 1973 hatte Präsident Richard Nixon dem Nationalen Sicherheitsberater Henry Kissinger bedeutet: »Nun, wir haben es nicht getan … unsere Hand ist in diesem Fall nicht zu sehen« (zit. nach: freitag.de, 7.9.2023). Diesmal hatte man keine Scheu, die Hand zu zeigen.

Die Militanz der Regierungsgegner nahm zu. *Aus dem Protest wurde eine Revolte.* Dafür sorgten die von rechtsextremen Gruppierungen rekrutierten »Selbstschutzkräfte«, die »lange vor Beginn des Euro-Maidan in Wehrsportlagern für militärische Konfrontationen gedrillt« worden waren (Eipeldauer 2014, 124). Am 14. November waren etwa 300 in »Tech Camps« trainierte Aktivisten in der US-Botschaft in Kiew gebrieft worden (Baab 2023, 153). Thomas Eipeldauer, der sich Ende Februar 2014 selbst ein Bild von den Geschehnissen machte: »Der Rechte Sektor und andere neofaschistische Gruppen spielten eine zentrale Rolle auf dem Maidan« (ebd.). Unter Führung des Rechten Sektors setzte man am 18. Februar zum Sturm auf das Parlament an. Es gab Tote auf Seiten der Angreifer wie der Polizei. Die

Wende in dem von rechten Oppositionsparteien angestrebten Regime Change brachte am 20. Februar ein Massaker auf dem Maidan. Damals wurden von umliegenden Gebäuden aus nicht nur Polizisten, sondern auch Demonstrierende wiederholt beschossen. Von den über einhundert zu Tode gekommenen Regierungsgegnern starben die meisten durch Schüsse von Scharfschützen. Da einige von ihnen später geständig waren, weiß man, dass unter den Schützen ukrainische Neonazis und Ex-Soldaten aus Georgien und dem Baltikum waren (Auth 2023, 113; Monthly Review, 11.12.2021). Die Morde wurden jedoch der Regierung angelastet, obwohl diese schon seit Wochen um Deeskalation bemüht gewesen war. Es hat bis heute keine ernsthaften Bemühungen gegeben, die Ereignisse juristisch aufzuklären.

Janukowytsch führte am selben Tag Gespräche mit den Außenministern Deutschlands, Frankreichs und Polens und versprach zur Beruhigung der Lage Neuwahlen und die umgehende Bildung einer Übergangsregierung. Die zugesagte Rückkehr zur Verfassung von 2004 mit weniger Vollmachten für den Präsidenten wurde Tage später vom Parlament, der Werchowna Rada, beschlossen. Die vertragliche Zusicherung der Oppositionsführer, den Unruhen ein Ende zu setzen, wurde unter dem Druck der Straße nicht eingehalten. Es wurden weitere Regierungs- und Parlamentsräume besetzt. Militante drangen in die Amtsräume des Präsidenten ein. Janukowytsch hatte kaum eine andere Wahl, als Kiew zu verlassen und in den regierungsfreundlichen Osten nach Charkow zu fliehen. Dass seine Autokolonne dabei beschossen wurde, zeigt, dass die Putschisten vor nichts zurückschreckten. Am 22. Februar beschloss laut Protokoll eine Mehrheit von 328 Abgeordneten, Janukowytsch abzusetzen, und wählte den vorher zum Parlamentspräsidenten gemachten Oleksandr Turtschynow zum Interimspräsidenten. Damit wurde die von der Verfassung vorgeschriebene Dreiviertelmehrheit für die Absetzung des Präsidenten verfehlt. Krone-Schmalz weist noch auf die Ungereimtheit hin, dass zum Zeitpunkt der Abstimmung nur 248 Abgeordnete als anwesend registriert waren (2015, 23). Es handelte sich also um einen Staatsstreich.

Für den US-amerikanischen Völkerrechtler David C. Henrickson war es ein außerkonstitutioneller Machtwechsel, »eine dreiste … Missachtung des bestehenden Wahlrechts« (2022, 10), für Jacques Baud handelte es sich »um nichts anderes als einen Staatsstreich mit Unterstützung der Europäischen Union und der Vereinigten Staaten« (2023, 116). »Es wurde eine Regierung gestürzt, deren Wahl die OSZE als ›transparent und ehrlich‹ und als ›eine beeindruckende Demonstration von Demokratie‹ bezeichnet hatte« (ebd.). Es dauerte nur zwei Tage bis zur Anerkennung der neuen ukrainischen Regierung durch die US-Administration und die EU-Kommission. Der neue Ministerpräsident Arsenij Jazenjuk von der rechten Vaterlandspartei war schließlich der Wunschkandidat der US-Administration. In einem Telefonat mit dem US-Botschafter hatte Victoria Nuland ihn als Favoriten für das Amt bezeichnet. Aufsehen erregte das geleakte Gespräch damals wegen des »Fuck the EU«, mit dem Nuland Bedenken des Botschafters abgetan hatte.

Die Sezession der Krim und der Krieg gegen die »Volksrepubliken«

Im Osten und Süden der Ukraine, vor allem in Odessa, und auf der Krim gab es viele – vielerorts bildeten sie die Mehrheit –, die den Aufstand in Kiew ablehnten und den Putsch nicht hinnehmen wollten. In Sewastopol versammelten sich Zehntausende mit russischen Fahnen. Am 26. Februar gingen einige tausend Gegner und Anhänger der neuen Machthaber in Simferopol aufeinander los. Der Rechte Sektor hatte paramilitärische Einheiten auf die Krim geschickt. Aber die Bevölkerung der Krim wünschte die Sezession von der Ukraine. Am 6. März 2014 entschied das Parlament der Krim, einen Volksentscheid über den künftigen Status der Krim durchzuführen. Rund 20.000 der etwa 22.000 auf der Krim stationierten ukrainischen Soldaten verweigerten sich den Befehlen der neuen Machthaber und schlossen sich den Demonstranten an. Ihnen folgten russischsprachige Angehörige der Polizei, des Inlandsgeheimdienstes und des Grenzschutzes (Baud 2023, 136). Zusammen mit den Einheiten der »Selbstverteidigung« sicherten die Soldaten und andere Uniformträger den Ablauf des Referendums, das die Regierung der Krim am 18. März 2014 durchführen ließ. Über 96 Prozent stimmten für einen Beitritt zur Russischen Föderation.

Nichts spricht für den im Westen gängigen Vorwurf, es habe sich um eine Annexion von Seiten der Russischen Föderation gehandelt. Schon vor der Auflösung der Sowjetunion war am 20. Januar 1991 auf der Krim ein Referendum durchgeführt worden, bei dem sich 93,6 Prozent für einen Anschluss an Russland entschieden. Nach der Unabhängigkeitserklärung der Ukraine hatte sich die Krim ihrerseits für unabhängig von der neuen Republik erklärt, was aber dann in Verhandlungen mit Kiew in einen Autonomiestatus abgeschwächt wurde. Der Krim wurden eine eigene Regierung und ein eigenes Parlament zugestanden. 1994 wurden »separatistische Kräfte« bei den Parlamentswahlen gestärkt (Krone-Schmalz 2015, 121), was aber politisch folgenlos blieb: »Einzelne separatistische Bestrebungen auf der Halbinsel kamen 1995 zum Erliegen«, so Andreas Wittkowsky vom Zentrum für Internationale Friedenseinsätze (ZIF) in einem Beitrag für die Bundeszentrale für politische Bildung (bpb.de, 20.1.2021). Die Krim wurde mehr als 20 Jahre lang von der ukrainischen Regierung stark vernachlässigt, was zu einer maroden Infrastruktur führte (Schulze 2020, 42). Jacques Baud lässt die Vorgeschichte des heutigen Konflikts Revue passieren und sagt klar: »Das gesamte westliche Narrativ einer ›Annexion‹ der Krim basiert auf einem Umschreiben der Geschichte« (2023, 135).

Bezeichnenderweise sind nach 2014 keine Widerstandsaktionen bekannt geworden. Und das, obwohl die Sezession mit wirtschaftlichen Einbußen verbunden war. Gleich 2014 sperrte Kiew den Krim-Kanal, der 82 Prozent der Wasserversorgung der Krim sichergestellt hatte. Auch seit dem russischen Angriff auf die Ukraine gab es dort keine Sabotageakte. Der Politikwissenschaftler Nicolai Petro sprach sich dafür aus, die Sezession der Krim zu akzeptieren, zumal deren

Einwohner nicht unbedingt Teil der Ukraine sein wollten. Auch der Völkerrechtler David C. Hendrickson befürwortet die Anerkennung der Sezession, weil er keinen Anlass sieht zu bezweifeln, dass das Referendum dem Willen der Mehrheit entsprach. Und das Selbstbestimmungsrecht sei gegenüber der territorialen Integrität das übergeordnete Prinzip (2022, 21). Ebenso wie Baud führt er außerdem ins Feld, dass durch den Staatsstreich in Kiew die Verfassung des Landes außer Kraft gesetzt war.

In Odessa regte sich Widerstand gegen die Putsch-Regierung. Aktivisten errichteten dort im April ein Protestcamp. Am 2. Mai 2014 versammelten sich mit Bussen angereiste Mitglieder des Rechten Sektors und Hundertschaften von Maidan-Aktivisten zusammen mit rund tausend Hooligans aus Charkow zu einem »Marsch für eine einige Ukraine«. Viele der militanten Nationalisten und Faschisten waren bewaffnet. Sie umzingelten das Protestcamp und warfen Brandsätze in die Zelte. Die Angegriffenen flüchteten in das nahe Gewerkschaftshaus, das mit Molotowcocktails in Brand gesetzt wurde. Menschen, die aus dem Fenster sprangen, wurden schwer verletzt zu Tode geprügelt, sofern sie nicht sogleich tot waren. Nach offiziellen Angaben wurden 48 Menschen ermordet. Die Täter, obwohl identifizierbar, wurden nie gerichtlich belangt (nds, 6.7.2023).

In der Ostukraine forderten Zehntausende ein Referendum für eine Föderalisierung der Ukraine, und zwar nach dem gewaltsamen Vorgehen gegen Demonstrationen, so der Schweizer Jacques Baud, der damals für die NATO in der Ukraine war. Am 12. April besuchte der CIA-Direktor John Brennan Kiew. Einen Tag später rief die ukrainische Übergangsregierung unter Arsenij Jazenjuk zusammen mit dem Übergangspräsidenten Oleksandr Turtschinow alle bewaffneten Kräfte zur *»antiterroristischen Operation«* auf. Anfang Mai wurde die Stadt Slowjansk wochenlang mit Artillerie beschossen. Kampfhubschrauber bombardierten dort Wohngebiete.

Donezk verabschiedete mit 89 Prozent einen *»Akt zur Selbstbestimmung der Volksrepublik Donezk«*. Dasselbe tat Lugansk mit 96 Prozent. Baud betont, dass diese Akte oder Gesetze zunächst nur auf Autonomie abzielten (2023, 141). Aber die »Volksrepubliken« schufen sich alle Institutionen wie ein normaler Staat einschließlich Gerichten und Sicherheitsdiensten (Fischer 2019, 17f.).

Am 2. Juni bombardierte ein Kampfflugzeug die Gebietsverwaltung von Lugansk, nachdem man dort eine »Volksrepublik« ausgerufen hatte.[37] Es gab Tote und Verletzte. Bald darauf wurden auch die Städte Slowjansk und Kramatorsk sowie einzelne Dörfer bombardiert oder mit Artillerie beschossen. Infrastrukturen wurden zerstört. In der Folgezeit wurden immer mehr Städte und Dörfer zu Angriffszielen. Ulrich Heyden, der zwischen 2015 und 2020 wiederholt die aufständischen Gebiete als Journalist bereiste, schreibt: »Der Stress treibt alte Menschen in den Tod … Eltern erzählen mir, dass sich ihre Schulkinder tagsüber einnässen« (2022, 45). Er berichtet, dass die Menschenrechtsorganisation Memorial Klagen beim Europäischen Gerichtshof für Menschenrechte einreichte. Die rechtsextremen Freiwilligenbataillone Asow, Aidar, Rechter Sektor oder Tornado verhafteten laut Heyden Verdächtige, »folterten und beschossen – oft auf eigene Faust – Wohngebiete in den Volksrepubliken« (169).[38] Heyden hält aber auch Berichte über Gräueltaten von Seiten einiger Freiwilligenbataillone der sogenannten Separatisten für glaubwürdig (217). Igor Girkin alias Strelkow, dem Organisator der ersten Freiwilligeneinheit, wurden Kriegsverbrechen zur Last gelegt. Er gestand die Anwendung von Folter.

Heydens Reportagen belegen, dass Petro Poroschenko, ab Juni 2014 Präsident, im Rahmen der sogenannten »Antiterroroperation« immer wieder die nicht gefügige Bevölkerung des Donbass unter Beschuss nehmen ließ. Allein in der Donezk-Republik waren Ende 2014 schon 3.800 Wohnhäuser beschädigt (Heyden 2022, 290). Poroschenko ließ im Dezember 2014 nicht nur die Banken in

37 Am 24. Mai hatten sich außerdem die beiden Volksrepubliken zum »Föderativen Staat Neurussland« zusammengeschlossen.

38 Baud zählt sechs rechtsradikale Milizen auf, darunter die von Heyden nicht genannte UDA, zu Deutsch »Ukrainische Freiwilligenarmee« (2023, 126). Unklar ist, wieweit die UDA Angehörige anderer Milizen übernommen hat.

der Ostukraine schließen, sondern verhängte auch ein Embargo. Wasser- und Stromversorgung wurden zeitweise gekappt, was den kurz zuvor, im September 2014, im belarussischen Minsk getroffenen Vereinbarungen mit Russland unter Federführung der OSZE (Minsk I) widersprach. Die schweren Angriffe auf die Oblaste im Donbass rechtfertigte die Regierung gegenüber dem Ausland mit einer angeblichen militärischen Intervention Russlands. Oberst Baud, der als Mitglied einer damaligen NATO-Mission nahe am Geschehen war, weist das zurück. Selbst für eine »logistische Unterstützung« der Verbände der Volksrepubliken habe es keine Indizien gegeben (2023, 137, 142). Baud ist überzeugt, nur Freiwillige aus Russland hätten sich an Gefechten beteiligt. Dagegen berichtet Baab, dass sich am 1. Mai 2014 die Wagner-Gruppe im Donbass formiert habe (2023, 176). Zugleich bestätigt er, dass die überwiegend aus Einheimischen zusammengesetzten Milizen die Hauptlast der Kämpfe trugen (2023, 167).

Die Angriffe auf Städte, Dörfer und Infrastruktur sind bis heute in der deutschen Öffentlichkeit kaum bekannt, was nicht verwundert. Denn: »Die deutschen Chefredakteure schicken seit 2014 keine Journalisten mehr in die Volksrepubliken«, so Heyden (190). Dass diese Aussage keineswegs abwegig ist, belegen zwei Fälle. Die Journalistin Alina Lipp sah sich Mitte 2022 seitens der deutschen Justiz einem Strafverfahren mit Androhung einer dreijährigen Haftstrafe ausgesetzt, weil sie über ukrainische Angriffe im Donbass berichtet hatte. Der Vorwurf: Billigung von Straftaten nach dem Völkerstrafgesetzbuch, weil sie die russische Invasion nicht explizit verurteilt hatte. Auch der NDR-Journalist Patrik Baab sollte seine Lehraufträge an zwei Hochschulen verlieren, nachdem er im September 2022 im Donbass recherchiert hatte. Er konnte vor Gericht die Kündigungen abwehren (nds, 20.7.2023; Baab 2023).

Heyden hat mit Einwohnern jeden Alters und Berufs Gespräche geführt, mit Arbeitern, Aktivisten, Verwaltungsleuten, Lehrerinnen und Lehrern, Schulleiterinnen, Erzieherinnen, Kommandeuren von Freiwilligenbataillonen. Sie berichteten von Zerstörungen und

Toten, von Nächten im Keller. Ein Einwohner von Slowjansk klagte im Mai 2014 über den Artilleriebeschuss in den Nächten (187). Achtzehn Dorfbewohner von Kondraschowka wurden im Juli 2014 Opfer eines Luftangriffs, sieben wurden getötet, elf verletzt (199). Der Chefarzt eines Krankenhauses in Perwomaisk erzählte von der Bombardierung der Einrichtung (48). In Lugansk schilderte eine Schulleiterin die Folgen des Krieges für die Schule und die Schüler und Schülerinnen (63). Im Juni 2014 hatte ein ukrainisches Kampfflugzeug eine Rakete auf die besetzte Bezirksverwaltung abgeschossen. Es gab Tote und Schwerverletzte (191). Die Schule Nr. 13 in Lugansk wurde nach Aussage eines politisch Verantwortlichen gezielt beschossen, insgesamt dreimal (68). In Donezk erzählten Jugendliche von der dauernden Beschießung der Stadt Anfang des Jahres 2015. Baab berichtet von gezieltem Raketenbeschuss eines Supermarkts und einer Bushaltestelle in Donezk (2023, 173). In einer Stadt wurde schon 2014 die zentrale Trinkwasserleitung zerstört (194). Der Leiter der Wasserfilteranlage von Donezk berichtete 2018 vom ständigen Beschuss der Anlage, auf die bis zu 500.000 Einwohner angewiesen seien (307).[39] Es wurden also Infrastrukturanlagen gezielt zerstört oder zu zerstören versucht. Satellitendaten ermöglichten nach Baab die genaue Ortung der Ziele (2023, 40).

Sabine Fischer von der Stiftung Wissenschaft und Politik ist nach einem Besuch in Kiew verwundert über das dysfunktionale Verhalten der ukrainischen Machthaber. Der Wirtschaftsboykott, verweigerte Rentenzahlungen und andere Schikanen, die die humanitäre Situation im Donbass verschlechterten, verstärkten nur die »Ent-

39 Zur Überprüfung der journalistischen Berichte von Heyden lassen sich Veröffentlichungen der OSZE heranziehen (z. B. osce.org, 30.1.2015) Als Bestätigung mögen auch aufgebrachte Stimmen aus der Bevölkerung gelten, so die Aussage einer Frau, die den Bandera-Anhängern wünschte, »dass sie das erleben sollten, was die Bevölkerung vom Donbass in den letzten acht Jahren erlebt hat«, wie es in einem Bericht einer Russin mit ukrainischen Wurzeln heißt, die aus Gründen der persönlichen Sicherheit anonym bleiben wollte. Sie führt eine weitere Stimme an, wonach Kiew die Volksrepubliken »dem Erdboden gleichmachen« wollte (nds, 9.12.2022).

fremdung« gegenüber der Zentralmacht (2019, 29f.). (Die Bombardements erwähnt sie nicht.) Damit erstaunt die Zustimmung nicht, die die Aufständischen fanden. Auch die langjährige Vernachlässigung des Gebiets durch die Zentralregierung schon vor 2014 mag dazu beigetragen haben. Die Wahlbeteiligung im November 2018 zeigte die hohe Zustimmung zu den neuen politischen Gegebenheiten. Ein anderes Indiz: Nach dem Mordanschlag auf den Präsidenten der Volksrepublik Donezk im September 2018 sollen weit über 120.000 Menschen an der Trauerfeier teilgenommen haben (Heyden 2022, 267). »Große Teile der Donbass-Bewohner«, beobachtete Patrik Baab, »betrachteten die Milizen als eine Art Lebensversicherung« (2023, 168). Heyden lässt jedoch keinen Zweifel, dass es auch im Donbass »Pro-Maidan-Kräfte« gegeben hat, die aber meist schon früh in die von Kiew kontrollierten Gebiete migriert sind (86). Nach Angaben einer ukrainischen Soziologin sind von 2014 bis 2022 »rund anderthalb Millionen Ukrainer:innen aus den besetzten Gebieten und der Frontregion entlang der Kontaktlinie geflohen« (Liasheva 2022). Nach Russland flohen nach Angaben eines russischen Ermittlungskomitees zwischen April 2014 und Ende 2015 1,1 Millionen oder wurden dorthin evakuiert (jW, 18.11.2022). Dass in dem achtjährigen Krieg der ukrainischen Machthaber gegen die eigene Bevölkerung 14.000 Menschen umkamen, ist unbestritten.

Der Vertrauensbruch von Minsk: Der hybride Krieg gegen die Russische Föderation

Die beiden Abkommen von Minsk waren *als Teil der Resolution 2202 des UN-Sicherheitsrates völkerrechtlich verbindliche Verträge*, wurden aber beide missachtet. Bis zum Frühjahr 2020 wurden beiderseits insgesamt 21 Waffenstillstandsvereinbarungen gebrochen (wikipedia.org: ›Minsk II‹). Das erste Abkommen wurde von Poroschenko für die Ukraine, Putin für die Russische Föderation und der Organisation für Sicherheit und Zusammenarbeit in Europa (OSZE) ausgehandelt. Vorausgegangen waren Verhandlungen zwischen den Vertretern der USA, der Russischen Föderation, der EU und der Ukraine im April 2014 in Genf. An den Verhandlungen in Minsk wurden die Vertreter der Volksrepubliken nicht beteiligt, obwohl sie die eigentlichen Verhandlungspartner gewesen wären. Sie unterzeichneten nur das Protokoll vom 12. Februar 2015. Der französische Präsident und die deutsche Bundeskanzlerin unterzeichneten als Garantiemächte für die ukrainische Seite, Präsident Putin als Garant für die Russische Föderation. Es kann nicht genug betont werden, dass die eingegangenen Verpflichtungen für die ukrainische Regierung und die Vertretung der Volksrepubliken galten (Baud 2023, 147). Die Russische Föderation war laut Protokoll nicht Konfliktpartei (Fischer 2019, 13).

Die Vereinbarungen umfassten außer dem unverzüglichen und allseitigen Waffenstillstand und dem Abzug aller schweren Waffen aus einer militärischen Sicherheitszone

- ein »effizientes Monitoring« der militärischen Vereinbarungen seitens der OSZE,
- einen Dialog über die Modalitäten der Durchführung regionaler Wahlen,
- eine Amnestie für alle am Konflikt Beteiligten,
- die Lieferung, Lagerung und Verteilung humanitärer Hilfsgüter,
- die vollständige Wiederherstellung der sozialen und wirtschaftlichen Verbindungen,
- Konsultationen und Abstimmung mit den Vertretern der Oblaste Donezk und Lugansk,
- die Durchführung einer Verfassungsreform mit dem Ziel der Dezentralisierung.

In diesem Zusammenhang war auch »das Recht auf sprachliche Selbstbestimmung« bedeutsam. Die Oblaste Donezk und Lugansk sollten außerdem per Gesetz einen Sonderstatus erhalten. Die Organe der Selbstverwaltung sollten die Leiter der Staatsanwaltschaften und Gerichte ernennen können.

Gemäß dem Protokoll von Minsk I sollte ein Programm des wirtschaftlichen Wiederaufbaus des Donbass zur Wiederherstellung der lebenswichtigen Infrastrukturen der Region beschlossen werden. Das Gegenteil war der Fall. Kiew strich für die »abtrünnigen« Oblaste die Sozialleistungen, schloss dort die Banken und verhängte einen Boykott. Außerdem war ein Gesetz über den Sonderstatus der östlichen Oblaste in Aussicht gestellt worden. Aber die ukrainische Regierung unternahm keine ernsthaften Anstrengungen in Richtung Föderalisierung oder Dezentralisierung. Beide Vereinbarungen waren Makulatur. Nicht nur Erklärungen des Ministerpräsidenten Jazenjuk und des Präsidenten Poroschenko, sondern auch ihre Maßnahmen ließen erkennen, dass sie wenig von einem Sonderstatus der östlichen Oblaste hielten. Die nationalistische Programmatik von Jazenjuks Partei und der anderen rechten Parteien reduzierte die Chancen für den in Minsk I und II geforderten Dialog auf Null. Für die Nationalisten war eine föderalistische Verfassung unannehmbar. Poroschenko erklärte am 15. Juni 2022 rückblickend: »Wir haben acht Jahre gewonnen, um unsere Armee aufzubauen« (dw.com, 15.6.2022).

Die Aufständischen konnten nach den vorausgegangenen Ereignissen seit dem Februar 2014 der ukrainischen Regierung nicht trauen. Gleich nach den Genfer Verhandlungen vom April 2014 hatte Kiew die sog. Antiterroroperation gestartet (Baud 2023, 144). Zu den Verhandlungen in Minsk sah sich Kiew zweimal nur durch die militärische Lage zu Verhandlungen veranlasst. Anlass für die Verhandlungen der »Trilateralen Kontaktgruppe« im September 2014 war die prekäre Situation der ukrainischen Armee, weil Teile ihrer Truppen von Aufständischen eingekesselt waren. Anfang 2015 gelang den Bataillonen der Aufständischen, verstärkt von russischen Freischärlern, wieder die Einkesselung ukrainischer Truppen, diesmal in Debalzewo.[40] Im Februar sprangen der französische Präsident François Hollande und die deutsche Kanzlerin Angela Merkel der Ukraine bei, um in einem zweiten Anlauf mit dem ukrainischen

40 Der Journalist Ulrich Heyden spricht von »zwei katastrophalen Niederlagen der ukrainischen Armee« (2022, 93). Und das passierte dieser trotz der Unterstützung durch NATO-Berater (Baud 2023, 144).

und dem russischen Präsidenten ein Abkommen zur Beilegung des Konflikts zu erzielen. Schon einen Tag nach der Unterzeichnung erklärte die ukrainische Regierung, sie halte sich für nicht an das Abkommen gebunden, weil die Kampfgruppen aus Donezk die Waffenruhe in Debalzewo[41] gebrochen hätten. Die Stadt (25.000 Einwohner) war damals schon seit Wochen umkämpft.[42]

OSZE-Beobachter konnten die Vorwürfe anscheinend nicht überprüfen. Aber auch die anderen Partner der Trilateralen Kontaktgruppe wären vertraglich verpflichtet gewesen, das zu tun und auf die Einhaltung der Vereinbarungen zu pochen. Die deutsche Kanzlerin und der französische Präsident unternahmen aber nichts dergleichen. Im Dezember 2022 räumte *Angela Merkel* in einem Interview mit der *Zeit* ein, dass die Minsker Abkommen eine Finte gewesen seien, um der Ukraine Zeit zur Konsolidierung und zur Modernisierung und Aufrüstung ihrer Armee zu geben. Merkel wörtlich: »Das Minsker Abkommen 2014 war der Versuch, der Ukraine Zeit zu geben.« Sie bezweifle sehr, »dass die NATO-Staaten damals so viel hätten tun können wie heute, um der Ukraine zu helfen«. Das Land habe die Zeit »auch genutzt, um stärker zu werden, wie man heute sieht. Die Ukraine von 2014/15 ist nicht die Ukraine von heute. Wie man am Kampf um Debalzewe Anfang 2015 gesehen hat, hätte Putin sie damals leicht überrennen können« (Die Zeit, 7.12.2022). Der ehemalige französische Präsident Hollande äußerte sich seinerseits wie Angela Merkel. Dieser Vertrauensbruch konnte die künftigen diplomatischen Beziehungen mit der Russischen Föderation nicht unbeschädigt lassen. Wie sollte die dortige Führung noch westlichen Vertragspartnern vertrauen? Putin äußerte sich sehr zurückhaltend zu Merkels Offenbarung: »Ehrlich gesagt kam

41 Debalzewo ist die russische Schreibweise der Stadt im Oblast Donezk, die im Interview mit Angela Merkel (s. u.) benutzte Schreibweise der *Zeit*, Debalzewe, entspricht der Transliteration aus dem Ukrainischen.

42 Ulrich Heyden hielt sich am 2. Juni 2015 in der Stadt auf, wo ihm Bewohner erzählten: »Über ein halbes Jahr saßen wir in unseren Kellern.« 80 Prozent der Gebäude seien beschädigt oder zerstört gewesen (2022, 291).

das für mich völlig unerwartet und ist enttäuschend.«[43] Das Scheitern der Vereinbarungen von Minsk war vermutlich der wichtigste Anlass für den russischen Angriff.

Nikolai Petro hält es für katastrophal, dass die Forderung der (nicht nur räumlich) russlandnahen Provinzen nach Autonomie aufgrund der Durchsetzungskraft der Nationalisten keine Chance bekam. Er spricht von der »Tragödie der Ukraine«, so der Titel eines Buches von ihm. Der US-Administration komme der russische Angriffskrieg gegen die Ukraine gelegen, meinte er 2023 laut einem Bericht der *Financial Times* auf einer Konferenz der Bank of America (ft.com, 8.4.2023).

Der US-Kongress verabschiedete 2014 den Ukraine Freedom Support Act, womit 350 Millionen US-Dollar für die Verteidigung der Ukraine bereitgestellt wurden. Ab 2017 rüstete Präsident Trump die Ukraine massiv auf. Im August 2021[44] schlossen die USA mit der Ukraine einen Verteidigungsrahmenvertrag. Am 10. November 2021 schloss man ein Abkommen über »Strategische Partnerschaft«, das neue Sanktionen gegen die Russische Föderation und andere relevante »Maßnahmen bis zur Wiederherstellung der territorialen Integrität der Ukraine« umfasste (Mearsheimer 2022). Bei der Ankündigung der »strategischen Partnerschaft« wies das Weiße Haus darauf hin, dass »die Vereinigten Staaten seit 2014 2,5 Milliarden Dollar für die Unterstützung der ukrainischen Streitkräfte bereitgestellt haben« (wsws.org, 17.3.2022). Im Februar 2022 hielten sich rund 4.000 NATO-Soldaten in der Ukraine auf (Winter 2023, 10). Im Kiewer Verteidigungsministerium bereiteten US-amerikanische und britische Spezialisten mit Hilfe von Satellitendaten die Zielkoordinaten für die ukrainischen Raketenbatterien auf (Baab 2023, 40). Ab 2018

43 merkur.de, 10.12.2022. Wenn man sich die Unehrlichkeit der westlichen Verhandlungspartner vor Augen führt, dann kann man sich das Misstrauen gegenüber Putin, der nie an einer Verhandlungslösung interessiert sei (Kostner/Luft 2023, 16), nur als Projektion auf den Feind erklären.

44 So datiert nach Reinhard Lauterbach (jW, 24.2.2023); nach Hajo Funke (2023) wurde der Vertrag erst im Oktober 2021 geschlossen.

wurden auf ukrainischem Territorium die »Clear Sky«-Manöver durchgeführt. Schon seit 2006 veranstaltete man dort jährlich die »Rapid Trident«-Manöver mit den Landstreitkräften der NATO.

Zum militärischen Bedrohungsszenario kam *der Wirtschaftskrieg* – ein Begriff übrigens, der zur Beschreibung der Lage im Englischen (»economic war«) sehr viel selbstverständlicher gebraucht wird. In deutschsprachigen Medien sorgte etwa der Wirtschaftshistoriker Adam Tooze mit der Feststellung für Aufsehen, der Westen führe »eine Wirtschaftskrieg gegen Russland« (z. B. derstandard.at, 5.3.2022). Seit 2014 bestrafte man die Russische Föderation für die »Annexion« der Krim mit Wirtschaftssanktionen. Am 6. März 2014 verhängten die USA und die EU die ersten Sanktionen gegen Russland im Hinblick auf das geplante Referendum, ohne das Referendum abzuwarten und die politischen Vorgänge überprüfen zu wollen. Die Sanktionen trafen Personen und Unternehmen mit mehrfachen Kontaktbeschränkungen und dem Einfrieren von Vermögenswerten. Diese ersten Sanktionen mögen noch relativ zahm gewesen sein. Aber der Westen eröffnete damit einen hybriden Krieg.

Die Verhängung der Sanktionen ist rechtlich mehr als fragwürdig, weil solche Strafmaßnahmen dem UN-Sicherheitsrat vorbehalten sein sollten. Welche Strafmaßnahmen dieser verbindlich beschließen kann, ist hauptsächlich in den Artikeln 41 und 42 der UN-Charta geregelt. Er kann »die vollständige oder teilweise Unterbrechung der Wirtschaftsbeziehungen«, aller Verkehrs- und Telekommunikationsverbindungen und den Abbruch der diplomatischen Beziehungen vorschreiben (Oermann/Wolff 2020, 80). Die Generalversammlung der Vereinten Nationen brachte in mehreren Resolutionen zum Ausdruck, dass wirtschaftliche Zwangsmaßnahmen gegen das im Völkergewohnheitsrecht verankerte Interventionsverbot verstoßen oder verstoßen können (82). Eigenmächtige, nicht von UN-Organen autorisierte Maßnahmen stellen nach einer UN-Resolution von 2013 »eine eklatante Verletzung der Prinzipien des Völkerrechts sowie der Prinzipien des multilateralen Handelssystems dar«.

Bei den Präsidentschaftswahlen im April 2019 konnte *der politische Newcomer Wolodymyr Selenskyj* die Stichwahl gegen den bisherigen Präsidenten Poroschenko mit 30,2 Prozent der Stimmen für sich entscheiden, nachdem er die friedliche Beilegung des Konflikts versprochen hatte: »Die Wahlen in der Ukraine standen unter dem Eindruck der sich nur langsam erholenden wirtschaftlichen Lage und des andauernden Krieges im Osten des Landes. Dieser wurde in einer Umfrage vor der Wahl von 49 Prozent der Befragten – noch vor staatlicher Korruption – als das größte Problem des Landes betrachtet. Fast 40 Prozent gaben an, davon ihre Wahlentscheidung abhängig machen zu wollen« (bpb.de, 2.5.2019). Um seine Position zu stärken, setzte Selenskyj für Juli 2019 Neuwahlen an, die er mit 73,2 Prozent gewann, obwohl er kaum auf Erfolge in der Zwischenzeit verweisen konnte. Wahlentscheidend war vermutlich, dass er angekündigt hatte, er werde den Krieg gegen die »Separatisten« im Osten der Ukraine beenden.

Am 9. Dezember 2019 trafen sich Selenskyj und Putin im Rahmen des Normandie-Formats[45] zu Gesprächen. Sie vereinbarten einen Waffenstillstand und einen Gefangenenaustausch. Aber die immer neu vereinbarten Waffenstillstände wurden in der Folgezeit regelmäßig gebrochen. Selenskyj dachte so wenig wie sein Vorgänger daran, die Vereinbarungen von Minsk umzusetzen, und machte den Aufständischen kein Angebot zur Beilegung des Konflikts, auch wenn innerhalb der Trilateralen Kontaktgruppe der OSZE Verbindung zu den sogenannten Separatisten bestand (Schulze 2020).

45 Der Begriff Normandie-Format bezeichnete eine halboffizielle Kontaktgruppe, in der sich Russland, Deutschland, Frankreich und die Ukraine seit 2014 über den Ukraine-Konflikt verständigten. Das letzte Treffen fand kurz vor Beginn des russischen Einmarschs statt.

3.
Der Stellvertreterkrieg auf ukrainischem Boden

Im Laufe des Jahres 2021 verschärfte sich die Konfrontation zwischen der Ukraine und der Russischen Föderation, aber auch zwischen dem kollektiven Westen und der Russischen Föderation zunehmend. Am 24. März erließ Selenskyj ein Dekret, in dem die »De-Okkupation und Wiedereingliederung der Krim und der Stadt Sewastopol« zum staatlichen Auftrag gemacht wurden. Zugleich verlagerte Kiew Truppen in den Süden der Ukraine (Baud 2023, 155). Am 30. März erklärte der ukrainische Generalstabschef Ruslan Chomtschak in einem Interview: »Natürlich bereiten wir uns auf einen Angriff vor« (Heyden 2022, 333). NATO-Generalsekretär Jens Stoltenberg zeigte sich in einem Telefonat besorgt über Russlands Militäraktivitäten in und um die Ukraine und über anhaltende Verletzungen des Waffenstillstands (BZ, 6.4.2021). Nach Baud befanden sich jedoch keine Truppen der Russischen Föderation in der Ukraine. Er sieht selbst für logistische Unterstützung der Aufständischen durch die Russische Föderation keine Indizien (2023, 141f.). In einer Studie der regierungsnahen Stiftung Wissenschaft und Politik wird dagegen unter Verweis auf investigative Studien in zwei Fällen der Einsatz russischer Einheiten behauptet (Fischer 2019, 25). An anderer Stelle werden nur »russische Akteure« mit unterschiedlichen Biografien und politischen Einstellungen als Angehörige von Freiwilligenverbänden angeführt (Fischer 2019, 16).

Westliche Politiker und Medien zeigten sich wegen massiver russischer Truppenverlegungen alarmiert. Der Pressesprecher des russischen Präsidenten betonte, der Truppenaufmarsch an der Grenze sei normaler Teil der Verteidigung des Staatsgebiets. Die Einheiten an den nördlichen und östlichen Grenzen zur Ukraine sowie auf der Krim seien eine Reaktion auf die zunehmenden Aktivitäten von NATO-Staaten auf dem Gebiet der Ukraine. Der Sprecher warnte vor NATO-Aktivitäten in der Ukraine: »Zweifellos würde ein solches Szenario zu weiteren Spannungen in der Nähe der russischen Grenzen führen.« Folgende Pressemeldung bestätigte den Verdacht der russischen Führung: »Nach einem Beschluss des ukrainischen Parlaments dürfen sich in diesem Jahr zu Übungszwecken bis zu 2000 US-Soldaten mit schwerem Gerät und Flugzeugen in der Ukraine aufhalten. Die Verfassung verbietet jedoch eine dauerhafte Stationierung« (BZ, 6.4.2021). Erinnert sei nochmals an den Vertrag über militärische Zusammenarbeit mit den USA vom 30. August 2021.

Eine neue Stufe der Eskalation wurde am 27. Oktober 2021 mit dem Angriff der ukrainischen Armee auf Stellungen im Donbass mit einer Bayraktar-Kampfdrohne erreicht. Diese neue, im Armenienkrieg bewährte Waffe war von der Türkei geliefert worden. Und dennoch: Im Jahr 2021 »hatte Putin nicht die Absicht, in die Ukraine einzumarschieren ... Die Lage Anfang 2022 sollte völlig anders sein« (Baud 2023, 154).

Die Invasion und die verpasste Chance für eine Konfliktbeilegung

Am 17. Dezember 2021 ließ die Kreml-Führung den USA und der NATO jeweils getrennt einen *Vertragsentwurf für eine gemeinsame Sicherheitsarchitektur* zukommen. Sie verlangte den Rückzug von NATO-Truppen aus den neuen NATO-Mitgliedsländern in Osteuropa und den Rückbau der dortigen militärischen Infrastruktur auf den Stand von 1997. Das schloss die Raketenabwehrinstallationen in Polen und Rumänien ein. Vertraglich festgelegt werden sollte auch die Nicht-Stationierung von Kurz- und Mittelstreckenraketen in territorialer Reichweite der Vertragspartner. NATO und USA sollten sich verpflichten, in Zukunft keine Manöver in Nachbarstaaten der Russischen Föderation, darunter auch im Südkaukasus und Zentralasien, durchzuführen. Der Vertrauensbildung sollte die Wiederbelebung der Konsultationsmechanismen wie im NATO-Russland-Rat dienen. Verboten werden sollte die Stationierung von Nuklearwaffen außerhalb des eigenen Territoriums. Im Grunde zielten die Vorlagen nur auf eine Wiederherstellung der Situation vor dem Jahr 2000 ab.

Das »russische Außenministerium veröffentlichte beide Entwürfe nur zwei Tage, nachdem sie der amerikanischen Seite überreicht worden waren. Das gleicht einem Ultimatum«, so ein Kommentar der Stiftung Wissenschaft und Politik vom 22. Dezember 2021 (Fischer 2021). Man kann dieses Prozedere aber auch als verzweifelten Schritt deuten. Welchen Langmut die Führung der Russischen Föderation gegenüber der NATO-Expansion, der Aufkündigung von Abrüstungsverträgen und der Beendigung vertrauensbildender Maßnahmen bewiesen hatte, wurde bereits verdeutlicht. Dass man offiziell wie inoffiziell immer wieder um einen Dialog bemüht war, wie Putin versicherte, ist glaubhaft, wenn man *die militärischen Kräfteverhältnisse* betrachtet.

Die Rüstungsausgaben der USA betrugen 2021 800,7 Milliarden Dollar, die der Russischen Föderation 65,9 Milliarden. Das war nicht einmal ein Zwölftel der US-Ausgaben. Um die wirklichen Kräfteverhältnisse im Konflikt mit dem Westen einzuschätzen, muss man aber die 340 Milliarden dazu rechnen, die auf das Militärbudget der übrigen NATO-Staaten entfielen. Die NATO-Staaten zusammen kamen 2021 auf 1,154 Billionen US-Dollar (statista.com, 27.7.2023). Außerdem sah sich die Russische Föderation von US-Militärbasen umzingelt, die unter anderem in Japan, Kirgistan, Tadschikistan, Afghanistan, Pakistan, Kuwait, Irak, der Türkei, Syrien und Georgien bereitstanden. 2008 hatten die USA nach eigenen Angaben 761 militärische Einrichtungen über die ganze Welt verteilt. Experten schätzten aber im Jahr 2004 die Gesamtzahl der Stützpunkte, auf die die USA jederzeit zurückgreifen konnten, auf ungefähr tausend (wikipedia.org: ›Militärbasen‹). Die Russische Föderation ist zwar eine Nuklearmacht, aber ihre Militärdoktrin erlaubt den Einsatz von Atomwaffen nur im Fall der existentiellen Bedrohung des Landes.

Die ukrainische Armee war, was Ausrüstung betrifft, noch Anfang 2022 den russischen Streitkräften unterlegen, wenngleich nicht zu unterschätzen. Die Ukraine hatte mit 5,9 Prozent des BIP eines der – prozentual – größten Militärbudgets weltweit. Auch die Truppenstärke war damals im Vergleich zu NATO-Staaten überdurchschnittlich (Rügemer 2022). Neben den 160.000 Angehörigen der regulären Armee standen 80.000 Mitglieder der Nationalgarde bereit. Seit 2015 hatten die USA drei Milliarden Dollar in die Ausrüstung und Ausbildung der ukrainischen Streitkräfte investiert. NATO-Offiziere bildeten zig Tausende ukrainische Soldaten aus (NZZ, 15.3.2022). Russland war jedoch der Ukraine an Truppenstärke, an verfügbaren schweren Waffen und vor allem, was die Luftwaffe angeht, zum Teil weit überlegen. Dazu kommt das nukleare Drohpotential.

Eine vermutlich letzte Chance, einen Krieg abzuwenden, blieb von Selenskyj am 11. Februar 2022 beim Treffen im Normandie-Format ungenutzt. Die politischen Berater der Staatschefs von Russland, Deutschland, Frankreich und der Ukraine tagten neun Stunden lang ohne Ergebnis, weil die ukrainische Regierung sich weigerte, die Minsker Abkommen umzusetzen, »offensichtlich unter dem Druck der Vereinigten Staaten«, so Baud (2023, 181).

Seit dem 15. Februar berichteten OSZE-Beobachter täglich *eine Zunahme der Verletzungen des Waffenstillstands beiderseits der Kontaktlinie im Donbass.* »Am 16. Februar beginnt das Dauer-Bombardement der Donbass-Bewohner«, so Baud, der eine Zunahme von Artillerieschlägen gegen die Donbass-Bevölkerung seit 2021 verzeichnet (2023, 168 u. 187; vgl. Baab 2023, 189). Bis zum 22. Februar registrierten auch die OSZE-Beobachter eine zunehmende Verschärfung der Lage (174). Dokumentiert ist unter anderem ein Angriff auf die Stadt Lugansk (jW, 12.4.2022).

Am 19. Februar 2022 stellte Selenskyj auf der Münchner Sicherheitskonferenz den im Budapester Memorandum vereinbarten *Ver-*

zicht der Ukraine auf Nuklearwaffen infrage. 1994 hatte die Ukraine im Rahmen einer KSZE-Tagung in Budapest der Entfernung aller sowjetischen Atomwaffen von ihrem Territorium zugestimmt und dafür Sicherheitsgarantien erhalten. Selenskyj meinte nun: »Seit 2014 hat die Ukraine dreimal versucht, die Garantiestaaten zu Konsultationen des Budapester Memorandums einzuberufen. Dreimal ohne Erfolg ... Wenn wieder nichts geschieht oder die Resultate keine Sicherheit für unser Land garantieren, wird die Ukraine jedes Recht haben zu glauben, dass das Budapester Memorandum unwirksam ist und alle darin enthaltenen Bestimmungen von 1994 infrage gestellt sind« (bpb.de, 22.2.2022). Das war fünf Tage vor dem Angriff auf die Ukraine – vermutlich ein Alarmsignal für die Russische Föderation und der letzte Anstoß zur Invasion.

Geleakte Informationen über einen angeblich geplanten Einmarsch der ukrainischen Armee auf der Krim – ein Jahr vorher hatte Selenskyj tatsächlich deren Rückeroberung dekretiert – sollen die russische Führung endgültig zum Angriff veranlasst haben, falls sie noch gezögert hatte (Auth 2023, 133).

Am Tag der Invasion, dem 24. Februar 2022, erläutert *Putin in einer Rede an die Nation* zu seiner Rechtfertigung die Gründe für den Angriff aus Sicht der Russischen Föderation, bevor er formell den Beschluss zur Intervention verkündet: »In diesem Zusammenhang habe ich gemäß Artikel 51 Absatz 7 der UN-Charta, mit Genehmigung des Föderationsrates und in Übereinstimmung mit den von der Föderationsversammlung ratifizierten Freundschafts- und Beistandsverträgen mit der Donezker Volksrepublik und der Luhansker Volksrepublik beschlossen, eine besondere Militäroperation durchzuführen« (zit. nach zeit.de, 24.2.2022).

Er beruft sich also auf das Selbstverteidigungsrecht und führt die gestörte Machtbalance in den internationalen Beziehungen an, seit die Gewinner des Kalten Kriegs eigenmächtig die Regeln zu bestimmen versuchen. Er erinnert an die Militäroperation gegen Jugoslawien und an die Zerstörung des Irak, Libyens und Syriens. Er erinnert an die Versprechungen des Westens, die NATO nicht um einen

Zoll nach Osten auszudehnen. Er führt die vergeblichen Bemühungen vom Dezember des Vorjahres an, mit den USA und ihren Verbündeten ein Agreement über eine europäische Sicherheitsordnung (the principles of European security) zu erreichen. Er sagt, man mache sich keine Illusionen über die Stärke des Feindes. Aber jede weitere Expansion der NATO-Infrastruktur oder die fortwährende Anstrengung auf dem Boden der Ukraine Fuß zu fassen, seien für die Russische Föderation inakzeptabel. Acht Jahre lang habe man vergebens versucht, den Konflikt im Donbass friedlich beizulegen. Aber die führenden NATO-Staaten unterstützten rechtsextreme Nationalisten und Neonazis in der Ukraine.

Putin betont ausdrücklich, Russland habe die neue geopolitische Realität nach der Auflösung der Sowjetunion akzeptiert. Man werde weiter die Souveränität der Post-Sowjet-Staaten achten. Und bevor er die ukrainischen Militärs zur Niederlegung der Waffen aufruft, versichert er, man strebe nicht danach, die Interessen der Ukraine und des ukrainischen Volkes zu verletzen – zwei Passagen in der Rede, wo Putin den Kontakt zur Realität verloren zu haben scheint.

Auch an den Angriff der deutschen Wehrmacht im Juni 1941 erinnert Putin in der Rede. Der Westen hätte sich darüber im Klaren sein müssen, dass das Trauma des Vernichtungsfeldzugs die Bedrohung für die Völker Russlands noch größer erscheinen lassen musste. Im kollektiven Gedächtnis ist außerdem der Angriff der napoleonischen Armee gespeichert.

Die Invasion: Am 24. Februar 2022 überrannten russische Verbände die Grenze und stießen von drei Seiten in Richtung Kiew vor, von Norden aus Belarus, von Osten und von Süden vom Asowschen Meer her. Kiew samt Umland und vorwiegend militärische Einrichtungen in der Nähe des Operationsgebietes wurden Ziel von Luft- und Raketenangriffen. Am ersten Tag des Angriffs meldete Selenskyj 137 Tote und 316 Verletzte.[46] Am 25. Februar zerstörte die russische Luftwaffe »an einem Tag den Großteil der kritischen mili-

46 bpb.de, 28.3.2022. Inwieweit Zivilisten oder Militär, lassen die Angaben offen.

tärischen Kapazitäten der Ukraine« (Baud 2023, 182). Die Truppen konnten im Lauf der ersten Tage im Norden, Osten und Süden der Ukraine schnelle Landgewinne verzeichnen. Eine Luftlandeoperation auf dem Flughafen Hostomel nordwestlich von Kiew scheiterte jedoch, vermutlich wegen rechtzeitiger Warnung durch ausländische Dienste. Die südliche Marschkolonne kam durch Attacken auf Truppenteile ins Stocken. Am 2. März wurde aber Cherson am Dnipro eingenommen, was den Weg nach Mikolajiw und Odessa öffnete. Am 6. März erreichten Einheiten von Norden und Nordosten her Vorstädte von Kiew.

Die Invasionsarmee umfasste nicht mehr als 190.000 Soldaten, was nach dem Urteil von Militärexperten und von John Mearsheimer (2022) die Eroberung der Ukraine als Kriegsziel ausschließt. Aus logistischen Mängeln schließt zum Beispiel der Schweizer Oberstleutnant Ralph Bosshard, »dass die russischen Streitkräfte nicht auf die Führung weiträumiger Operationen tief in gegnerisches Territorium ausgerichtet waren« (2023, 76). Das militärische Vorgehen war nach den großen Kriegen und Militärinterventionen der vorhergehenden drei Jahrzehnte im Vergleich dazu ungewöhnlich. Die USA und die NATO hatten, um eigene Verluste zu vermeiden, nicht zuletzt mit Rücksicht auf die Öffentlichkeit zuhause, bei ihren Angriffen auf Jugoslawien und den Irak mit massiven Bombardements und Raketenangriffen Infrastruktureinrichtungen zerstört und teilweise auch feindliche Truppen ausgeschaltet, bevor sie, so im Fall Irak, Bodentruppen einsetzten. Diese Strategie war weit verlustreicher für die einheimische Bevölkerung. Das gilt vermutlich auch noch dort, wo man wie in Afghanistan und Libyen einheimische oppositionelle Milizen kämpfen ließ, denen man Luftunterstützung bot.

Rufen wir uns den Irakkrieg von 1991 in Erinnerung, bei dem eine US-geführte Allianz den Rückzug des Irak aus Kuwait erzwang. In einem Artikel der Bundeszentrale für politische Bildung wird festgehalten: »Bei ihrem Rückzug wurden die irakischen Streitkräfte auch auf irakischem Gebiet massiv aus der Luft bombardiert, mutmaßlich mehrere zehntausend irakische Soldaten kamen dadurch ums Leben. Ein unabhängiges Internationales Komitee zur Untersuchung von Kriegsverbrechen, einberufen vom ehemaligen Justizminister der USA, Ramsey Clark, und 22 Vertretern aus 18 Staaten, kam später zu dem Schluss, dass die USA in 19 Punkten gegen Internationales Recht verstoßen hätten: etwa wegen des Einsatzes von verbotenen Massenvernichtungswaffen und von uranhaltigen Geschossen« (bpb.de, 31.7.2020). Ramsey Clark hat die USA in einer Publikation außerdem beschuldigt, gezielt Schulen, Krankenhäuser und Staudämme angegriffen zu haben (Clark 1993, 103). Pro Tag wurden rund tausend Luftangriffe geflogen. Ein Bericht der NGO Medact geht von bis zu 200.000 militärischen und zivilen Todesopfern aus, die während der Kampfhandlungen getötet wurden oder an den Folgen gestorben sind. Nach Ansicht des UN-Beauftragten und späteren Friedensnobelpreisträgers Martti Ahtisaari sei das Land in ein »vorindustrielles Zeitalter« zurückgebombt und es seien »die meisten Mittel moderner Lebenshaltung zerstört oder geschwächt worden« (ebd.).

Im Luftkrieg gegen Jugoslawien zerstörte oder beschädigte die NATO 60 Brücken, 110 Krankenhäuser, 480 Schulen, 365 Klöster, das Fernsehzentrum, die Strom- und Wasserversorgung, 121 Industriebetriebe. Als Kriegsverbrechen gilt neben dem Einsatz von über 30.000 Urangeschossen an über 80 Orten die vorsätzliche Bombardierung der großen Chemiezentren. Schon in der ersten Kriegsnacht bombardierte man ungeachtet des Austritts giftiger und krebserregender chemischer Verbindungen Chemie- und Petrochemiewerke in einem Vorort von Belgrad.

Im Irakkrieg von 2003 hatte die »Koalition der Willigen« unter Führung der USA im März/April 2003 nach sechs Wochen 29.200 Bomben auf irakische Städte abgeworfen oder Raketen abgefeuert (dw.com, 19.3.2023). Später wurden die Städte Falludscha und Mossul, wo sich Terrormilizen des sogenannten Islamischen Staates (IS) verschanzt hatten, dem Erdboden gleichgemacht. Die zivilen Opfer werden auf mindestens eine halbe Million veranschlagt. Schon im ersten Kriegsjahr 2003 waren 12.152 zivile Todesopfer zu beklagen.

Der Höhepunkt wurde 2006 mit 29.526 toten Zivilisten erreicht (statista.com, 5.5.2023).

So gesehen, war das Vorgehen der russischen Streitkräfte für die Zivilbevölkerung vergleichsweise schonend, wie Harald Kujat, ehemaliger Bundeswehrgeneral und von 2002 bis 2005 Vorsitzender des NATO-Militärausschusses, als Militärexperte im Gespräch mit der *Weltwoche* meint (Video-Link: nds, 1.9.2023[1]). »In der ersten Phase des Luftkriegs waren Verteidigungsindustrie, Kommunikationsinfrastruktur und eine kleine Zahl symbolträchtiger Gebäude in wichtigen Städten Ziele russischer Luftangriffe«, so der Schweizer Oberstleutnant Ralph Bosshard (2023, 75).

Derweil meinte der ehemalige Pentagon-Berater Colonel Douglas Macgregor im November 2022 in einem Interview: »Als sie (die Russen, G. A.) in die Ukraine einmarschierten, war es, als hätten sie eine Hand auf dem Rücken festgebunden. Sie nutzten nie mehr als 20 Prozent ihrer Bodentruppen, bei anfänglich 110.000 Soldaten in der Ukraine. Und im August verlegten sie sich ganz auf die Defensive. Und dabei ist es geblieben: die Stellung konsolidieren.« Im September 2023 betonte Macgregor diese Vorgehensweise noch einmal und erklärt sie damit, Putin habe nicht unnötig Menschenleben gefährden wollen.[47]

Russland erklärte sich zu Gesprächen bereit, und Selenskyj ging unter dem Eindruck des russischen Vormarschs darauf ein. Sein Sprecher signalisierte Verhandlungsbereitschaft, und *eine erste Gesprächsrunde* fand am 28. Februar 2022 in Gomel nahe der Grenze zu Belarus statt. Selenskyj hatte nach Auskunft eines hohen israelischen Diplomaten den ehemaligen israelischen Premierminister Naftali Bennett um Vermittlung mit Putin gebeten (axios.com, 22.2.2023). Bennett sprach mit Putin und flog darauf nach Deutschland, informierte den französischen Präsidenten, den britischen Premier sowie die US-Regierung. »Ich hatte damals den Eindruck,

47 Zitat aus einem Gespräch des Journalisten Aaron Maté mit Colonel Douglas Macgregor, dokumentiert auf nds (26.11.2022). Das Macgregor-Interview von Sept. 2023 führte Roger Köppel von der *Weltwoche* (youtube.com, 5.9.2023a).

dass beide Seiten großes Interesse an einem Waffenstillstand hatten«, erinnert er sich ein Jahr später in einem Interview am 4. Februar 2023. Nur Boris Johnson habe die »aggressive« Position vertreten, dass »man Putin weiter bekämpfen müsse« (BZ, 6.2.2023). Und die EU bekräftigte das am 27. Februar mit einem Waffenpaket im Wert von 450 Millionen Euro (Baud 2023, 183).

Nach der gescheiterten Friedensinitiative von Naftali Bennett begannen am 9. März 2022 auf Einladung des türkischen Präsidenten Erdoğan Gespräche zwischen den Außenministern der Russischen Föderation und der Ukraine. Verhandelt wurde über *einen 15-Punkte-Friedensplan.* Darin war vorgesehen, dass die Ukraine ihre Neutralität erklärt, Russlands Truppen sich zurückziehen und der Status der Krim für fünfzehn Jahre ohne militärische Intervention offen bleibt, dass Luhansk und Donezk eine erweiterte Autonomie von der Ukraine erhalten und dass eine Reihe von Garantiemächten, unter anderem Russland, China, Israel, Großbritannien und Deutschland, den Waffenstillstand sichern. Beachtung verdient folgende Interpretation des 15-Punkte-Friedensplans durch Kostner und Luft: »All diese Punkte stehen in merklichem Kontrast zu dem im Westen verbreiteten Narrativ, dass Putin diesen Krieg aus imperialistischen Gründen führe ... Der Friedensplan legt vielmehr offen, dass der Kriegsgrund russische Sicherheitsinteressen sind« (2023, 24).

Am 24. März ist Kiew fast eingekreist, Charkow belagert, russische Truppen sind ins Zentrum von Mariupol vorgedrungen. Die Verhandlungen zwischen der russischen und ukrainischen Delegation sind in der Zwischenzeit fortgesetzt worden. Mitte März meint Selenskyj, die Verhandlungen würden »realistischer« (nds, 14.12.2022). Am 30. März sagt die russische Führung eine militärische Deeskalation zu. Einen Tag später beginnen die russischen Einheiten mit dem Rückzug aus dem Raum Kiew. In den folgenden ersten Apriltagen ziehen sie sich über die Grenze zu Belarus zurück. Am 5. April beruft Selenskyj eine Delegation ein, die für die Verhandlungen mit der Russischen Föderation ein Abkommen über

Sicherheitsgarantien für die Ukraine entwerfen soll. Die Verhandlungen zwischen den Kriegsparteien scheinen aussichtsreich.

Naftali Bennett wird später rückblickend erklären, beide Seiten seien zu erheblichen Zugeständnissen bereit gewesen. Bei den Verhandlungen in Antalya soll der Entwurf eines Friedensabkommens vorgelegen haben. Nach Ansicht von Harald Kujat hatte sich Russland auf jeden Fall bereit erklärt, sich auf das Gebiet von vor Beginn des Angriffs zurückzuziehen (z.i.f., 18.1.2023). Er dürfte als früherer Vorsitzender des NATO-Russland-Rats und der NATO-Ukraine-Kommission gut informiert sein.

Laut einem Bericht der *Berliner Zeitung* von Ende November 2023 erklärte der ukrainische Politiker Dawyd Arachamija, Fraktionsvorsitzender von Selenskyjs Partei »Diener des Volkes« und Chefunterhändler bei den Friedensgesprächen in Istanbul, in einem Interview im ukrainischen TV-Sender *1+1*, dass die Russen damals »wirklich fast bis zum letzten Moment gehofft hätten, dass sie uns zwingen könnten, ein solches Abkommen zu unterzeichnen, damit die Ukraine die Neutralität annimmt. Das war das Wichtigste für sie.« Und weiter: »Die Russen waren bereit, den Krieg zu beenden, wenn wir – wie einst Finnland – der Neutralität zugestimmt und uns verpflichtet hätten, der Nato nicht beizutreten« (BZ, 25.11.2023). Aber man habe ihnen nicht vertraut. Außerdem hätte das eine Verfassungsänderung verlangt.[48] Eine Intervention des britischen Premiers Boris Johnson habe den Ausschlag gegeben.

Am 3. April wurden nach dem Abzug der russischen Truppen in der Stadt Butscha (35.000 Einw., 25 km nordwestlich von Kiew) zahlreiche Leichen mit Schusswunden zunächst auf einer Straße entdeckt. Bis August 2022 fand man rund 450 Ermordete – das berüchtigte Massaker von Butscha. Ungeachtet widersprüchlicher Indizien wurde das Verbrechen sogleich umstandslos den »Russen« angelastet.

48 Ebd. Am 7. Februar 2019 hatte das Parlament mehrheitlich in der Verfassung die »strategische Orientierung der Ukraine zum vollständigen Beitritt zur EU und zur NATO« verankert.

Am 9. April 2022 reiste Boris Johnson überraschend zu Gesprächen nach Kiew und bot neue Militärhilfe an. Kujat sprach im Januar 2023 von »zuverlässigen Informationen«, nach denen »Johnson am 9. April in Kiew interveniert und eine Unterzeichnung verhindert (hat). Seine Begründung war, der Westen sei für ein Kriegsende nicht bereit« (z.i.f., 18.1.2023). Der ehemalige Pentagon-Berater Douglas Macgregor in einem Interview: »Ich meine, wir wissen von Fiona Hill, dass nach offiziellen Angaben Ende April ein Entwurf für ein Friedensabkommen existierte.« Macgregor weiter: »Putin behauptet, und die ukrainischen Medien berichten gestützt auf Selenskyj-nahe Quellen, dass der damalige britische Premierminister Boris Johnson nach Kiew kam und Selenskyj wissen ließ, dass der Westen seine Unterstützung für die Ukraine beenden werde, falls er ein Friedensabkommen mit Russland schließen sollte. Er befahl ihm also de facto weiterzukämpfen, und Selenskyj gehorchte.«[49] Im britischen *Guardian* wurde diese Einschätzung voll bestätigt (theguardian.com, 28.4.2022). Auch Naftali Bennett verwies im Februar 2023 darauf, dass die drei führenden westlichen Mächte seinen Vermittlungsbemühungen entgegengewirkt hätten. Auf die Frage des Interviewers, ob diese »die Initiative blockiert« hätten, erwiderte Bennett spontan: »Im Grunde genommen, ja. Sie haben es blockiert« (BZ, 6.2.2023). Später schwächte er diese Einschätzung wieder ab. »Die militärische Geste Moskaus, seine im Norden Kiews stationierten Truppen am 29. März zurückzuziehen, verhallte ohne Gegenleistung«, so Hannes Hofbauer (2023a). Das konnte der Westen mit Verweis auf das Massaker von Butscha rechtfertigen.

Selbst wenn Boris Johnson aus individuellem Impuls interveniert haben sollte – eine Abstimmung mit anderen europäischen Regie-

49 nds, 26.11.2022. Fiona Hill war als Mitglied des US-Sicherheitsrats unter den Präsidenten Bush jr., Obama und Trump Expertin für die Beziehungen zu Russland. Sie gab zusammen mit Angela Stent von der Brookings Institution an, dass die russischen und ukrainischen Unterhändler sich auf ein vorläufiges Abkommen geeinigt hätten.

rungen bzw. der US-Administration ist nicht belegt – so muss er sich auf jeden Fall sicher gewesen sein, im Sinne der anderen westlichen Mächte zu handeln. Schon Bennetts Pendeldiplomatie zeigt, wie stark die USA, die übrigen NATO-Länder und die EU in den Krieg involviert waren und sind. Kurz gesagt, es handelt sich um einen Stellvertreterkrieg auf ukrainischem Boden.[50] Beachtenswert sind in dieser Hinsicht die spontanen Reaktionen der Regierungen und Parlamente in den USA und der EU. Zwei Tage nach dem Angriff gab der US-Kongress 3,5 Milliarden Dollar an Militärhilfe für die Ukraine frei. Zusammen mit den USA beschlossen Deutschland und Frankreich, die russischen Banken vom internationalen Zahlungssystem SWIFT auszuschließen. Mitte März einigten sich die Regierungen der EU-Staaten auf eine Militärhilfe von 500 Millionen Euro. Die US-Administration sagte neue Waffenlieferungen für 800 Millionen Dollar zu. Am 8. April versicherte EU-Kommissionspräsidentin Ursula von der Leyen dem ukrainischen Präsidenten, die Ukraine gehöre zur »europäischen Familie«. Das klingt nach mehr als einer Solidaritätsbekundung. Am 13. April beliefen sich die Militärhilfen der EU bereits auf 1,5 Milliarden Euro. Am 26. April 2022 erklärte US-Verteidigungsminister Lloyd Austin den militärischen Sieg der Ukraine zum Ziel des Krieges. Die britische Außenministerin Liz Truss bekundete einen Tag später in einer geopolitischen Grundsatzrede, der Sieg der Ukraine sei »für uns alle eine strategische Notwendigkeit«.

Dass die USA schon zu der Zeit Kriegspartei waren, konnte man zum Beispiel im August 2022 aus folgendem Statement eines anonymen Ex-Generals der Bundeswehr schließen: »Den größten Vorteil ziehen Selenskyjs Truppen derzeit aus der hochpräzisen amerikanischen Luftaufklärung, die in Verbindung mit modernen westlichen Waffensystemen effektiver sind als eigene Leistungen der ukrainischen Armee« (focus.de, 12.8.2022).

50 Diese Beurteilung teilen u.a. Hajo Funke (2023), Ex-General Harald Kujat und John Mearsheimer (2023).

John Mearsheimer sagte im Juni 2023 im Gespräch mit Glenn Greenwald, unter anderem mit Blick auf die Sabotage des Minsker Abkommens: »Das außenpolitische Establishment des Westens ist für diese Katastrophe verantwortlich« (youtube.com, 30.6.2023). Entsprechend erklärte Kujat Anfang März 2023: »Die beiden Hauptakteure in diesem Krieg sind Russland und die USA« (emma.de, 4.3.2022).

***

Exkurs: Kriegsverbrechen

Die Ukraine beschuldigt die Streitkräfte der Russischen Föderation zahlreicher Kriegsverbrechen. Die westlichen Medien gaben die Schilderungen jeweils ungefiltert weiter. Von Kriegsverbrechen der ukrainischen Armee oder ukrainischer Freiwilligenverbände erfuhr die Öffentlichkeit in den etablierten Medien wenig bis nichts. Berichte über den Krieg gegen die »Volksrepubliken« im Donbass wurden der Öffentlichkeit, wie schon erwähnt, oftmals vorenthalten. Was als Kriegsverbrechen in internationalen und nationalen Konflikten gilt, ist in der *Haager Landkriegsordnung von 1907* und im Völkergewohnheitsrecht definiert. Unbestritten als Kriegsverbrechen gelten die gezielte Tötung und Misshandlung von Kriegsgefangenen oder auch von wehrlosen Kombattanten und von Zivilisten, aber auch der vorsätzliche Beschuss und die Bombardierung ziviler Objekte sowie die Zerstörung von Infrastruktur, die das Leben der Zivilbevölkerung schwer beeinträchtigt. Solche Verbrechen wurden in diesem Krieg fortlaufend berichtet. Daneben wurde von beiden Seiten der Vorwurf erhoben, Soldaten hätten Zivilisten als menschliche Schutzschilde missbraucht oder Zivilisten als Geiseln genommen.

Am meisten Aufsehen und Empörung erweckte verständlicherweise *das Massaker von Butscha* im Frühjahr 2022, in deutschen Medien als »Wendepunkt« und »beispielloses Kriegsverbrechen« bezeichnet und fraglos den russischen Streitkräften angelastet (tv.spiegel.de, 4.7.2022). Im Westen gilt die Schuldfrage im Wesentlichen als geklärt. Die Regierung der Russischen Föderation wies die Anschuldigungen zurück und stellte den Antrag auf eine Sondersitzung des UN-Sicherheitsrats, den Großbritannien, das damals den Vorsitz innehatte, zweimal ablehnte. Außenminister Sergej Lawrow nannte die ukrainischen Berichte »eine Fake-Attacke« und sprach von einer Inszenierung. Die russischen Truppen hätten Butscha am 30. März verlassen. Die ukrainischen Behörden hätten Tage lang geschwiegen und plötzlich sensationelles Filmmaterial veröffentlicht, so der Botschafter der Russischen Föderation in den USA.

Der UN-Botschafter der Russischen Föderation führte einige Ungereimtheiten zur Entlastung an. Noch am 1. April, also zwei Tage nach dem Abmarsch aus der Stadt, habe der Bürgermeister von Butscha im Fernsehen über den Abzug der feindlichen Truppen informiert, ohne Morde und ähnliche Gräueltaten oder Gräber zu erwähnen. Fakt ist, dass ukrainische Einheiten am 1. April in die Stadt einrückten. Am 2. April habe die ukrainische Nationalgarde ein Video aus Butscha auf ihrer offiziellen Seite veröffentlicht, in dem keine Leichen auf den Straßen zu sehen sind. Bei der Befragung von Einwohnern an verschiedenen Orten in der Stadt habe niemand etwas von Massenmord gesagt. Erst am 3. April seien Bilder von Leichen aufgetaucht. Das von ukrainischer Seite verbreitete Filmmaterial zeige, dass einige Tote einen weißen Streifen am Ärmel trügen. Auf einem der Videoclips sei ein Aufruf zu hören, alle zu erschießen, die keinen blauen Streifen tragen.[51]

Westliche Journalisten konterten die russischen Argumente mit Satellitenaufnahmen vom Zeitpunkt vor und nach dem Abzug der feindlichen Truppen, wonach »die Leichen von Zivilisten schon während der russischen Besatzung an denselben Stellen lagen, an denen sie direkt nach dem Abzug der russischen Truppen aufgefunden und dokumentiert worden waren.«[52] Der Verweis im Nebensatz

---

51 Das Video wurde vom Anführer eines sog. Territorialbataillons hochgeladen und auf Twitter verbreitet (vgl. jW, 8.4.2022).

52 Zit. nach wikipedia.org: ›Massaker von Butscha‹, dort Verweis auf Untersuchungen der *New York Times* mit Quelle welt.de, 5.4.2022.

auf »direkt nach dem Abzug« aufgefundene Leichen widerspricht nebenbei der Feststellung von Russlands UN-Botschafter. Befremdlich war, dass anfangs keine militärische Einheit für die Verbrechen verantwortlich gemacht werden konnte. Später wurden Fallschirmjäger einer Luftlandeeinheit und eine Motorschützen-Brigade beschuldigt, wodurch die Anklage an Konkretion und Glaubwürdigkeit gewinnt.

Wenn es stimmt, dass manche Leichen mit einem weißen Streifen am Ärmel gekennzeichnet waren, so könnte das den von einigen erhobenen Verdacht bestärken, dass etwa Angehörige eines Territorialbataillons Kollaborateure bzw. der Kollaboration Verdächtigte hingerichtet hätten (ebd.). Der Vorwurf der Kollaboration ist in der Ukraine schnell bei der Hand. Schon 2019 berichtete Sabine Fischer von der Stiftung Wissenschaft und Politik nach einem Besuch der Ukraine: »Einige ukrainische Gesprächspartnerinnen und -partner schlossen nicht aus, dass es nach einem Sieg Kyiws zu Vergeltungsaktionen gegen ›Kollaborateure‹ kommen könnte« (2019, 21). Von den 39.000 Einwohnern Butschas waren nach der Nachricht vom russischen Einmarsch nur 4.000 zurückgeblieben, wie die *Washington Post* (8.8.2022) berichtete. Alle anderen waren vor den vorrückenden feindlichen Truppen geflohen. Da der Verdacht auf Kollaboration sehr schnell erhoben wird, wie beispielsweise Vorgänge nach dem Rückzug des Feindes aus Cherson zeigen (jW, 25.5.2023), könnten manche, die im Vertrauen auf die Disziplin der russischen Truppe in der Stadt geblieben waren, Opfer eines solchen Verdachts, eventuell auch einer Denunziation geworden sein. Das würde erklären, warum erst nach Tagen Leichen entdeckt und auf Videos dokumentiert wurden.

Aufschlussreich ist in dieser Hinsicht die Erzählung eines Kiewers. Der Mann, genannt Alex, mit dem eine Frau aus Deutschland Kontakt hatte, verriet ihr, er habe Angst, dass er wegen seines russischen Passes denunziert und geschnappt werden könnte. Er erzählt: »In Kiew gibt es überall große Schilder mit der Aufschrift ›Liefere den Feind – hier!‹ und einem QR-Code, den man mit dem Handy herunterladen kann … Menschen werden verhaftet und viele kehren nicht zurück« (nds, 9.12.2022). In den von russischen Truppen befreiten oder frei gemachten Gebieten wie um Cherson wurden Denunziationen wegen Kollaboration in Datenbanken erfasst, die der Geheimdienst auswertet (jW, 23.5.2023, nach Reuters). Jacques Baud registriert »eine Hexenjagd« auf diejenigen, die Ende Februar 2022 eine Verhandlungslösung unterstützten oder auf lokaler Ebene Vereinbarungen mit russischen Truppenführern getroffen hatten. Er notiert: »Denis Kirejew, ein Mitglied des ukrainischen Militärgeheimdienstes (GUR) … wird am 5. März vom ukrainischen Sicherheitsdienst (SBU) ermordet … Weitere Morde folgen: Am 2. März wird Vlodymyr Struk, der Bürgermeister von Kreminna, vom SBU eliminiert, nachdem er Kontakte zu den Russen hergestellt hatte … Am 7. März wird Yuriy Prilipko, der Bürgermeister von Gostomel, ermordet, nachdem er mit den Russen über die Evakuierung von Zivilisten verhandeln wollte« (2023, 183). Der Bürgermeister von Kupjansk, einer Stadt im Osten der Ukraine (30.000 Einwohner) wurde des Hochverrats angeklagt, weil er die Stadt im Februar 2022 kampflos übergeben hatte, als die russische Armee vor der Stadt stand. Sie hatte dabei die Lufthoheit; denn die ukrainische Armee hatte ihre Kräfte bei Charkow konzentriert. Die Stadt war also dem Feind ausgeliefert. Trotzdem galt er als Kollaborateur.[53] Die rund zweitausend im AKW Saporischschja Beschäftigten, die nach der Besetzung des Werks einen Vertrag mit Rosatom, der russischen Atomenergiebehörde unterschrieben, gelten für den Bürgermeister von Enerhodar, der Wohnstadt der AKW-Mitarbeiter, als Kollaborateure (SZ, 16.7.2023). Diese Art des Umgangs mit Unzuverlässigen, die an den Vorwurf der »Wehrkraftzersetzung« in Nazi-Deutschland erinnert,

53 Vgl. t-online.de, 3.12.2022. Bemerkenswert ist, dass in der deutschen Nachricht die Sichtweise des ukrainischen Regimes übernommen wird. Überschrift: »Wie der Bürgermeister seine Stadt Kupjansk verriet«. Undurchsichtig und aus der Ferne nicht zu beurteilen ist dagegen der Fall des Bürgermeisters von Cherson, dem ebenfalls Kollaboration vorgeworfen wurde, weil er während der Besatzungszeit seine Amtsgeschäfte weiterführte (nzz.ch, 5.7.2022).

lässt es zu, auch bei einem Teil der in Butscha Ermordeten an eine Strafaktion zu denken.

Nie, zumindest nicht bis Ende 2023, wurde ergebnisoffen in dieser Sache ermittelt. Journalisten haben nach den ersten Schreckensnachrichten aus Butscha in der Region mit Einwohnern gesprochen und Geschichten von Plünderungen, Vandalismus und der willkürlichen Erschießung von Angehörigen und Nachbarn erzählt bekommen.[54] Diese Erzählungen sind sehr konkret und realistisch, so dass sie kaum Zweifel am Wahrheitsgehalt zulassen. Man kann nur hoffen, dass die Menschen eines Tages die Chance haben, ihre Anklagen vor Gericht vorzubringen. Journalistische Recherchen ersetzen kein Gerichtsverfahren. Entscheidend ist das juristische Prozedere (Luhmann 1969, 55ff.). Zu einem ordentlichen Verfahren gehören die Autonomie des Gerichts, unparteiische Ermittler und Richter, Anklage und Verteidigung: Dazu gehört jener eherne Grundsatz, den Systemtheoretiker Niklas Luhmann Ende der 1960er Jahre festhielt: »Jedes Verfahren muss unter der Voraussetzung begonnen werden, dass alles anders sein könnte« (ebd., 66). Nationale Vorurteile und Vorverurteilungen sollten das Urteil nicht beeinflussen.

Viele Indizien, die die Anklage gegen das Militär der Russischen Föderation stützen sollen, wurden bislang von Journalisten und ukrainischen Diensten geliefert. Zumindest Professionalität der forensischen Untersuchung kann die am 12. April 2022 begonnene Untersuchung beanspruchen, die von einem Team von 18 Experten der forensischen Abteilung der französischen nationalen Gendarmerie vor Ort durchgeführt wurde, und zwar zusammen mit einem Ermittlerteam aus Kiew. Am 17. Mai 2022 entsandte der Internationale Strafgerichtshof ein großes Ermittlerteam zur Untersuchung der Vorkommnisse in Butscha und weiteren Orten in der Region Kiew.

Bei der Untersuchung durch die französischen Forensiker wurden Leichen aus Massengräbern gefunden, die von sogenannten

54 wikipedia.org: ›Massaker von Butscha‹, ›Russischer Überfall auf die Ukraine seit 2022‹, ›Kriegsverbrechen im Russisch-Ukrainischen Krieg‹; freitag.de, 14.4.2022.

Fléchette-Geschossen durchlöchert waren. Das sind kleine Metallpfeile, die sich, bis zu 8.000 Stück pro Granate, nach Abschuss in einem kegelförmigen Bogen in etwa 300 Meter Breite und 100 Meter Länge ausbreiten. Für die Ermittler war es keine Frage, dass nur die Angreifer für den Beschuss in Frage kommen. Aber sollte die russische Artillerie während der Besatzung von Butscha eigene Einheiten beschossen haben, fragt etwa Florian Warweg bei einem Attac-Vortrag in Dortmund (nds, 18.7.2023). Viele Irritationen und Zweifel.

Eine wichtige Frage bei der Aufklärung von Verbrechen ist die nach den Motiven für die Tat oder die Taten, so gewiss sie nicht direkt die Wahrheit liefert. Was sollte die Führung der Russischen Föderation oder die militärische Führung der Invasionstruppen während der Verhandlungen über einen Waffenstillstand und eine mögliche Friedenslösung zu einem Massaker veranlasst haben? Will man das unterstellen, so muss man annehmen, dass die Russische Föderation nicht an einer Konfliktlösung interessiert war. Dagegen spricht aber das Bemühen um Deeskalation, konkret der Rückzug aus schon eroberten Gebieten. Wenn man demgegenüber den Fanatismus nationalistischer ukrainischer Gruppierungen in Betracht zieht, dann ist es weniger abwegig anzunehmen, dass einige Akteure die Eskalation wollten, um eventuelle Zugeständnisse gegenüber Gebietsforderungen Russlands zu verhindern.

Dass in Einzelfällen ehemalige Mitglieder von Freiwilligenbataillonen der Antiterroroperation gegen die »Volksrepubliken« Opfer von Vergeltungsmaßnahmen wurden, wie vom ukrainischen Militärgeheimdienst angenommen, wäre vorstellbar. Rätsel geben die Schilderungen von Mord und Plünderung auf, die man nur einer wildgewordenen, kriminellen Soldateska zutrauen möchte. Belastet werden aber reguläre militärische Einheiten, keine fanatisierten Milizen. Überforderung, Stress, Panik und paranoide Reaktionen, wie sie bei Soldaten im Guerillakrieg im Kampf gegen einen versteckten Feind häufig sind, kann man ausschließen. Die russischen Besatzer waren in dieser Situation nach bisherigem Wissensstand keinen großen Belastungen ausgesetzt.

Seit Beginn des Einmarsches berichteten die meisten fast ausschließlich nur über Kriegsverbrechen der Invasionstruppen. Nicht um die Anschuldigungen zu relativieren, aber um das einseitige Bild zurechtzurücken, ist auch auf Berichte über ukrainische Kriegsverbrechen aufmerksam zu machen. Dabei muss auch der achtjährige Krieg gegen die »Volksrepubliken« berücksichtigt werden.

Am 2. Juni 2014 bombardierte die ukrainische Luftwaffe das Verwaltungszentrum von Lugansk. Die Reportagen von Ulrich Heyden (2022) dokumentieren den Beschuss von Schulen und Krankenhäusern ab Juni 2014. Im Oktober 2014 beschuldigte Human Rights Watch die ukrainische Regierung, bei den Kämpfen gegen »Separatisten« mehrfach, unter anderem bei einem Angriff auf das Zentrum von Donezk, Streubomben eingesetzt zu haben. Mehr als ein Dutzend Orte, auch Dörfer seien betroffen (zeit.de, 21.10.2014). Am 21. Januar 2015 wurden Wohnviertel in der Stadt Stachanow mit Raketen beschossen. Am 31. August 2018 wurde Sachartschenko, der Chef der VR Donezk, in einem Café von einer Bombe getötet.

Nach dem Einmarsch der russischen Truppen sollen ukrainische Freiwilligenbataillone beim Kampf gegen den Feind Zivilisten als menschliche Schutzschilde benutzt haben, so der italienische Publizist Alberto Fazolo, der zudem berichtete: »Viele Zivilisten, die aus den von russischen Truppen belagerten Städten zu fliehen versuchen, werden von ihnen beschossen und getötet« (jW, 2.4.2022). Einem Journalisten erzählen zwei Einwohner des belagerten Mariupol, dass sie, als sie einen vom russischen Militär geschaffenen humanitären Korridor zur Flucht nutzen wollten, »von Kämpfern des ›Asow‹-Bataillons aufgehalten und aus dem Auto gezerrt worden seien. Das Auto sei ihnen gestohlen worden« (jW, 8.4.2022). Der Mann erzählt, ukrainische Soldaten seien vor ihrer Flucht »in das Haus gekommen, um auf der Terrasse Position zu beziehen«. Damit gefährdeten sie die Bewohner des Hauses – ein Verstoß gegen die Haager Landkriegsordnung. Nach der Schilderung eines anderen Einwohners von Mariupol haben Soldaten des Asow-Regiments sogar mitten in einem Wohngebiet eine militärische Stellung errichtet (Baab 2023, 189). Eine Frau erzählte: »Mein Mann wurde vom ›Asow‹-Bataillon angeschossen, als er die Straße überquerte.« Zivilisten, die mit hunderten anderen in dem belagerten, vom Asow-Regiment hartnäckig verteidigten Stahlwerk Asowstal Schutz gesucht hatten, erhoben nach der Kapitulation der Kämpfer und ihrer Evakuierung den Vorwurf, sie seien in Geiselhaft genommen worden (vgl. Baab 2023, 190).

Ende Juli 2022 beschoss die ukrainische Armee ein Kriegsgefangenenlager in Südrussland. 53 ukrainische Kriegsgefangene wurden getötet. Das Motiv für den Angriff ist rätselhaft. Am 12. November 2022 wurde in einem proukrainischen Telegram-Kanal ein Video hochgeladen, das die Erschießung russischer Gefangener zeigt. Mindestens elf wurden regelrecht hingerichtet, so der Eindruck. Die *New York Times* bestätigte die Echtheit des Videos. Die *Tagesschau* berichtete darüber. Die Sprecherin der UN-Menschenrechtsbüros kündigte eine umgehende Untersuchung an. Die ukrainische Regierung rechtfertigte die Erschießungen damit, dass ein feindlicher Soldat bei der Kapitulation plötzlich das Feuer eröffnet habe. Als Beweis wurde ein zweites Video vorgelegt.[55] Im April 2023 beschoss die ukrainische Armee in der Osternacht während des Gottesdienstes die Kathedrale von Donezk. Eine Gläubige wurde getötet, sechs Personen wurden verletzt (jW, 17.4.2023). Später bombardierte die ukrainische Armee die Stadt Donezk mit Streubomben (Baab 2023, 169).

Als Kriegsverbrechen gilt auch *die Verfolgung und Bestrafung von Kollaborateuren*, soweit sie nicht in einem ordentlichen Gerichtsverfahren verhandelt wird. In dem zurückeroberten Cherson wurden Personen teilweise auf bloßen Verdacht hin, oft aufgrund einer Denunziation ihrer Rechte beraubt und gedemütigt. Zwei angebliche Kollaborateure band man an Laternenpfählen fest und stellte sie buchstäblich an den Pranger (nau.ch, 14.11.2022). Ukrainischen Behörden gilt schon die Kapitulation vor einer militäri-

---

55 tagesschau.de, 22.11.2022. Verwunderlich erscheint, dass ein ukrainischer Soldat im Augenblick der feindlichen Attacke ein Video drehen konnte.

schen Übermacht als Kollaboration, wie das erwähnte Beispiel des Bürgermeisters von Kupjansk zeigt. Der Journalist Pawel Wolkow, der die Ukraine fluchtartig verlassen musste, berichtet: »Nach dem Februar 2022 trat ein neuer Paragraph im Strafgesetzbuch zu Kollaborateuren (Personen, die dem Feind helfen) in Kraft. Bis dahin gab es nur den Straftatbestand ›Landesverrat‹« (nds, 30.6.2023).

Die 2014 vorgenommene *Sperrung des Krimkanals*, von dem die Wasserversorgung der Krim abhängig war, ist eine Verletzung des humanitären Völkerrechts. Das gilt auch für die Zerstörung von Wasserleitungen und den Beschuss von Wasserreservoirs und Wasserfilteranlagen im Donbass. Derselben Vergehen haben sich vermutlich russische Luftwaffe und Artillerie schuldig gemacht.

Die Zerstörung des Staudamms von Kachowka Anfang Juni 2023, mit der sich das Wasser des gewaltigen Stausees nach Süden ergoss und ganze Ländereien überschwemmte, verursachte eine ökologische Katastrophe. Der Landwirtschaft auf der Krim wurde das Wasser geraubt, weil der Krimkanal nicht mehr geflutet wird, und in der Südukraine sind große landwirtschaftliche Flächen auf Jahrzehnte unfruchtbar. In Nebenflüssen des Dnipro wurden Kolibakterien entdeckt. Die Häufigkeit von Infektionskrankheiten, Darmerkrankungen und Lebensmittelvergiftungen steigt (Chintsky 2023, 31). Außerdem wurden die von russischen Truppen gelegten Minenfelder weggeschwemmt, was die Minen über ganze Landstriche verteilt hat. Das AKW Saporischschja bekommt kein Kühlwasser mehr aus dem Stausee.

Zu den Kriegsverbrechen gehört *der wiederholte Beschuss des AKW Saporischschja*, dessen sich die Ukraine und die Russische Föderation gegenseitig beschuldigen. Zum ersten Mal warnte der Leiter der Internationalen Atomenergiebehörde am 6. August 2022 vor einer nuklearen Katastrophe in der Stadt am Dnipro. Da aber russisches Militär das Gelände besetzt hält, ist ein Beschuss von dieser Seite wenig wahrscheinlich.

Bilanz: Solange die beiderseitigen Vorwürfe nicht gerichtlich geklärt sind, kann man nur vermuten, dass beiden Seiten Kriegsverbrechen mehr als nur anzulasten sind. Eine pauschale Unschuldsvermutung für die Soldaten aus Russland wäre weltfremd. Teilweise kommen in den Medien Opfer mit sehr konkreten Anklagen zu Wort. Eine Ukrainerin, die Identifikationsmerkmale des Täters nennt, beschuldigt ihn, ihren Mann ermordet und sie mehrfach vergewaltigt zu haben (SZ, 27.7.2023).[56] Zivilisten wurden sicher bei Artilleriebeschuss oder bei Luftangriffen oft Opfer von Ortungsfehlern der Leitstelle oder Opfer von abstürzenden Raketenteilen. Aber die Invasoren beschossen anscheinend auch gezielt Wohn- und Verwaltungsgebäude, zum Beispiel bei der Einnahme von Cherson das Stadthaus. Bürgermeister ukrainischer Städte wurden verhaftet usw. Kriegsverbrechen scheinen zum Krieg zu gehören. Tucholskys Diktum »Soldaten sind Mörder« sollte präziser heißen »Soldaten werden Mörder«, unter den Bedingungen des Krieges nämlich mit dem zwingenden Freund-Feind-Denken. »Es wird Jahre, vielleicht Jahrzehnte dauern, bis die Kriegsverbrechen, die in diesem Krieg geschehen, aufgearbeitet sind (und bis ihre Aufarbeitung nicht mehr im Verdacht steht, selbst ein Mittel der Kriegführung zu sein)« (Salomon 2022, 76).

Der Abnutzungskrieg

Nach dem Scheitern der Friedensverhandlungen zerstörten die russischen Streitkräfte ab April 2022 Treibstofflager, Raffinerien und die Eisenbahninfrastruktur, um die Operationsfähigkeit des Gegners zu schwächen. Der Krieg ging nach dem teilweisen Rückzug der russischen Landstreitkräfte in einen Stellungskrieg oder Abnutzungskrieg über. Nach einer Meldung vom 22. April 2022 strebte die Russische Föderation die Kontrolle über den Donbass und den Süden der Ukraine an, so die Erklärung des Kommandanten des Zentralen Russischen Militärbezirks. Putin entschied sich offenbar dafür, diese Gebiete in die Russische Föderation zu integrieren, was den Zugang

---

56 Vorsicht ist auch hier geboten. Den Vorwurf der Vergewaltigung hat die ukrainische Propaganda mehrfach verwendet, und er wurde von deutschen Medien übernommen (nds, 1.9.2023b).

zur Krim verbessert und das Asowsche Meer in ein Binnengewässer Russlands verwandelt. General a. D. Harald Kujat sah im Januar 2023 bestätigt, »dass die russischen Streitkräfte offenbar die Absicht haben, das eroberte Gebiet zu verteidigen und den Rest des Donbass zu erobern, um die von ihnen annektierten Gebiete zu konsolidieren« (emma.de, 4.3.2022). Die Zahl der Kampfhandlungen nahm allerdings nach dem Scheitern der Waffenstillstandsabkommen ab Mitte April 2022 massiv zu (statista.com, 27.10.2023).

Hart umkämpft war die Hafenstadt Mariupol, wo sich zwei Brigaden der ukrainischen Armee, eine Brigade der Nationalgarde und das Regiment Asow im Gebäudekomplex des Stahlwerks verschanzt hatten. Der Aufenthalt von zahllosen Zivilisten, die dort Schutz gesucht hatten, erschwerte die Einnahme, die am 21. Mai 2022 nach wochenlangen Kämpfen gelang. 2.500 ukrainische Kämpfer ergaben sich. Im Sommer gelang es der russischen Armee zusammen mit den Kräften der Volksrepubliken, die Front im Nordostabschnitt etwas nach Westen zu verschieben.

Die USA und die europäischen NATO-Staaten verstärkten im Sommer 2022 ihre militärische Unterstützung. Die Bundesregierung lieferte der Ukraine den Flakpanzer Gepard, das Flugabwehrsystem IRIS-T SLM, gepanzerte Mannschaftstransporter und Panzerhaubitzen. Die USA sagten zwanzig HIMARS-Raketenartilleriesysteme zu. Zwölf waren Ende Juni 2022 schon in der Ukraine eingetroffen. Großbritannien stellte Ende August Unterwasserdrohnen zur Verfügung, für die sie auch ukrainische Marinesoldaten ausbildete.

Auch den Wirtschaftskrieg gegen die Russische Föderation verstärkte die EU mit weiteren Sanktionspaketen. Die ersten drei waren bereits zwischen dem 23. und 28. Februar 2022 beschlossen worden, darunter der genannte Ausschluss vom internationalen Zahlungssystem SWIFT. Die G7-Staaten blockierten außerdem die Auslandsreserven der Russischen Föderation im Wert von 300 Milliarden US-Dollar. Julia Grauvogel und Christian von Soest sprechen in einem politikwissenschaftlichen Beitrag von einem »beispiellosen Akt« (bpb.de, 6.3.2023). Die wirtschaftliche Schwächung der Russischen

Föderation sollte eine militärische Schwächung herbeiführen und damit die Einstellung der Angriffe, günstigstenfalls die Kapitulation erzwingen. Man wollte die Fähigkeit der Russischen Föderation einschränken, den Krieg zu finanzieren und auf dem technisch neuesten Stand zu führen (ebd., vgl. Sanktionsliste dort). Letzteres sollte durch Importverbote für Dual-Use-Güter mit Hightech-Standard erreicht werden.

Anfang September gelang den ukrainischen Truppen im Raum Charkow der Durchbruch, und die russischen Kräfte mussten ihre Umgebung räumen, so dass große Teile des Nordostens wieder von der Ukraine kontrolliert wurde. Anfang August 2022 hatte der Kampf um die Stadt Bachmut (russisch Artjomowsk, vor dem Krieg rd. 74.000 Einw.) begonnen, der bis Ende Mai 2023 dauern sollte. Eine alte Festung und die unterirdischen Stollen eines Salzbergwerks bedingten äußerst verlustreiche Kämpfe und forderten von Angreifern und Verteidigern zahlreiche Opfer. Die Zahlen sind umstritten, gehen aber in die Zehntausende. Die Zivilbevölkerung war weitgehend evakuiert worden. Artjomowsk war übrigens 2014 nach dem Putsch eine Hochburg der Aufständischen gewesen. Fast ein Drittel der Einwohner definierten sich damals als Russen (wikipedia.org: ›Bachmut‹).

Mit Blick auf Mariupol und Bachmut lässt sich festhalten, dass in den beiden Schlachten, die für beide Kriegsparteien symbolträchtig waren, Spezialeinheiten die Kämpfe trugen, auf der einen Seite das Asow-Regiment, eine aus fanatischen Nationalisten, auch Faschisten gebildete Truppe, auf der anderen Seite die Gruppe Wagner, eine aus altgedienten Militärs und teils auch Strafgefangenen zusammengesetzte Truppe, die im Juni 2023 wegen der Aufsehen erregenden Revolte von sich reden machen sollte.

Ende September riefen China und viele Länder des Globalen Südens, insbesondere aus Lateinamerika, auf der UN-Generalversammlung, die vom 20. bis 26. September 2022 in New York stattfand, zu Verhandlungen zur Beendigung des Krieges auf. Sie drängten die Konfliktparteien einschließlich der NATO, den Weg für Verhandlungen frei zu machen (telepolis.de, 4.10.2022). Zur gleichen Zeit (am 21. September) ordnete die russische Regierung die Mobilisierung von Reservisten an und nahm am 30. September die Oblaste Donezk, Lugansk, Saporischschja und Cherson in die Russische Föderation auf. Es wurden zwar Referenden durchgeführt, und die breite Zustimmung der Bevölkerungen ist verschiedenen Quellen zufolge glaubhaft (u.a. Baab 2023, 70ff.). Dennoch ist der Vorwurf der Annexion kaum zu entkräften.

Kurz darauf verübte die ukrainische Armee am 8. Oktober einen Anschlag auf die 19 Kilometer lange Brücke über die Meerenge von Kertsch, eine Art Lebensader für die Halbinsel Krim. Mehrere Menschen kamen ums Leben. Eine Fahrbahn brach ein und auf der Eisenbahnbrücke geriet ein Güterzug in Brand. Die Doppelbrücke war über Wochen nur eingeschränkt nutzbar. Außerdem griff die Ukraine mit Unterwasserdrohnen Schiffe der Schwarzmeerflotte im Hafen von Sewastopol an.

Am 1. November 2022 bereitete die russische Armee den Rückzug aus Cherson und vom Westufer des Dnipro vor, den sie am 11. November abschloss. Anscheinend wollte Russland auf diese Weise die Front »begradigen« und sich auf den Südosten und den Schutz der Krim konzentrieren, so der Bundeswehrgeneral a.D. Erich Vad (n-tv.de, 24.11.2022). Die Russische Föderation hatte damit 23 Prozent des von der Ukraine beanspruchten Territoriums unter Kontrolle. Anfang November begann man, die Infrastruktur der Ukraine massiv mit Raketen und Drohnen unter Beschuss zu nehmen. Mitte November wurden unter anderem fünfzehn Standorte der ukrainischen Energieinfrastruktur getroffen. Mindestens ein Drittel der Stromanlagen wurde zerstört. Laut dem Bürgermeister von Kiew hatten Achtzig Prozent der Einwohner von Kiew keinen Strom und kein Wasser mehr.

Vor diesem Hintergrund plädierte der Generalstabschef der USA, Mark Milley, Mitte November für eine Deeskalation und für Verhandlungen. Er sehe keine militärische Lösung in diesem Krieg. Erich Vad schloss sich Ende November dieser Einschätzung an. Er sprach von einer »Patt-Situation«, was er eineinhalb Monate später in einem Interview mit der Zeitschrift *Emma* wiederholte: »Wir haben eine militärisch operative Patt-Situation, die wir aber militärisch nicht lösen können. Das ist übrigens auch die Meinung des amerikanischen Generalstabschefs Mark Milley. Er hat gesagt, dass ein militärischer Sieg der Ukraine nicht zu erwarten sei und dass Verhandlungen der einzig mögliche Weg seien. Alles andere bedeutet den sinnlosen Verschleiß von Menschenleben.« Vad vermisste als Militär klare Ziele für die Fortsetzung des Krieges. Man könne den Abnutzungskrieg fortsetzen, »was wiederum Hunderttausende Tote bedeutet, aber auf beiden Seiten. Und es bedeutet die weitere Zerstörung der Ukraine« (emma.de, 12.1.2023). Auch Kujat sprach sich im Januar 2023 entschieden für Verhandlungen aus. Die Chance dafür war nach seiner Ansicht schon zweimal verpasst worden: »Eine ähnliche Lage (wie im März 2022, G. A.) entstand im September, bevor Russland die Teilmobilisierung durchführte. Die damals entstandenen Möglichkeiten sind nicht genutzt worden« (z.i.f., 18.1.2023). Wer Verhandlungen befürwortete, verwies auch gerne auf das im Juli 2022 mit der Russischen Föderation geschlossene und im November 2022 verlängerte Getreideabkommen, um dem häufigen Einwand zu begegnen, mit Russland sei keinerlei Verständigung möglich.

Aber die Medien überboten sich gegenseitig an Kampfgeist und Siegeswillen. Die genannten Militärs waren heftigen Angriffen ausgesetzt. Ihre Einschätzungen galten als Defätismus. Der Bundeskanzler ließ sich nach einigem Zögern trotz der Warnungen einiger Militärs zur Lieferung der Leopard-2-Panzer, also einer Offensivwaffe, drängen. Auch die USA und Großbritannien erwogen Panzerlieferungen. Bis dahin hatte man sich auf Defensivwaffen beschränkt. Noch wäre Zeit gewesen, massenhafte Kriegsopfer zu verhindern. Die Bilanz war Ende des Jahres noch moderat gewesen. Ende November 2022 hatte das UN-Hochkommissariat für Menschenrechte 6.180 tote und 9.343 verletzte Zivilisten gezählt, die 14.000 Toten aus dem Vorkrieg im Donbass nicht gerechnet.

2023 blieb die Zahl der Kampfhandlungen mit durchschnittlich 800 pro Woche mit kleineren Schwankungen ein halbes Jahr lang auf gleichem Niveau. Nur Ende Juni eskalierten die militärischen Auseinandersetzungen kurzzeitig (statista.com, 27.10.2023). Man darf dabei die extrem verlustreichen Kämpfe um Bachmut nicht vergessen, die erst im Mai mit der Einnahme der Stadt durch Truppen Russlands ein vorläufiges Ende fanden.

Die Aufmerksamkeit der Weltöffentlichkeit, die der Schlacht um Bachmut gegolten hatte, zog dann Anfang Juni die besagte Zerstörung des Kachowka-Staudamms auf sich. Am 6. Juni 2023 brach der drei Kilometer lange Damm, der mehrmals von ukrainischen Einheiten beschossen worden war, an einer Stelle ein, und das Wasser des riesigen Kachowka-Stausees überflutete die Region südlich davon. Ukrainische Regierungsstellen beschuldigten Russland, den Damm gesprengt zu haben, was in den westlichen Medien meist nachgebetet wurde. Viel spricht für die Annahme, die auch von Russland später geteilt wurde, dass der Damm nach dem mehrmaligen Beschuss durch ukrainische Artillerie dem Druck der Wassermassen nicht mehr standhielt. Auch die Prüfung der Motive für die Zerstörung des Damms lässt Zweifel an der Verantwortung Russlands aufkommen. Die Überschwemmung vernichtete die vom russischen Militär aufgebauten Verteidigungslinien, überflutete sämtliche anliegenden Feldmunitionsdepots und schwemmte unter anderem Minenfelder weg. Russische Einheiten mussten in Eile evakuiert werden. Der Kanal für die Wasserversorgung der Krim, ein Jahr vorher von Russland wieder geöffnet, wurde nun nicht mehr mit Wasser gespeist. Ob die Überflutung der Region südöstlich des Dnipro für die von der Ukraine schon lange angekündigte Gegenoffensive militärisch von Nachteil war, wurde in den Medien lebhaft diskutiert. Ergebnis offen.

In der ersten Juniwoche wurde *die schon länger angekündigte ukrainische Gegenoffensive* an drei Frontabschnitten im Norden, Osten und Süden eröffnet, kam aber trotz immenser Verluste an Menschen und Material nicht recht voran. Die Ukraine hatte zunächst sogar netto Gebietsverluste zu beklagen (telepolis.de, 11.8.2023). Die russischen Stellungen in der Südukraine waren mit drei aufeinander folgenden Verteidigungslinien mit einer Tiefe von insgesamt 30 Kilometern fast unbezwingbar gemacht worden. Hektargroße Minenfelder, Panzergräben und sog. Drachenzähne bildeten unüberwindliche Hindernisse für die vom Westen gelieferten Panzer. Diese gerieten ebenso wie militärische Trupps in das Feuer vorher »eingeschossener« Artilleriepositionen oder von Kamikaze-Drohnen und Kampfhubschraubern. Mit fernverlegbaren Minen konnte das russische Militär auch kurzfristig Minenfelder verlegen. Die ukrainischen Verbände kamen kaum voran und erlitten dabei immense Verluste (jW, 22.6., 25.7.2023; der Freitag, 20.7.2023). Eine Aussage von Brigadegeneral Christian Freuding, Leiter des Planungsstabes im Bundesverteidigungsministerium, verdeutlichte, welcher Todesgefahr die Soldaten ausgesetzt wurden: »Die Ukraine muss sich jeden Meter Geländegewinn dadurch erarbeiten, dass sie Minensperren unter Feuer öffnet. Das ist das Schwierigste, das Blutigste, das Dramatischste, was man sich überhaupt vorstellen kann« (telepolis.de, 4.8.2023). Ein Militärexperte sprach Ende Juli 2023 von bis zu 40 Verlusten pro Tag im Südabschnitt (SZ, 22.7.2023). Die Eroberung eines Dorfes wurde vom ukrainischen Generalstab schon als großer Erfolg gefeiert. Zu den menschlichen Opfern kamen erhebliche Verluste an schwerer Militärtechnik aus NATO-Beständen. Nach wenigen Wochen hatte das ukrainische Militär »ein Fünftel der von ihren westlichen Alliierten zur Verfügung gestellten modernen Waffensysteme eingebüßt« (SZ, 18.7.2023).

Die militärische Führung schickte die ukrainischen Soldaten erbarmungslos ins gegnerische Feuer, um den westlichen Partnern Erfolge vorweisen zu können. Deren Militäranalytiker gaben mal gute, mal schlechte Noten. Die Medien waren immer wieder bemüht, »Fortschritte der ukrainischen Offensive« zu melden, so etwa die Überschrift eines dpa-Artikels (23.9.2023). Das liest sich so: »US-Militärexperten sehen weitere Fortschritte bei der ukrainischen Offensive im Süden. Erstmals wurden bei dem Dorf Robotyne demnach ukrainische Panzerfahrzeuge hinter der Linie eines breiten russischen Abwehrgürtels gesichtet.« Das Dort Robotyne war schon seit Wochen der Gegenstand von ukrainischen Frontberichten.

Der Krieg geriet zu einer ungeheuren Materialschlacht. Die ukrainische Artillerie setzte 80.000 Geschosse pro Monat ein, ein Verbrauch, der unerwartet hoch war und die Rüstungsproduktion der USA und der anderen Verbündeten fast überforderte. Passend hierzu meldete etwa die *Frankfurter Rundschau*: »Angesichts des immensen Granatenhungers der Ukraine beeilen sich die USA nun, ihre Produktion anzukurbeln« (10.8.2023).

Dieses Nachschubproblem ließ sich aber offenbar mit westlicher Großzügigkeit lösen und auch der Verlust an Militärtechnik ließ sich ausgleichen. Deutschland, Großbritannien und die USA kündigten die baldige Lieferung von Panzern, Schützenpanzern etc. an. Frankreich wollte Scalp-Marschflugkörper liefern. Anfang August wurde gemeldet, der Rüstungskonzern Rheinmetall werde 30 Kampfpanzer des älteren Typs Leopard 1 liefern. Mitte Juli 2023 hatte die US-Administration dem Verlangen der Ukraine nach international geächteter Streumunition Folge geleistet – ein Waffentypus, den die Ukraine schon vor 2022 bei sogenannten Antiterroroperationen im Donbass eingesetzt hatte. Die Bereitschaft zu Rüstungslieferungen war ungebrochen. Man konnte fast den Eindruck gewinnen, dass man sie der Ukraine aufdrängte. Aufhorchen lässt eine zynische Äußerung des ukrainischen Verteidigungsministers Oleksij Resnikow bei einem Treffen mit hochrangigen US-amerikanischen Beamten. Laut einem Bericht der *Financial Times* meinte er, Kiews Verbündete könnten nun sehen, ob ihre Waffen tatsächlich funktionieren. »Für die Militärindustrie der Welt kann man kein besseres Testgelände erfinden« (jW, 6.7.2023).[57] Einen Monat später schrieb der Se-

57 Im Dezember 2022 sprach ein französischer Unternehmer und ehemaliger Geheimdienstbeamter in kritischer Absicht diesen Nutzen von Waffenlieferungen an. Alain Juillet meinte ironisch, im Spanischen Bürgerkrieg habe man Kriegsmaterial mit den Spaniern als Kanonenfutter getestet. »Diese Materialien wurden dann im Zweiten Weltkrieg eingesetzt. Genau das passiert in der Ukraine« (zit. nach: jW, 23.12.2022).

kretär des Nationalen Rats für Sicherheit und Verteidigung, Oleksij Danilow, auf dem Kurznachrichtendienst *X*: »Russische Ziele sind das beste Übungsgelände für ukrainische Waffen und Reklame auf dem weltweiten Rüstungsmarkt« (ZDFtext 120, 6.8.2023).

Schwerer als das Gerät zu ersetzen war es, die Verluste der Einheiten auszugleichen, d.h. neue Kämpfer zu rekrutieren: »Ukrainische soziale Netzwerke füllen sich seit Wochen mit Bildern, wie junge Männer sich wehren, wenn sie von Armeekommandos von der Straße weggezerrt werden« (der Freitag, 20.7.2023). Ukrainische Wehrerfassungsämter veranstalteten regelrechte Jagden auf wehrfähige Ukrainer. Am 4. August distanzierte sich Selenskyj von den »widerlichen« *Rekrutierungsmethoden*, nachdem ihm klargemacht worden war, wie absolut dysfunktional sie seien. Zahlreiche Ukrainer, die ausreichend Geld hatten, entzogen sich der Einberufung durch Bestechung.[58] Wiederholt wurden Beamte der Wehrersatzämter verhaftet, die Wehrpflichtigen gegen Schmiergelder deren Untauglichkeit bescheinigt hatten. Pro Bescheinigung wurden bis zu 6.000 US-Dollar und später bis zu 15.000 US-Dollar verlangt (jW, 2.8.2023). Die Verhaftung des Leiters des Wehrersatzamtes von Odessa, der ein Millionenvermögen angehäuft hatte, offenbarte eine »systemische Korruption im ukrainischen Militärapparat« (jW, 5.8.2023). Eine andere Möglichkeit bot die Einschreibung zum Studium; denn Studierende waren seltsamerweise nicht zum Wehrdienst verpflichtet. Die Einschreibungszahlen an den Hochschulen explodierten geradezu (SZ, 31.7.2023). »Handwerker, Arbeiter oder Matrosen« stellten laut dem *SZ*-Artikel das Hauptkontingent der kämpfenden Truppe. Vor dem Krieg hatte sich bei einer Befragung durch ein Kiewer Institut nur ein Drittel der Befragten bereit erklärt, gegebenenfalls eine Waffe in die Hand zu nehmen (Baud 2023, 154f.). 650.000 Ukrainer im wehrpflichtigen Alter sollen sich

58 SZ, 30.7.2023. Schon seit Kriegsbeginn war der Freikauf vom Wehrdienst weit verbreitet. Die Bestechlichkeit bis hinauf zum Verteidigungsminister war schon Anfang Februar 2023 Thema in den Medien, damals ging es um Beschaffungskriminalität.

in EU-Länder abgesetzt haben (der Freitag, 14.9.2023). Der neue Verteidigungsminister Rustem Umerow forderte im September 2023 von den EU-Staaten deren Ausweisung, um sie rekrutieren zu können.

Die Armeeführung Russlands hatte ihrerseits Probleme, weil die kämpfende Truppe zunehmend erschöpft war und keine Ablösungsmöglichkeiten bestanden. Zum Teil waren die Probleme struktureller Art. Auch dort herrschte nach Kagarlitzki Korruption im Militärapparat (2023, 128). Die Mehrheit der Vertragssoldaten stammte aus sozial schwachen Schichten und aus Dörfern und Kleinstädten in der Provinz (129). Eine zweite Mobilmachung scheute die Regierung aus Angst vor Turbulenzen (jW, 5.8.2023); denn sie hätte die städtischen Mittelschichten nicht mehr verschonen können. Anfang August gab Dmitri Medwedew als Vizechef des russischen Nationalen Sicherheitsrates an, seit Januar hätten sich mehr als 231.000 Kriegsfreiwillige gemeldet und vertraglich verpflichtet (ARD, 3.8.2023). Möglich, dass der Nationale Sicherheitsrat damit der Kriegsmüdigkeit begegnen wollte. In Reaktion auf die Drohnenangriffe auf Moskau und andere Städte nahm die gesellschaftliche Unterstützung der Streitkräfte nach Anna Matveeva, Wissenschaftlerin am King's College London und Beraterin der UNO, beträchtlich zu (telepolis.de, 30.7.2023). Mitte 2023 hatte die Russische Föderation 300.000 Soldaten im Kriegseinsatz, weit mehr als zu Beginn der Invasion.

Ende Juli 2023 wurde ein internes Papier der Bundeswehr bekannt, in dem scharfe *Kritik an der Strategie der ukrainischen Gegenoffensive* geübt wurde. Es sei keine gemeinsame Gefechtsführung erkennbar. Das Potential westlicher Ausstattung und Ausbildung werde nicht ausgeschöpft (ZDF heute, 25.7.2023). Zuvor hatten bereits britische Experten in einer kritischen Analyse ein Vorgehen mit verbundenen Waffensystemen vermisst. Die Vorstöße seien nicht aufeinander abgestimmt (SZ, 29.7.2023). Dagegen bezeichnete ein ukrainischer Militärsprecher die Schulung durch NATO-Ausbilder als wenig hilfreich. Denn das Gefecht mit verbundenen Waffen setze die eigene Luftüberlegenheit voraus (jW, 14.8.2023), was britische Militäranalytiker einen Monat später bestätigten (jW, 13.9.2023).

Wodurch auch immer verschuldet, jedenfalls fanden sich die ukrainischen Streitkräfte Ende Juli 2023 *in einer Patt-Situation.* US-Generalstabschef Mark Milley, der noch im November 2022 ebenso wie der deutsche General Erich Vad einen wenig Erfolg versprechenden Abnutzungskrieg vorausgesagt hatte, meinte nun beruhigend, die ukrainischen Verbände arbeiteten sich halt vorsichtig voran, sie hätten die verfügbare Kampfkraft noch gar nicht voll eingesetzt (independent.co.uk, 18.7.2023). In einem waren sich die westlichen Experten einig: »Wir dürfen die Russen nicht unterschätzen!«, so zum Beispiel der von den Medien in den Expertenstatus gehobene österreichische Oberst Markus Reisner im Juli 2023 (t-online.de, 19.6.2023). Laut einem Bericht des *Wall Street Journal* wussten die USA, dass den ukrainischen Streitkräften die für eine erfolgreiche Gegenoffensive erforderliche Ausbildung und Bewaffnung fehlten, was sie jedoch nicht daran hinderte, die Offensive fortsetzen zu lassen (telepolis.de, 28.7.2023).

Die Ukraine musste Ende Juli nicht nur registrieren, dass ihre Offensive stockte, sondern auch feststellen, dass ihre Schwarzmeerhäfen durch Raketenbeschuss außer Funktion waren. Der Infrastrukturminister Olexander Kubrakow meinte, Russland habe faktisch eine Seeblockade der Küste verhängt (jW, 29.7.2023). Und die Sprecherin des Militärkommandos Süd sagte, wenn die Ukraine nicht schnell effizientere Raketenabwehrsysteme bekomme, habe sie bald keine Häfen mehr.

Kiew versuchte immer wieder mit Drohnenangriffen auf die Krim und auf Schiffe die Eskalationsdominanz zu gewinnen, riskierte damit aber zunächst nur weitere Angriffe auf Kiew, andere Städte oder die Hafenanlagen von Odessa. Der Aufmerksamkeitsökonomie dienten die spektakulären Angriffe auf die Krim-Brücke. Nach dem Anschlag vom Oktober 2022 wurde ein zweiter am 18. Juli 2023 mit Überwasserdrohnen durchgeführt. Ende Juli folgte ein Raketenangriff auf die Tschonhar-Brücke, die zusammen mit der Henitschesk-

Brücke die Verbindung zwischen der Krim und der Region Cherson sichert. In der Nacht zum 4. August 2023 beschoss man mit einer Drohne einen russischen Tanker in der Meerenge von Kertsch. Glücklicherweise wurde nur der Maschinenraum getroffen, sonst hätte eine Ölpest gedroht. Nach einem Bericht der *Süddeutschen Zeitung* nahm die Ukraine inzwischen die Produktion von Drohnen hoher technischer Qualität für sich in Anspruch (SZ, 5.8.2023).

Mitte August 2023 gab die *Washington Post* die Einschätzung von Geheimdiensten wieder, dass die Ukraine das wichtigste Ziel ihrer Gegenoffensive, die Einnahme von Melitopol – als Verkehrsknotenpunkt entscheidend für ein Vordringen auf die Krim –, nicht erreichen werde (washingtonpost.com, 17.8.2023). Mit anderen Worten, man gestand damit *das Scheitern der Gegenoffensive* ein. Hatte man in der deutschen Presse Ende Juli noch die Erwartung geweckt, eine Änderung der Taktik der ukrainischen Offensive werde die Wende bringen, so stimmte man jetzt das Publikum auf ein Einfrieren des Konflikts ein (SZ, 19.7.2023). Nach Einschätzung von Jeffrey Sachs hat dieses militärische Unternehmen etwa 40.000 Ukrainern das Leben gekostet (weltwoche.ch, 27.8.2023).

Ex-General Kujat stellte im Spätsommer 2023 in einem Gespräch mit der Schweizer *Weltwoche* erstens fest, dass die russischen Truppen gegenüber der ukrainischen Armee militärisch im Vorteil seien, nachdem sie in die Defensive übergegangen seien und sich hinter starken Verteidigungslinien verschanzt hätten (vgl. nds, 1.9.2023a). Von Nachteil für die ukrainische Armee sei dabei zweitens, dass ihr die Mittel fehlten, um die Abschussanlagen des Gegners auszuschalten. Drittens habe dieser die Lufthoheit, und viertens diene ihm die Krim als wichtige Basis. Die russischen Truppen nutzten die Gelegenheit, die ukrainischen Einheiten zu dezimieren und so den Gegner zu schwächen. Die oft beschworenen Game-Changer wie Kampfpanzer weckten Kujats Zweifel. Den Einsatz von F16-Kampfflugzeugen und Taurus-Marschflugkörpern hielt er teils für militärisch, teils – wegen der Eskalationsrisiken – für politisch fragwürdig. Kujats entschiedenes Urteil: »Russland ist militärisch nicht zu besiegen.« Bei weiterer Eskalation seitens der westlichen Allianz oder der ukrainischen Führung sah er das Risiko eines »europäischen Krieges«. Er schloss nicht aus, dass durch einzelne Aktionen eine »Mechanik« in Gang gesetzt werden könnte, die auch zu einem begrenzten Nuklearkrieg führt.

Die Einschätzung von Kujat deckt sich weitgehend mit der von Colonel Douglas Macgregor (youtube, 5.9.2023b). Die Verluste der ukrainischen Armee seien ungeheuer groß. Die Überlegenheit der russischen Streitkräfte basiere auf ihrer Lufthoheit und der Überwachung der Ukraine seitens ihrer Aufklärung. Die Mittel der Ukraine zur Abwehr seien unzureichend, zum Teil fehle das Personal, das damit vertraut ist. Laut *Süddeutscher Zeitung* mehrten sich in den USA »die Zweifel daran, ob die Ukraine wirklich ihr gesamtes Territorium militärisch zurückerobern kann, und dies nicht nur, aber vor allem unter den Republikanern« (SZ, 8.9.2023).

Ebenfalls im September sagte US-Außenminister Antony Blinken, vermutlich der Einschätzung der Militäranalytiker folgend, im TV-Sender ABC: »Die Ukraine ist bereit, mit der Russischen Föderation zu verhandeln, wenn die russische Seite dies vorschlägt« (jW, 13.9.2023), wovon Selenskyj in einem Interview mit der britischen Wochenzeitschrift *Economist* nichts wissen wollte (ebd.).

Kurze Zeit später konnte die ukrainische Abwehr einige Erfolge vermelden. Unter anderem wurden Schiffe der russischen Schwarzmeerflotte im Hafen von Sewastopol getroffen. Solche Erfolgsmeldungen änderten aber nichts an der Patt-Situation im Landkrieg. Im Herbst 2023 wurde der Krieg auf niedrigerem Niveau fortgeführt. Mal konnte die eine, mal die andere Seite kleine Geländegewinne verzeichnen. Sie waren gleichwohl meist mit großen Verlusten verbunden. Der Ukraine gelang es laut Baab, in der Südukraine Untergrundzellen zu installieren (2023, 204f.).

Bemerkenswert innovativ in diesem konventionellen Krieg – einem Krieg, in dem militärische Großverbände einander gegenüberstehen –, war von Anfang an *die ukrainische Kriegspropaganda* mit Wolodymyr Selenskyj als Hauptakteur. Er wandte sich täglich in einer Videobotschaft an sein Land und an die Weltöffentlichkeit, pries den Heldenmut der ukrainischen Kämpfer, verwies auf den sinkenden Kampfgeist der russischen Soldaten, hob eigene militärische Erfolge hervor, prangerte die Kriegsverbrechen Russlands an, forderte vom Westen Waffenlieferungen, zeigte sich dafür dankbar, dann auch wieder enttäuscht über mangelnde »Solidarität«. Die Weltöffentlichkeit schien meist der Hauptadressat seiner Reden zu sein. Sie wollte er auch in seinen Reden vor ausländischen Parlamenten erreichen, zu denen er sich einladen ließ. Mit derlei Videobotschaften prägte Selenskyj »ein neues Genre der politischen Kommunikation« (FAZ, 27.3.2022). Als Bühne wählte er auch die Kongresse internationaler Organisationen.

Das ungewöhnliche Outfit des Präsidenten wurde dabei selbst zur Botschaft. Als die Truppen der Russischen Föderation die Grenze überschritten hatten, wechselte er seine Kleidung: »Trug er beim ersten Videostatement zum russischen Angriff noch einen Anzug, sah man ihn Stunden später … im olivgrünen Shirt« (Salomon 2022, 73). So sah alle Welt, wie er in Kiew die Stellung hielt. Ein T-Shirt, wie man es unter einer Uniform trägt, ist nach der Lesart von Vanessa Friedman, Modedirektorin der *New York Times*, viel mehr als nur ein Kleidungsstück, nämlich ein Symbol »für die Stärke und den Patriotismus der Ukrainer:innen«, »eine Metapher für die Erzählung vom russischen Goliath und dem ukrainischen David« (zit. nach Salomon 2022, 73). Man darf annehmen, dass Friedmans Deutung das trifft, was bei der Mehrheit im Westen ankommt. Die Botschaft ist auch: Wir sind im Krieg, und zwar in einem Krieg von ungewöhnlicher Härte und Brutalität. Bei diesem Krieg sind bisherige Maßstäbe überholt. Und die Ukraine kämpft für euch alle. Dass ein Regierungschef sich auf solche Art in Szene setzt, ist ein Novum.

Präsident Selenskyj ließ sich zu Videoauftritten vor zahlreichen nationalen Parlamenten wie auch dem der EU einladen – eine äußerst ungewöhnliche Aktion. Auch internationale Kulturveranstaltungen wählte er als Forum. Beim Filmfestival in Cannes holte er sich eine Abfuhr. Andrij Melnyk meldete sich als ukrainischer Botschafter in der Bundesrepublik permanent zu Wort, forderte, klagte an, beschimpfte Politiker und Journalisten, scheute sich auch nicht, den Bundeskanzler zu provozieren und dann als »beleidigte Leberwurst« zu verspotten – ein erstaunlich weitreichender Bruch mit diplomatischen Konventionen.

Tote, Invaliden, Geflüchtete und ein verheertes Land

Die Zahl der Todesopfer in der Zivilbevölkerung war nach eineinhalb Jahren Krieg moderat, so unmenschlich das klingen mag. Laut Zählungen des UN-Hochkommissariats für Menschenrechte (OHCHR) hatte der Krieg bis zum 30. Juli 2023 beinahe 9.400 Todesopfer in der ukrainischen Zivilbevölkerung gefordert, darunter mindestens 541 Kinder. Das OHCHR ging davon aus, dass die tatsächliche Anzahl der zivilen Opfer wesentlich höher war. Weitaus größer war die Zahl verletzter Zivilisten. Bis Ende Juli 2023 waren es demnach rund 15.500 Erwachsene und 1.139 Kinder. Unter dem Begriff »Verletzung« verbergen sich dabei höchst unterschiedliche Grade von Verletzungen bis hin zu dauerhafter Invalidität. Nicht erfassen lässt sich, wie viele Menschen mehr oder weniger schwer traumatisiert sind. Die nachweislich rund 14.000 Opfer des Kriegs gegen die Volksrepubliken von 2014 bis 2022 sind bei den Zahlen des UN-Hochkommissars nicht berücksichtigt. Darunter waren überwiegend Zivilisten, von denen mehr als 80 Prozent Opfer der ukrainischen Bombardements waren (Baud 2023, 118).

Die Verluste der kämpfenden Truppe wurden vom ukrainischen Generalstab stets unter Verschluss gehalten. Schon im Sommer 2022 bei den Kämpfen um die Oblast Luhansk wurden sie von westlichen Militärexperten als sehr hoch eingeschätzt (srf.ch, 6.7.2022). Geleakte US-Dokumente vom März 2023 verrieten, dass die ukrainische Armee bis zu 17.000 Tote zu beklagen hatte. Dazu kamen nach Schätzungen über 110.000 Verwundete (zdf.de, 12.4.2023). Die *New York Times* zählte Anfang September 2023 in eineinhalb Jahren

Krieg 70.000 Tote und 120.000 Verletzte. Allein die Verluste bei der Großoffensive im Sommer 2023 wurden auf 40.000 bis 60.000 geschätzt. Die hohen Zahlen deuteten, so die Schlussfolgerung, »auf den Mangel an schneller Erster Hilfe an der Front« (SZ, 6.9.2023). Man muss sich klarmachen, dass eine Verwundung vorübergehende Kampfunfähigkeit, aber auch lebenslange Invalidität bedeuten kann. Ein Betroffener beklagt die mangelnde Hilfe und Nachsorge für Verwundete. »Und überhaupt an Hilfe zu kommen, die über das Notwendigste hinausgeht, ist sehr kompliziert« (SZ, 7.7.2023). Dass die Situation noch dramatischer ist, beleuchtet die Klage der Chefin des militärischen Sanitätswesens, dass die Krankenhäuser durch die hohe Zahl von Verwundeten überfordert seien. Sie gestand auch den Mangel an Verbandsmaterial ein (jW, 28.8.2023).

Der Konfliktforscher Leo Ensel beklagt die Abgehobenheit der medialen Berichterstattung. Die Opfer des Krieges blieben »auf gespenstische Weise unsichtbar«: »Keine Soldatenleichen, kein verzweifelt nach seiner Mutter wimmernder Kämpfer, dem die Gedärme aus dem Leibe hängen, kein Leichengestank quillt uns aus Drohnenbildern der Bachmuter Ruinen entgegen und auch die zahllosen Amputierten und anderen Kriegsversehrten … werden wir erst viel, viel später zu Gesicht bekommen.« 20.000 bis 50.000 Ukrainer seien nach einer Schätzung des *Wall Street Journal* durch Amputation auf Dauer Invaliden (nds, 7.9.2023).

Fast sechs Millionen *Flüchtlinge* aus der Ukraine (5.967.100) waren Anfang Juli 2023 nach den Daten des UN-Hochkommissariats für Flüchtlinge in Europa registriert, davon 1,5 Millionen in der Russischen Föderation. Von den nach Westeuropa geflüchteten hatten mit Abstand die meisten in Deutschland und Polen Zuflucht gesucht, und zwar je rund eine Million. 5,1 Millionen hatten nach dem Stand vom 23. Mai 2023 Zuflucht innerhalb der Ukraine, vermutlich meist in der Westukraine, gesucht. Zugleich wurden 4,8 Millionen gezählt, die an ihren Wohnort zurückgekehrt waren. In die Russische Föderation und nach Belarus waren nach Angaben des UNHCR (31.12.2022) rund 2,8 Millionen geflohen (Border Crossings). 1,3 Millionen hatten nach Angaben der Russischen Föderation dort Asyl oder eine andere Art von Schutz beantragt. Weltweit registrierte das UN-Hochkommissariat rund 6,1 Millionen (data2.unhcr.org, 2023). Gemessen an der Einwohnerzahl der Ukraine von 2021 (43,8 Millionen), befanden sich Mitte 2023 knapp 14 Prozent der ukrainischen Bevölkerung im Ausland.

Was Flucht und Vertreibung durch Kriegsschäden innerhalb der Ukraine angeht, ist ein Bericht der Soziologin Alona Liasheva (2022) von der Forschungsstelle Osteuropa an der Universität Bremen aufschlussreich. Sehr befremdlich ist die Feststellung, dass viele in der Westukraine ihre Wohnung aufgrund horrend gestiegener Mietpreise verloren, die sich mitunter um das Fünffache erhöhten, so Oleg Nesterenko, in Paris Direktor des »Europäischen Industrie- und Handelszentrums«, einem Partner der russischen Industrie- und Handelskammer (nds, 6.7.2023). Laut Transparency International Ukraine waren zum Beispiel in der Region Lwiw die Mieten zwischen Oktober 2021 und Mai 2022 um 96 Prozent gestiegen. In einer Reportage über Binnenflüchtlinge wird die »teils dramatische« Steigerung der Mieten auch für die im Osten gelegene Stadt Dnipro bestätigt. Eine Zweizimmerwohnung koste umgerechnet über 350 Euro, mehr als die gemeinsame Rente des Paares, von dem in dem Beitrag erzählt wird (SZ, 16.8.2023). Das war auch der neoliberalen Wohnungspolitik nach 1990 geschuldet. Laut Liasheva wurden nicht nur für viele *Binnenflüchtlinge*, sondern auch für viele Einheimische die Mieten unerschwinglich. »Von denen wurden viele vor die Tür gesetzt, um die Wohnungen an Binnenflüchtende vermieten zu können.« Eine kriegsbedingte staatliche Wohnraumbewirtschaftung wie in der Nachkriegszeit in Deutschland gab es nicht. Die Vermittlung zwischen Einheimischen und Geflüchteten wurde kommunalen Initiativen überlassen. Schon bis 2020 hatten von den Binnenflüchtlingen aus der Krim und dem Donbass 70 Prozent ein Wohnungsproblem (ebd.). Diese Probleme verschärften sich nach der Invasion. Für Geflüchtete war die Suche nach einer Unterkunft schwierig. Die Regierung war anscheinend auch nicht in der Lage,

Sammelunterkünfte zu bauen. So sind die geflüchteten Familien dem Bericht von Liasheva zufolge auf die Hilfe und Solidarität von Privatleuten, Vereinen und Hilfsorganisationen angewiesen – in dem herrschenden Gesellschaftssystem ein Glücksspiel.

Von der einen Million nach Deutschland Geflüchteter waren nach dem Ausländerzentralregister 2023 (Stand 1.8.) über 65 Prozent weiblich. Rund 347.000 waren Kinder und Jugendliche unter 18 Jahren, davon die meisten (38 Prozent) im Grundschulalter (6-11 Jahre) (mediendienst-integration.de, 2023). Nach einer Befragung aus dem Frühjahr 2023 (Januar bis März) waren sogar 80 Prozent der Geflüchteten Frauen. Das Durchschnittsalter der Befragten lag bei 40.

Eine Befragung im Spätsommer 2022 (August bis Oktober) hatte folgende Ergebnisse erbracht: Zwei Drittel der Geflüchteten kamen aus der Ost- und Südukraine. 77 Prozent gaben an, dass sie ohne Partner gekommen seien. Verglichen mit der Gesamtbevölkerung der Ukraine hatten die Geflüchteten ein hohes Bildungsniveau. 72 Prozent verfügten sogar über einen Hochschulabschluss. Das heißt, die Geflüchteten sind größtenteils zur Mittelschicht zu zählen. Zwei Drittel hatten Familienangehörige, Freunde oder Bekannte in Deutschland. Das dürfte auch den hohen Anteil derer erklären, die damals angaben, eine private Unterkunft gefunden zu haben (Brücker 2022).

Der Kontakt zu Familienangehörigen und Freunden dürfte die Situation für die Menschen etwas entspannt haben. Der psychische Zustand der Kinder und Jugendlichen war nach Einschätzung der Eltern, die im Frühjahr 2023 befragt wurden, nicht besorgniserregend, bei den meisten sogar gut, bei Kindern bis zehn besser als bei älteren (SZ, 13.7.2023). Schmerzlich ist natürlich die Familientrennung, zumal für die Kinder, die ihren Vater nicht sehen, ihn eventuell im Krieg wissen.

Die Eltern, oder besser: meist die Mütter, haben Schwierigkeiten, ihre Kinder im Vorschulalter in einer Kita unterzubringen, was bei der bildungs- und sozialpolitischen Mangelsituation hierzulande nicht verwundert. Immerhin zwei Drittel besuchten im Frühjahr

2023 eine solche Einrichtung (ebd.). Die schulpflichtigen Kinder – mehr als 200.000 waren es 2023 – werden zuerst in Internationale Klassen, auch als Brücken- oder Willkommensklassen bezeichnet, aufgenommen oder gleich in Regelklassen eingeschult, wobei sie daneben im Deutschlernen unterstützt werden. Die Modelle unterscheiden sich je nach Bundesland. Die Angaben der Kultusministerien beschönigen offenbar die Bildungssituation, wie man Lehrerstimmen im Internet entnehmen kann. Außerdem konnten 2023 etwa 4.000 Kinder mangels Kapazität, vor allem wegen des Mangels an Lehrkräften, keine Schule besuchen, was internationale Abkommen zum Kindeswohl verletzt. Die Situation bedeutete allerdings für das Schulsystem eine Herausforderung, wenn man bedenkt, dass sich die Zahl der schulpflichtigen Kinder und Jugendlichen aus der Ukraine vom März 2022 bis März 2023 verzehnfachte.

Rein materiell betrachtet, ist die Lage der nach Deutschland geflüchteten Ukrainerinnen und ukrainischen Familien vergleichsweise zufriedenstellend. Gegenüber Flüchtlingen aus anderen Ländern, vor allem Asylbewerbern, sind sie privilegiert. Sie erhalten, solange nicht in Arbeit, Hartz-IV-Leistungen bzw. Bürgergeld und werden vom Jobcenter betreut. Ein Problem teilen sich die Geflüchteten aus der Ukraine mit anderen Flüchtlingen: Sie kommen nur schwer aus den Sammelunterkünften heraus, weil der Wohnungsmarkt angespannt ist. Die Kommunen beklagen eine »Auszugskrise«. Wenn sie bei Verwandten oder Bekannten untergekommen sind, ist das auch auf Dauer belastend.

Mehr als 20 Prozent der Männer aus der Ukraine, bei Frauen etwas weniger, hatten zum Zeitpunkt der Befragung im Frühjahr 2023 eine Arbeit gefunden. Nicht wenige sehen ihre Zukunft in Deutschland. 29 Prozent der Befragten äußerten die Absicht, für immer in Deutschland zu bleiben. 15 Prozent wollten noch einige Jahre bleiben, 31 Prozent bis Kriegsende (SZ, 13.7.2023).[59]

59 Vor 2014 arbeiteten bereits drei Millionen Ukrainer im Ausland, zwei Millionen in der Russischen Föderation und mehr als eine Million in Polen, Tschechien und in den Mittelmeerländern (bpb.de, 13.6.2013).

Die statistischen Angaben und die Befragungsergebnisse legen zwei Schlussfolgerungen nahe: Ob es jemandem gelang zu fliehen, hing stark vom Grad der Schulbildung, dem sozialen Netzwerk und den finanziellen Rücklagen ab. Die Flucht war und ist selektiv. Und der Ukraine droht ein beachtlicher Braindrain – sprich: der Verlust ausgebildeter Arbeitskräfte –, eine erste Schwierigkeit beim Wiederaufbau nach dem Krieg.

Die in der Ukraine zurückgebliebene Bevölkerung ist vielen Belastungen ausgesetzt, wobei es einen Unterschied macht, ob jemand im frontnahen Osten oder in der Westukraine lebt. Aber allgemein verständlich sind Ängste vor Raketen- und Drohnenbeschuss und überhaupt die bange Frage: Wie soll es weitergehen? Bei Frauen und Kindern kommt die Angst um den Mann oder Vater dazu, wenn der zum Kriegsdienst eingezogen wurde. Die Angst der wehrfähigen Ukrainer, plötzlich rekrutiert und nach kurzem Training an die Front geschickt zu werden, wurde schon verdeutlicht.

Im Winter 2022/23 wurde das Alltagsleben vor allem in den Städten schwer erträglich, nachdem Russland ab November zunehmend die Infrastruktur zerstört hatte, so dass die Haushalte ohne Strom und Heizung der winterlichen Kälte ausgesetzt waren. Oft gab es auch kein Wasser. Einer Reportage aus Kramatorsk im Sommer 2023 lässt sich entnehmen, dass dort die Strom- und Wasserversorgung wieder sichergestellt war, was vermutlich für die meisten Städte galt (SZ, 29.7.2023). In einigen Städten im Osten und Süden der von der Regierung kontrollierten Ukraine sind außer Wirtschafts- und Verwaltungsgebäuden auch Wohngebäude zerstört, manchmal durch versehentlichen Beschuss oder durch herabgestürzte Teile abgefangener Raketen. Sehr stark zerstört wurde in den Kämpfen am Anfang des Krieges Charkow. In Bachmut stehen ebenso wie in Mariupol nach dem Kampf um die Stadt nur noch Ruinen. Im Donbass wird das 2014 begonnene Zerstörungswerk mit ukrainischen Raketen fortgesetzt. Donezk ist immer wieder Ziel von Angriffen.

Die Situation, in der sich die Bevölkerung im Sommer 2023 wiederfand, wird wahrscheinlich in folgender Schilderung richtig getroffen: »Die Ersparnisse sind aufgebraucht, jeder Fünfte ist arbeitslos, Familien sind zerrissen, Wohnungen zerstört oder von der Verwandtschaft aus dem Osten belegt. Die Nächte in den Luftschutzkellern sind eine ewige Abfolge von Zumutungen, die Tage der stete Versuch, nicht zurückzublicken. Und lieber auch nicht nach vorn« (SZ, 4.7.2023). 17,6 Millionen Menschen waren im September 2023 auf humanitäre Hilfe angewiesen. Das sind fast 40 Prozent der in der Ukraine lebenden Bevölkerung.

Beängstigend sind die Zukunftsperspektiven nach der *Zerstörung von Infrastruktur*, wobei die Informationen darüber dürftig sind. Konkrete Informationen hat man über den Bruch des Staudamms von Kachowka. Die Überschwemmung hat weite Landstriche nach Einschätzung eines ukrainischen Biologen für Jahrzehnte für die landwirtschaftliche Nutzung unbrauchbar gemacht (Chintsky 2023, 31).

Die Zukunft birgt tödliche Gefahren für die Bevölkerung durch *die Verminung weiter Teile des Landes*, mit der nicht nur das russische, sondern auch das ukrainische Militär seine Stellungen sichert, und durch die Sprengsätze, die beim Einsatz von Streumunition zurückbleiben. Bereits 2022 sind nach einem Bericht der Beobachtungsstelle der »Cluster Munition Coalition« mehr als 900 Menschen in der Ukraine durch solche Munition verletzt oder getötet worden (jW, 6.9.2023). Schon in der Zeit vor der Invasion konnte man lesen: »Die Zone entlang der Konfliktlinie gehört zu den drei am stärksten verminten Gebieten der Welt« (Fischer 2019, 31).

Die Militärjournalistin Eve Sampson erklärte im Juli 2023, die Ukraine sei inzwischen das »am meisten verminte Land«. Es brauche »Jahrzehnte, um Sicherheit zu schaffen« (washingtonpost.com, 22.7.2023). Die Verfasserin schätzte, dass bis dahin unter Berücksichtigung nicht explodierter Bomben, Artilleriegeschosse und anderer »byproducts of war« eine Fläche von der Größe Floridas oder Uruguays vermint war. Das wäre mehr als die Hälfte Polens. Nach Einschätzung eines slowakischen Think Tank sind 175.000 Quadratkilometer und etwa ein Viertel der Ukraine Kriegsgebiet (gewesen), alles Flächen, die zeitraubende, teure und gefährliche Sanierungsaktionen verlangen werden. Nach einer anderen Schätzung haben allein die russischen Truppen bis August 2023 rund 170.000 km^2 vermint (telepolis.de, 11.8.2023). *Der Einsatz von Streumunition* verschärfe das Problem. Beide Seiten verwenden Antipersonenminen, die im Gegensatz zu Panzerminen international geächtet sind, weil sie schon auf leichte Belastung reagieren und nicht zwischen Maschinen und Menschen unterscheiden.

Am stärksten vermint sind die Gebiete entlang der Front im Osten, aber auch in einem Abschnitt an der Grenze zu Belarus, wo anfangs russische Truppen eindrangen. Das Schlimmste sind zukünftige Gefahren für die Menschen. Aber die Verminung wird auch landwirtschaftliche Flächen für lange Zeit unbrauchbar machen. Die Überflutung der südlichen Ukraine nach Zerstörung des Kachowka-Staudamms hat die künftige Gefährdung durch Minen erhöht.

Eine allgemeine Gefahrenquelle ergibt sich aus *der radioaktiven Verseuchung weiter Gebiete*, die der Einsatz von panzerbrechender DU-Munition mit sich bringt. DU (depleted Uranium), also abgereichertes Uran, auch als Uran-238 gekennzeichnet, ist zwar relativ gering radioaktiv, hat aber eine Halbwertzeit von Milliarden Jahren. Nach Ute Rippel-Lau, Ärztin und Vorstandsmitglied der deutschen Sektion von Internationale Ärzt*innen für die Verhütung des Atomkriegs (IPPNW), muss zwischen physikalischer und biologischer Aktivität von DU unterschieden werden, die für die gesundheitlichen Auswirkungen entscheidend sei. Eine Gefahr für die Gesundheit besteht vor allem dann, wenn Alphastrahler in den Körper gelangen: »Uran-238 schädigt die Gesundheit gleich in zweifacher Hinsicht: als hochgiftiges Schwermetall sowie als radioaktiver Alphastrahler« (jW, 8.9.2023). Extreme Schäden verursacht der toxische Uranstaub, der beim Aufprall der Geschosse auf ein Objekt in der Umwelt verteilt wird. Das feine Pulver kann eingeatmet oder über Trinkwasser und Nahrung aufgenommen werden. Schon kleinste Mengen schwächen entgegen den beruhigenden Gutachten einiger Institutionen das Immunsystem, wirken krebserregend und schädigen das Nervensystem und das Erbgut, auch Embryonen im Mutterleib. In Jugoslawien und im Irak werden teilweise epidemische Erkrankungen und Leukämie auf den Einsatz von DU-Munition zurückgeführt. Von den NATO-Staaten, die damals angriffen, wird ein ursächlicher Zusammenhang bestritten (woz.ch, 23.4.2020).

Die Wiederaufbaukosten für die Ukraine wurden Mitte 2023 von der Weltbank auf 411 Milliarden US-Dollar veranschlagt.

Strittige Kriegsziele

Erklärtes Kriegsziel der US-Administration, der EU-Kommission und der Bundesregierung war es, Russland zu schwächen oder, so 2022 die deutsche Außenministerin Baerbock, zu »ruinieren« (Kostner/Luft 2023, 18). Dazu sollte neben dem mit modernsten Waffen geführten Krieg der Wirtschaftskrieg gegen die Russische Föderation dienen. Immerhin fror man russische Devisenreserven im Wert von 400 Milliarden US-Dollar ein. Der Wirtschaftskrieg blieb jedoch zumindest bis zum Herbst 2023 erfolglos. Die Russische Föderation hatte im Gegenteil ein wenn auch moderates Wirtschaftswachstum zu verzeichnen. Die US-Administration erklärte darüber hinaus einen Regimewechsel zu ihrem Ziel. Kurz nach Kriegsbeginn, am 26. März 2022, bekannte sich Präsident Biden offen dazu (Kostner/Luft 2023, 32). Die militärischen Kriegsziele der westlichen Allianz waren unklar. Wollte man die volle Wiederherstellung der territorialen Kontrolle der Ukraine oder nur die Rückeroberung des Donbass? Was hieß: die Ukraine muss siegen? Auch die Kriegsziele Russlands erschienen selbst nach der Stabilisierung der Front nicht ganz geklärt: Sicherung oder Erweiterung des Territoriums, Entmilitarisierung der Ukraine?

Für die ukrainische Führung war es dagegen keine Frage, dass es um die Rückeroberung der an die Russische Föderation angegliederten Gebiete einschließlich der Krim ging, wobei sich die Frage aufdrängt, ob man den möglichen Widerstand der dortigen Bevölkerung einkalkuliert hatte. Die Nationalisten schlossen bei ihrem Realitätsverlust so etwas wie Partisanenkämpfe anscheinend aus. Aber vielleicht hatte Selenskyj das im Auge, als er kurzzeitig »die Demilitarisierung Russlands auf dem Territorium der ukrainischen Krim erzwingen« wollte (SZ, 29.8.2023).

Innerhalb des politischen Establishments der USA war und ist das Ziel des Krieges nicht unumstritten. Allgemein angestrebt wurde eine »Überdehnung« (extending) der militärischen und wirtschaftlichen Kraft der Russischen Föderation, wie es die Research and Development Corporation (RAND Corp.) in einer Studie formulierte. »Falken« zielen darüber hinaus auf eine Zerstückelung oder Balkanisierung der Russischen Föderation ab. Davor warnte Henry Kissinger, der gewiss nicht zu den »Tauben« im politischen Establishment zählt, Ende 2022 im britischen Magazin *The Spectator*. Ein Machtvakuum in Russland könne die globale Ordnung bedrohen: »Bei aller Gewaltbereitschaft leistet Russland seit über einem halben Jahrtausend entscheidende Beiträge zum globalen Gleichgewicht und zum Kräfteverhältnis. Seine historische Rolle sollte nicht herabgewürdigt werden … Das 11 Zeitzonen umfassende Territorium könnte sich in ein umkämpftes Vakuum verwandeln. Konkurrierende Gesellschaften könnten beschließen, ihre Streitigkeiten mit Gewalt zu lösen. Andere Länder könnten versuchen, ihre Ansprüche mit Gewalt auszuweiten. All diese Gefahren würden durch das Vorhandensein Tausender Atomwaffen verstärkt, die Russland zu einer der beiden größten Atommächte der Welt machen« (weltexpress.info, 24.12.2022).

Für die Experten der RAND Corporation wie für die US-Administration hatte die Schwächung der Russischen Föderation Priorität, wobei sie mit Blick auf den eigentlichen geopolitischen Rivalen, die VR China, vor einem zeitlich unbegrenzten Krieg in der Ukraine und vor direkter Verwicklung der NATO in den Krieg warnten. »Wir kommen zu dem Schluss, dass neben der Abwendung einer möglichen Eskalation zu einem Krieg zwischen Russland und der NATO oder dem Einsatz russischer Atomwaffen auch die Vermeidung eines langen Krieges für die Vereinigten Staaten eine höhere Priorität hat als die Ermöglichung von deutlich mehr ukrainischer Territorialkontrolle« (jW, 4.9.2023). Die militärischen Ziele der ukrainischen Führung wurden also nicht unterstützt.

Im Gegensatz zu ihren US-amerikanischen Kollegen waren Margarete Klein und Claudia Major (2023) von der deutschen Stiftung Wissenschaft und Politik (SWP) entschieden der Ansicht, dass die territoriale Integrität und Souveränität der Ukraine wiederhergestellt werden müsse. Denn: »Erstens würde eine von Russland gänzlich oder in Teilen besetzte Ukraine die Sicherheitslage in Europa massiv verschlechtern. … Ein russischer Erfolg würde in Moskau die Überzeugung festigen, dass sich außenpolitische Interessen mit militärischer Gewalt durchsetzen lassen.« Die Autorinnen gingen von einem klaren Feindbild aus. Schon in einem vorhergehenden Papier aus dem Hause der SWP war unterstellt worden, dass nur noch eine »konfrontative Sicherheitsordnung in Europa« möglich sei, und zwar »in Abgrenzung von und sogar gegen Russland«.

Vor diesem Hintergrund verwundert es nicht, dass die SWP nur drei Optionen für die Herstellung einer dauerhaften Sicherheit sah: die »Demilitarisierung Russlands«, die »Nuklearisierung« der Ukraine oder die »Einbindung der Ukraine in bi- und multilaterale Systeme kollektiver Verteidigung«, d. h. in die NATO (Luft 2023, 36). Alles für die Russische Föderation unannehmbar, weil dort als existentielle Bedrohung erachtet. Anders als ihre US-Kollegen scheute man bei der SWP nicht vor einem endlosen Krieg zurück.

Neben der Diskussion über Kriegsziele gab es die Auseinandersetzung darüber, mit welchen militärischen Ergebnissen man sich zufrieden geben oder abfinden könne, wenn die russischen Truppen nicht von ukrainischem Territorium vertrieben werden können. – Stiller Verzicht auf die Krim oder auch auf die abtrünnigen Oblaste im Donbass? Oder formelle Abtretung dieser Verwaltungsbezirke an die Russische Föderation? Immerhin wurde die Wahl der Regionalparlamente und Gouverneure am 10. September 2023 auch dort durchgeführt, womit der Kreml unmissverständlich bekunden wollte: Diese Gebiete gehören zur Föderation.

Nur das Ziel, Russland zu schwächen, ließ die unaufhörlichen Waffenlieferungen im zweiten Kriegsjahr noch rational erscheinen. Dabei trieb der Übergang von Defensivwaffen zu eindeutigen Angriffswaffen, und zwar zu zunehmend bedrohlicheren Waffen wie Marschflugkörpern, die Spirale der Eskalation immer weiter an. Die Chancen zu Verhandlungen sanken, weil alle Kriegsparteien schon zu viel investiert hatten und außerdem Gesichtsverlust drohte. Die NATO-Staaten hatten Geld in Milliardenhöhe investiert, allein bis Ende Juli 2023 die USA 42,1 Milliarden, Deutschland 17,1 Milliarden, Großbritannien 6,6 Milliarden US-Dollar. Die Ukraine hatte zahllose Menschen geopfert und Zerstörungen hinnehmen müssen. Auch Russland hatte beträchtliche Verluste erlitten. Abgesehen davon hatte man den Präsidenten Russlands zum Paria gemacht und als Verhandlungspartner ausgeschlossen. Wie konnte man sich mit Putin noch an den Verhandlungstisch setzen? In vielen Ländern wartete auf ihn ein Haftbefehl des Internationalen Strafgerichtshofs wegen Kriegsverbrechen – angesichts der vielen Völkerrechtsbrüche der USA eine Absurdität.

Alarmierend war die Ende September durchgesickerte Nachricht, dass die russischen Streitkräfte im Gefecht eine deutsche Panzerbesatzung aufgebracht hatten (jW, 25.9.2023). Da die Soldaten nicht mehr befragt werden konnten – der Panzerfahrer starb kurz nach der Gefangennahme, die anderen waren schon tot – war unklar, welchen Kombattantenstatus die Soldaten hatten. Dass Scharen von NATO-Militärberatern am Krieg beteiligt waren, war längst ein offenes Geheimnis. Aber die direkte Beteiligung an Gefechten hätte eine neue Stufe der Eskalation bedeutet. Die Mainstreammedien verschwiegen den Vorfall. Die Bundesregierung sah keinen Anlass für eine Stellungnahme.

4.
Wettrüsten und neue Blockbildung

Der Einmarsch in die Ukraine lieferte den Regierungen der NATO-Staaten gegenüber der Öffentlichkeit das Argument für die massive Erhöhung der Rüstungsausgaben. Dass das schon lange auf der Agenda stand, darauf deutet die kontinuierliche Steigerung der Rüstungsetats in den Jahren zuvor hin. Vermutlich hält man die militärische »Ertüchtigung« im Blick auf die Konfrontation mit China für nötig. Damit werden enorme Ressourcen verschwendet und, ganz abgesehen von der steigenden Kriegsgefahr, ohne gesellschaftlichen Nutzen Treibhausgase emittiert, die das Klima weiter aus dem Gleichgewicht bringen. Und die Konfrontationspolitik wird es erschweren, wenn nicht verunmöglichen, die Klimakatastrophe abzuwenden und die weitere Schädigung der Biosphäre zu verhindern.

Hochrüstung und die Militarisierung der Gesellschaft

Am 1. August 2023 gaben der Chef von Rheinmetall und der Ministerpräsident von NRW in Weeze am Niederrhein mit den ersten Spatenstichen das Startsignal für den Bau einer neuen Rüstungsschmiede. »So haben sich die Zeiten geändert«, war der Kommentar der *Süddeutschen Zeitung* zu einer Zeremonie, bei der sich regionale Politiker gern fotografieren ließen. »Anders als vor dem Krieg in der Ukraine, als sich die Rüstungsindustrie eher versteckte – und von der Politik gemieden wurde«, so die spöttische Bemerkung (SZ, 2.8.2023). Am neuen Standort in Weeze werde der Rüstungskonzern laut eigener Information zusammen mit den US-Unternehmen Lockheed Martin und Northrop Grumman Rumpfmittelteile für das Kampfflugzeug F-35 A herstellen. Ein Unternehmenssprecher freute sich über »sehr große Unterstützung von Politik und Verwaltung« (jW, 2.8.2023). Der Bundestag stellte für das erste Jahr mehr als 635 Millionen Euro bereit. Rheinmetall hatte für das Geschäftsjahr 2022 eine Umsatzsteigerung um 13 Prozent auf 6,4 Milliarden Euro verzeichnet. Die Unternehmensaktien waren innerhalb eines Jahres von 85 Euro auf 250 Euro hochgeschnellt, hatten sich also im Wert fast verdreifacht (nds, 6.9.2023).

Am 27. Februar 2022 hatte Bundeskanzler Scholz in einer dem Anspruch nach historischen Rede gesagt, mit dem Angriff auf die Ukraine sei eine »Zeitenwende« eingeleitet, was eine gewaltige Ertüchtigung der Bundeswehr erfordere, und hatte daher der Wählerschaft die Einrichtung eines »Sondervermögens Bundeswehr« in Höhe von einhundert Milliarden Euro, also von 1.000 mal 100 Millionen Euro, verkündet. Es handelt sich um eine Kreditermächtigung des Bundestags, die im Grundgesetz festgeschrieben wurde. Niemand hatte sie im September 2021 in seine Wahlentscheidung einbeziehen können.

Die NATO-Mitgliedsstaaten sollten nach einem Gipfelbeschluss von 2014 – der Ukraine-Konflikt war eskaliert – zwei Prozent des jeweiligen BIP für das Militär ausgeben. Deutschland wollte das Zwei-Prozent-Ziel bis 2031 erreichen, so 2019 die Ankündigung der damaligen Verteidigungsministerin, wobei man in einem Begleitgesetz *die Zwei-Prozent-Marke* als Durchschnittswert für einen Fünfjahreszeitraum setzte. Scholz erklärte nun in seiner »Zeitenwende«-Rede: »Wir werden von nun an Jahr für Jahr mehr als zwei Prozent des Bruttoinlandsprodukts in unsere Verteidigung investieren.« Damit zog er das Zieljahr um beinahe ein Jahrzehnt vor, außerdem schraubte er den Anspruch höher. Die strenge Orientierung an der Zwei-Prozent-Marke war bis dahin an Widerstand aus der SPD gescheitert (Wagner 2022, 138). Im Haushaltsentwurf für 2024 wurde die Orientierung an dem mehrjährigen Durchschnitt durch die anspruchsvolle Formulierung »ab 2024 jährlich« ersetzt. Außerdem schrieb man diese Selbstverpflichtung für die Zeit fort, zu der das sogenannte Sondervermögen Bundeswehr aufgebraucht sein werde.

Scholz nahm 2022 die Beschlüsse des NATO-Gipfeltreffens in Vilnius am 11./12. Juli 2023 vorweg. Dort verpflichteten sich die Mitgliedsstaaten in der Abschlusserklärung »dazu, jährlich mindestens zwei Prozent des BIP für die Verteidigung auszugeben«. Als Begründung dafür diente das im Vorjahr zusammen mit dem regionalen Verteidigungsplan verabschiedete neue Streitkräftemodell, das weit mehr Ressourcen erfordert. Die Umsetzung des Ausgabenziels wird Zusatzausgaben in dreistelliger Milliardenhöhe mit sich bringen.

Der deutsche Militärhaushalt war bereits von 2014 an – man beachte die Jahreszahl – bis 2021 um 35 Prozent angewachsen. 2022 wurden die Militärausgaben auf 50,4 Milliarden Euro aufgestockt. 2020 hatten sie 45,7 Milliarden Euro betragen. Im Haushaltsplan für 2024 wurden 51,8 Milliarden vorgesehen, ergänzt um 19,2 Milliarden Euro aus dem Sondervermögen Bundeswehr. Um die neue NATO-Vorgabe von zwei Prozent des BIP zu erreichen, wurden aber noch »Zusatzausgaben« angekündigt. Die Bundestagsabgeordnete Sevim Dağdelen nennt insgesamt 85,5 Milliarden Euro nach NATO-Kriterien.[60] Überproportional stieg das Budget für die Neuanschaffung von Rüstungsgütern wie Drohnen, das sich von 2018 bis 2023 vervierfachte (jW, 14.8.2023). Die im Haushalt für 2024 vorgesehenen Beträge sind die höchsten deutschen Militärausgaben seit 1945. Ausgaben nach Maßgabe von zwei Prozent des BIP beanspruchen 20 Prozent des Haushalts. In welchem Ausmaß Einsparungen im Sozialbereich und bei Infrastrukturmaßnahmen erforderlich sind, um diese Verschwendung zu kompensieren, lässt sich nur ahnen. Alle Ressorts außer der Verteidigung mussten Einsparungen hinnehmen. Die »Zeitenwende« wird deutlich, wenn man sich klarmacht,

60 jW, 5.9.2023. Die Angaben zu dem Haushaltsentwurf sind offenbar aufgrund der Zusatzausgaben etwas verwirrend. Damit erklärt sich vermutlich auch die Differenz der Beträge bei Jürgen Wagner und Lühr Henken (vgl. ZgK, Nr. 54). Henken hat bereits für 2021 52,43 Milliarden Euro errechnet.

dass nach dem Haushaltsplan für 2024 sieben Ministerien zusammen, darunter die Ministerien für Bildung und Gesundheit, zehn Milliarden weniger erhielten als der Militärhaushalt. Dank der Idee mit dem Sondervermögen könne man »die dringend nötige Wiederaufrüstung der Bundeswehr« finanzieren, ohne vorläufig den »üppigen Sozialstaat« anzutasten, tat hingegen die *FAZ* kund (17.2.2023). Die Entwicklung des Sozialstaats müsse gebremst werden, erklärte derweil Finanzminister Lindner (dpa, 6.9.2023).

Für kritische Beobachter war der russische Angriff nur eine willkommene Gelegenheit für die NATO bzw. die Bundesrepublik, der Bevölkerung *die quantitative wie qualitative Aufrüstung* als alternativlos zu verkaufen. »Die 2022 ausgerufene Zeitenwende ... schafft den Begründungsrahmen für Pläne, die schon längst bereit lagen«, so Andreas Seifert im Magazin der Informationsstelle Militarisierung (IMI, Juni 2023). Der Angriff auf die Ukraine löste nur die bis dahin bestehende Blockade bei einem Teil des politischen Establishments (Wagner 2022, 138).

Schon vor dem Krieg waren die Militärausgaben der NATO einschließlich der USA von 943 Milliarden US-Dollar (2014) auf 1.154 Milliarden (2021) angewachsen. Der deutsche Militärhaushalt war seit dem Jahr 2000 kontinuierlich erhöht worden (Grafik bei Wagner 2022, 142). Bereits der Beginn des manifesten Ukraine-Konflikts in 2014 läutete für die NATO eine damals nicht erklärte Zeitenwende ein. Sie begann, »ihre Rüstungsplanung wieder fast vollständig auf eine mögliche militärische Auseinandersetzung vor allem mit Russland auszurichten« (Wagner 2022, 51). Die damals beschlossene schnelle Eingreiftruppe sollte dann 2022 auf dem NATO-Gipfel in Madrid einschließlich ihrer »Speerspitze«, der Very High Readiness Joint Task Force (VJTF), beträchtlich vergrößert werden. Der Anspruch war, in kurzer Zeit 800.000 Soldaten zu organisieren (Wagner 2022, 179). Das auf dem NATO-Gipfel in Vilnius beschlossene Neue Streitkräftemodell (NSM) hat zum Ziel, 100.000 Soldaten und Soldatinnen innerhalb von zehn Tagen, weitere 200.000 bis Tag 30 und zusätzliche 500.000 bis Tag 180 mobilisieren zu können. Deutschland hat für den ersten Bereitschaftsgrad bis 2025 eine voll ausgestattete Division (bis zu 20.000 Soldaten) zugesagt. 2027 soll ein zweiter und bis 2030 ein dritter dieser Großverbände folgen.

Die Steigerung der Rüstungsausgaben ist also *die Folge eines revidierten Auftrags für die Streitkräfte.* Neuanschaffungen wie der ins Auge gefasste Kauf von über 200 Panzern zeigen, dass man im NATO-Stab für die Zukunft auch einen »konventionellen« Krieg in Betracht zieht. Nach 1990 hatte sich die NATO neu erfinden müssen. Der Auftrag der Streitkräfte war von der Landesverteidigung auf Interventionsfähigkeit zum internationalen »Krisenmanagement« mit einer global einsetzbaren Truppe verlagert worden. Das erlaubte eine quantitative Abrüstung zugunsten qualitativer Aufrüstung. Auch personell zählte nicht mehr die Quantität; denn für Auslandseinsätze war eine kleinere, professionell agierende Truppe ausreichend, was Verteidigungsminister Karl-Theodor zu Guttenberg zur Aussetzung der Wehrpflicht veranlasste. Bezeichnenderweise wird diese Entscheidung heute wieder in Frage gestellt. Nun steht nicht mehr nur eine qualitative, sondern auch eine quantitative Aufrüstung auf dem Programm. Denn von der NATO wird wieder »auf abgestuft einsatzbereite, aber kampfkräftige internationale Großverbände« gedrängt (Wagner 2022, 171f.), die im Gefecht der verbundenen Waffen Panzer, Kampfflugzeuge etc. benötigen. Aufgrund der Eskalation der Spannungen mit der Russischen Föderation bekam schon ab 2015 »die Fähigkeit für Kriege gegen gleichwertige Gegner … wieder hohe Priorität« (55). Für einen symmetrischen Krieg sind Großverbände statt Battle Groups erforderlich. Damit werden »gigantische Aufrüstungsprogramme« (88) erklärbar.

Nach einer Bestandsaufnahme und Risikoanalyse aus dem Jahr 2014 wurde 2016 im Bundesministerium für Verteidigung die Agenda Rüstung entwickelt, mit der eine dreifache »Trendwende« für Personal, Fläche und Material angesteuert wurde. Schon damals wurden Rüstungsprojekte mit einem Finanzvolumen von 70 Milliarden Euro ins Auge gefasst (bmvg.de, 29.9.2016). Die letzte Mittelfristige Personalplanung von 2019 sieht für 2025 eine Stärke von 203.000

Soldaten vor (114). Viele Standortschließungen sollen wieder rückgängig gemacht werden. Für die Marine wird ein Bedarf von 25 Kampfschiffen und acht U-Booten veranschlagt. Die Luftwaffe soll vier gemischte Einsatzgeschwader zur NATO-Air-Force beisteuern. Artillerie und Panzerbestände sollen um das Fünffache erhöht werden (120). Der »Dialog« mit der Rüstungsindustrie soll intensiviert werden. Auf Modernisierung mit Hightech setzen zwei deutsch-französische Gemeinschaftsprojekte, das Future Combat Air System für die Luftwaffe und das Main Ground Combat System für die Panzerflotte. Diese umfasste 2022 bereits 320 Leopard 2 (127).

Für 2023 sah die Bundesregierung mehr als 17 Milliarden Euro und im Haushalt für 2024 22 Milliarden Euro für Rüstungsinvestitionen vor. Jürgen Wagner von der Informationsstelle Militarisierung zählt auf: »Da wäre zum Beispiel die Nachrüstung der restlichen 143 Schützenpanzer Puma auf den neuesten Rüstungsstand ›S1‹ … Am 10. Mai billigte der Haushaltsausschuss darüber hinaus die Anschaffung weiterer 50 Pumas für 1,5 Milliarden € … Der Vertrag sieht zudem eine bis 2024 zu ziehende Option zur Anschaffung von insgesamt 229 Panzern vor, wodurch das Gesamtvolumen noch einmal deutlich steigen würde. Ebenfalls erst kürzlich nahmen die Beschaffungspläne eines Schweren Transporthubschraubers Gestalt an, dessen Bereitstellung von deutscher Seite her der NATO zugesagt wurde. Hierfür wurde schon vor einiger Zeit eine Entscheidung für die Anschaffung von 60 Boeing CH47F Chinook getroffen, die die alternden CH-53G Sikorsky ersetzen sollen« (IMI, Juni 2023).

Was die Höhe der zukünftigen Ausgaben betrifft, hat Lühr Henken unter Berücksichtigung des prognostizierten BIP, der zu erwartenden Inflationsraten und des nötigen Ausgleichs der jeweils noch unterschrittenen NATO-Vorgaben Schätzwerte errechnet, die einen erschreckenden Vorrang der deutschen Militärausgaben auf Kosten von Bildung, Gesundheit und sozialstaatlichen Verpflichtungen befürchten ließen (ZgK, Nr. 54). Demnach wären für 2024 85,5 Milliarden Euro Militärausgaben anzusetzen, für 2025 109 Milliarden Euro und für 2026 112 Milliarden Euro. Schon der Kostenanstieg um 21,4 Milliarden Euro, der nach Henken von 2023 auf 2024 zu erwarten ist, würde weitere drastische sozialstaatliche Einschnitte bedeuten.

Im August 2023 kaufte die Bundesregierung von Israel das Luftabwehrsystem »Arrow 3« für vier Milliarden Euro, bezahlt aus dem Sondervermögen Bundeswehr. Mit dem System können als feindlich erkannte, oberhalb der unteren Erdatmosphäre anfliegende Raketen zerstört werden. Nach der Planung soll Arrow 3 im September 2025 an einem ersten Standort einsatzfähig sein (jW, 18.8.2023). Das System ist Teil der European Sky Shield Initiative, die nur Sinn ergibt, wenn man Russland als feindliche Macht behandelt. Entweder soll es mit seiner enormen Reichweite (2.400 km) vor Angriffen aus Russland schützen, die nach Einschätzung von kritischen Experten für internationale Politik wie John Mearsheimer nicht zu erwarten sind. Oder das System soll die Zweitschlagsfähigkeit der Russischen Föderation nach einem möglichen atomaren Angriff des Westens einschränken und so einen Atomkrieg zu einer »rationalen« Option machen. Frankreich beteiligt sich nicht an dem European Sky Shield. Präsident Macron äußerte die Befürchtung, das System könne einen Rüstungswettlauf einläuten, dabei seien die Erwartungen an den Schutzschirm illusorisch.

Alle EU-Staaten wollen aufrüsten, wobei mehrere, darunter gerade kleinere wie die baltischen Staaten bereits 2023 die Marge von zwei Prozent des BIP nicht nur erreicht, sondern schon überschritten hatten. Ganz vorne lag *Polen* bei den Rüstungsausgaben mit knapp vier Prozent des BIP, die Regierung sah eine Steigerung auf fünf Prozent vor. 2023 sollten 27,5 Milliarden Euro in Militär und Rüstung investiert werden. Zwei polnische Rüstungsunternehmen erhielten Aufträge für die Lieferung von mehr als 1.000 schwimmfähigen Schützenpanzern. Auf der Einkaufsliste standen 160 »Abrams«-Panzer aus den USA und mindestens 400 Panzer des Typs »K2« aus Südkorea (vgl. telepolis.de, 5.3.2023; jW-Beilage 30.8.2023). In *Frankreich* wurde 2023 das Militärprogrammgesetz verabschiedet, das bis 2030 Militärausgaben in Höhe von 413

Milliarden Euro vorsieht. Zur gleichen Zeit kürzte die Regierung Macron die öffentlichen Ausgaben für soziale Zwecke (Serfati 2023, 22). Selbst *die Schweiz* will ungeachtet ihrer Neutralität die Armee mit mehr modernen Waffensystemen, zum Beispiel Lenkwaffen und Raketenwerfern, ausstatten, was ebenfalls höhere Ausgaben bedingt. Mitte August 2023 veröffentlichte die Schweizer Armee das Strategiepapier »Vision 2030«, in dem eine höhere Finanzierung und eine engere militärische Kooperation mit anderen Staaten gefordert wird (jW, 22.8.2023).

Die EU-Kommission hat sich ungeachtet der Gründungsdokumente der Gemeinschaft, d.h. der Römischen Verträge, die den Mitgliedsstaaten die Wahrung ihrer Sicherheitsinteressen überließen, schrittweise Zuständigkeiten im militärischen Bereich geholt. Den Wendepunkt stellte 2003 laut Serfati das Dokument »Europäische Sicherheitsstrategie. Ein sicheres Europa in einer besseren Welt« dar (2023, 23). In der Folge versuchte die Kommission auch in die Kompetenzen der Europäischen Verteidigungsagentur (EDA) einzugreifen. Das European Defence Industrial Development Programme soll die Zusammenarbeit und Wettbewerbsfähigkeit der europäischen Rüstungsindustrie fördern, finanziell unterstützt vom European Defence Fund. Gemeinsame Forschung und Entwicklung sowie eine gemeinsame Beschaffung soll die sogenannte Interoperabilität der Streitkräfte sichern. Die Rivalitäten sind jedoch zu groß. Vor allem die wirtschaftliche Konkurrenz zwischen Frankreich und Deutschland drohte 2023 zwei gemeinsame Rüstungsprojekte, das Luftkampfsystem FCAS und das Kampfpanzersystem MGCS, scheitern zu lassen (SZ, 6.9.2023).

In einigen europäischen Ländern, z.B. in Spanien und Polen, hält der Staat große Anteile an nationalen Rüstungskonzernen. Im Übrigen werden Rüstungskonzerne durch staatliche Aufträge gestützt. »Die Unterstützung, die die großen europäischen Konzerne auf ihrem nationalen Territorium von den jeweiligen Regierungen erhalten, hat es ihnen ermöglicht, auf der Ebene der EU (Kommission, Europäisches Parlament usw.) großen Einfluss auszuüben«

(Serfati 2023, 29). Die Verbindung von Rüstungswirtschaft und Politik, zum Teil auch personell gefestigt, erlaubt es nach Serfati, von »militärisch-industriellen Systemen« zu sprechen. Das wird bekräftigt durch die Bedeutung, die die Rüstungsindustrie trotz ihres geringen Anteils am jeweiligen BIP für den Finanzmarkt gewonnen hat. Die Börsenindizes von Rüstungsunternehmen übertreffen seit 2012 in zunehmendem Maße die Indizes der sonstigen Industrie (30). Das macht das Interesse des Finanzsektors an Rüstung und Kriegen verständlich. Nach wie vor gilt, was ein Kolumnist der *Time* im Rückblick auf die steil ansteigenden Dow Jones Indizes während des ersten Irakkriegs schrieb: »The generals an Wall Street do love a war« (Time, 9.3.1998).

Die Vorbereitung der USA auf einen Krieg mit China, was auf jeden Fall die Kontrolle über den Indopazifik nötig macht, dürfte die Schiffsbauer und ihre Finanziers entzücken. Nach den derzeitigen Plänen sollen in den nächsten Jahrzehnten über 350 bemannte Schiffe, darunter zwei gigantische Flugzeugträger, und bis zu 140 unbemannte Über- und Unterwasserfahrzeuge von teils beträchtlicher Größe gebaut werden (Cypher 2023, 44). Die USA kombinieren weitere Aufrüstung mit der Stärkung ihrer Bündnissysteme, nicht zuletzt in Südostasien. *Der AUKUS-Pakt* zwischen Australien (A), Großbritannien (UK) und den USA (US) sieht auch eine schnelle Ausweitung der »militärisch-industriellen Basis« und eine enge rüstungsindustrielle Kooperation vor, unter anderem den gemeinsamen Bau von Atom-U-Booten durch Australien, Großbritannien und die USA. 2022 wurde in *Australien* von den US-Konzernen Raytheon und Lockheed Martin nach Vereinbarung mit der dortigen Regierung eine Produktionsanlage für Lenkwaffen errichtet (jW, 16.8.2023). *Japan* will seinen Militäretat in den nächsten fünf Jahren erklärtermaßen auf zwei Prozent des BIP, in Wirklichkeit auf mehr als zwei Prozent erhöhen. Im Dezember 2022 wurden neue Richtlinien für die Verteidigung verabschiedet, die unter anderem die Installation von Langstreckenraketen vorsehen (jW-Beilage ›Krieg und Frieden‹, 30.8.2023).

Die Gegenseite sieht sich naheliegenderweise auch zur Aufrüstung veranlasst. Die VR China und die Russische Föderation demonstrieren nicht nur Geschlossenheit und militärische Kooperation bei Großmanövern, sondern rüsten quantitativ und qualitativ auf. »In Russland stiegen die Militärausgaben im Jahr 2022 stark um schätzungsweise 9,2 Prozent auf rund 86,4 Milliarden Dollar an. Das entspricht 4,1 Prozent des russischen Bruttoinlandsprodukts (BIP) für 2022« (telepolis.de, 2.6.2023). 2005 führten Moskau und Beijing das erste gemeinsame Großmanöver durch, ab 2017 gab es jährlich solche Übungen, die zugleich eine Machtdemonstration waren. Das gilt vor allem für das Marinemanöver im Mittelmeer in 2015 (Kronauer 2022, 184) und erst recht für das Marinemanöver »Nördliches Zusammenwirken 2023« im Japanischen Meer (jW, 17.8.2023). Chinas Rüstungsausgaben sind inzwischen die zweithöchsten der Welt nach denen der USA, wenngleich diese nach wie vor dreimal so hoch ausfallen. Das im Vergleich zu den USA und zu Russland kleine Atomwaffenarsenal hat die Volksrepublik angeblich erweitert und modernisiert.

Starke Aufrüstung braucht die Akzeptanz der Bevölkerung. Das scheint speziell in Deutschland noch immer ein Problem für die Rüstungspolitik darzustellen. *Die Militarisierung der Gesellschaft*, die man in der Zeit der Auslandseinsätze nach 1990 vernachlässigen konnte, hat inzwischen an Bedeutung gewonnen. Das Heer der Journalistinnen und Journalisten in Presse, Rundfunk und Fernsehen bildet dabei oft nur eine beflissene Hilfstruppe.

Aber was meint Militarisierung der Gesellschaft? Zunächst einmal, dass das Militär als normaler, selbstverständlicher Teil des Alltags erlebt wird. Dafür sorgt die Bundeswehr selbst mit der öffentlichen Vereidigung von Rekruten, der Beteiligung von Uniformierten am Volkstrauertag, mit Flugschauen, als Gastgeber für Politiker und Politikerinnen. Anfang August 2023 besuchte Verteidigungsminister Boris Pistorius die Gebirgsjäger in Bad Reichenhall, vorher war der Bundespräsident dort gewesen. Wichtig sind die ausführlichen Berichte in den Lokal- und Regionalzeitungen mit Foto, etwa der Bundespräsident mit einem Gewehr im Arm. Soldaten sollen im Flecktarn mit der Bahn fahren, um die Sichtbarkeit der Bundeswehr im Alltag zu erhöhen. Die Assoziation mit positiven Erlebnissen sollen PR-Shows und Events knüpfen. Das Heeresmusikkorps spielt auf, zum Beispiel 2023 bei der großen Segelregatta »Hanse Sail« in Rostock oder im selben Jahr beim Zugspitzlauf in Garmisch-Partenkirchen. Im September 2023 zeigte man, im Beisein von Prinz Harry, bei den »Invictus Games« in Düsseldorf sichtbar und medienwirksam Präsenz. Seit 2015 lädt die Bundeswehr am 17. Juni jeden Jahres deutschlandweit an mehreren Standorten zum Tag der Bundeswehr ein. Die Bundeswehr als Event. Man will den Besucherinnen und Besuchern ermöglichen, »auch einmal hinter die Kasernenmauern und -zäune der Streitkräfte zu schauen … mit der Truppe ins Gespräch zu kommen, sich selbst ein Bild zu machen und die Armee mit ihrer Technik und ihrem Gerät hautnah kennenzulernen« (bundeswehr.de, 17.6.2023). »Hautnah« – das ist wichtig. Auch das Programm bei der genannten »Hanse Sail« versprach »ein hautnahes Erleben« von Panzern und einer Seenotrettung per Hubschrauber (jW, 11.8.2023). Die Leute sollen sich vertraut machen mit dem Militär und dem Kriegsgerät. Die angestrebte Begeisterung für Waffen in Kombination mit der Begeisterung für den Kampf bedeutet ein fortgeschrittenes Stadium der Militarisierung. Die militärische Propaganda glorifiziert bisher nicht den Helden, sondern stellt mehr auf das professionelle Parieren von Gefahren ab. Den Entwicklern mancher Computerspiele müsste die Bundeswehr dankbar sein; denn sie fördern die Entwicklung von Kampfgeist.

Online-Foren und Magazine behandeln Fragen von Strategie und Taktik. Das Thema Rüstung ist auf die Frontseiten der Zeitungen gerückt. Wie sich die Zeiten geändert haben, macht eine Bemerkung des *SZ*-Journalisten Thomas Fromm deutlich, der das Gespräch mit einer Unternehmerin der Rüstungsbranche so kommentiert: »Das waren Zeiten, in denen nicht viel gesagt wurde, weil Rüstung spätestens nach dem Ende des Kalten Krieges eher auf der dunklen Seite der Industrie verortet wurde.« Und seine Gesprächspartnerin bestätigt. Die Devise sei gewesen: »Redet nicht, profiliert Euch nicht« (SZ, 5.7.2023). Die Erzählung von der vermeintlich notorischen Unterfinanzierung der Bundeswehr – für Jürgen Wagner (2023) eine »Schrotthaufen-Debatte« – wird von Zeitungsartikeln unterfüttert. Ein weiterer *SZ*-Beitrag, für den der Verfasser ein Marinefliegergeschwader bei dessen Einsatz begleitet, wurde überschrieben mit »Im Oldtimer an die Ostflanke«. Das Flugzeug, eine Orion, wird mit Nostalgie wie ein museales Exponat behandelt, aus der Zeit, »als die Bundeswehr schrumpfen musste, weil kaum noch jemand in Russland einen Gegner sehen wollte« (SZ, 8.7.2023). In einer anderen Ausgabe macht sich die *Süddeutsche Zeitung* zum Sprachrohr von Militärexperten, die auf die Entwicklung autonomer Waffensystem drängen. In der Bundeswehr seien einige frustriert. Es drohe wieder einmal die »Verschleppung« von Entwicklungen, mit dem Risiko, »endgültig den Anschluss zu verlieren« (SZ, 21.7.2023). Anderntags wird gewarnt: »Die Drohne hat die Kriegsführung revolutioniert. Die Bundeswehr allerdings ist spät dran.« Auch hier habe man »viel Zeit verloren« (SZ, 7.8.2023). Der nachfolgende Bericht über die Zentrale für Drohnentests in Meppen lässt den Alarm unnötig erscheinen.

Die gehäuften Berichte und Reportagen vom Krieg tragen zur Zunahme von militärischem Denken bei. Nie waren vor 2022 in den Medien so viele Bilder von Kriegsgerät und von Kämpfern oder Kämpferinnen im Flecktarn. Dass heute auch Frauen in der Truppe »ihren Mann stehen«, gibt dem Ganzen sogar einen gewissen Anschein von Fortschrittlichkeit. Die Reportagen müssen nicht reißerisch sein. Es reicht, wenn der Text eine hohe Identifikation des Journalisten oder der Journalistin mit der »richtigen Seite« verrät. Damit wird auch das Feindbild aufpoliert.

An der *Feindbildproduktion* beteiligen sich alle Massenmedien mit entsprechender Reichweite. Sie gilt über den »Machthaber« Putin hinaus »*den* Russen«. Dabei kann man in Deutschland auf einen Fundus überkommener Klischees zurückgreifen. Dass Russen, soweit sie den Angriff nicht explizit verurteilten, über bloße politische Kritik hinaus auch antirussischer Ächtung ausgesetzt sind,[61] lässt sich ebenso wenig ausreichend mit der medialen Kampagne erklären wie die identifikatorische Übernahme der Opferrolle der Ukraine – also der Opferrolle des Staates, nicht nur der ukrainischen Bevölkerung, siehe etwa die gelb-blaue Beflaggung. Das schon im Kaiserreich verbreitete Negativklischee von den Slawen hatten die Nazis bei der Kriegsvorbereitung und im Krieg gegen die Sowjetunion aufgegriffen, um moralische Skrupel beim Kujonieren und Morden auszutreiben und um die »Heimatfront« zu mobilisieren. Russen und Slawen generell galten als Angehörige einer minderen Rasse. Ukrainische Hilfstruppen nahm man in Kauf. »Im deutschen Kontext«, so ein Beitrag der *taz* (30.3.2021), »hat dieser ausgeprägte Antislawismus eine besondere ›ungute Tradition‹, sagt Hans-Christian Petersen. Er lehrt am Institut für Geschichte der Universität Oldenburg, unter anderem mit Schwerpunkt auf die Geschichte Russlands und der Sowjetunion. ›Seit dem 18. Jahrhundert findet man in den Quellen immer wieder die Vorstellung von sogenannten ›deutschen Kulturträgern‹, die das Licht der Kultur in den ›dunklen Osten‹ bringen würden‹, sagt er. Reisebeschreibungen seien das vorrangig, die davon erzählten, ›wie unzivilisiert und rückständig alles sei‹, dort im Osten« (taz.de, 30.3.2021). Und laut der Berliner Landeszentrale für Politische Bildung verbreitete sich ab dem 18. Jahrhundert »eine bis heute wirkmächtige Vorstellung: einerseits das positive Bild des zivilisierten, rationalen Westens, anderseits das negative Gegenbild des rückständigen, unzivilisierten Ostens, zu dem Osteuropa gezählt wurde« (berlin.de, 28.10.2022). Baerbock bedient ein Klischee ähnlicher Art, wenn sie mit Blick auf Russland nicht nur zwischen Demokratien und Autokratien unterscheidet, sondern – mit Blick auf westliche Länder und in Abgrenzung von Moskau – von »zivi-

61 Objektiv zielten die Vorwürfe nicht auf die *russische*, sondern auf die *russländische* Bevölkerung (rossijskij). Wie eingangs angemerkt, ist die undifferenzierte Sichtweise aufschlussreich.

lisierten Regierungen« spricht.[62] Und das ganz so, als habe es die genannten Kriege der NATO nie gegeben.

Im Kalten Krieg wurde die Angst vor einer russischen Invasion wach gehalten. Dass quasi über Nacht Panzer anrollen könnten, schien niemand ganz ernst zu nehmen, aber für abwegig hielt man es nicht. Der Liedermacher Franz Josef Degenhardt griff das ironisch auf in dem Lied »Es denken die Leute von gestern wieder an morgen« (1982).[63] Teilweise war die Angst vor »dem Russen« die stets geschürte Angst vor den kommunistischen Weltherrschaftsplänen. In der DDR galt die Sowjetunion zwar als »großer Bruder«, und die Russen wurden als Freunde und Beschützer gefeiert wie »die Amis« im Westen. Kontakte zwischen der Bevölkerung und den sowjetischen Einheiten waren aber auf offizielle Anlässe beschränkt. Dennoch erklärt diese Geschichte vielleicht die regional unterschiedlichen Umfragewerte beim Thema Ukrainekrieg.

Bis zum Angriff auf die Ukraine blieb das negative Stereotyp noch auf den rein politischen Diskurs beschränkt und war leidenschaftslos. Das Feindbild war nicht generalisiert (»die Russen«) und seltener personalisiert (Putin), auch wenn der Vorwurf des »Putinfreundes« oder »-verstehers« bereits allgegenwärtig war. Mit dem ersten Tag des unerwarteten Einmarsches wurden Feindseligkeiten gegenüber Russen zum Massenphänomen. Flankiert von der medialen Stimmung, war es für viele der Überfall einer Großmacht auf ein kleines Land, ein Kampf David gegen Goliath. Sicher schlug die Empörung auch deshalb so hohe Wellen, weil die Öffentlichkeit über den achtjährigen Krieg gegen die Donbass-Bevölkerung allenfalls am Rande informiert wurde. Nicht nur Putin ist zur Inkarnation des

---

62 Baerbock in einem Interview zum Scheitern der Sanktionspolitik: »Wir haben erlebt, dass mit rationalen Entscheidungen …, die man zwischen zivilisierten Regierungen trifft, dieser Krieg nicht zu beenden ist« (n-tv.de, 24.8.2023).

63 Polt: »Der Russ, wann der kimmt, dann kimmt er anders als wia ihr eich des vorstellts. Da machts huiiii – und dann iss aus mitm Freibier.« Degenhardt (Auszug): »Sie wachen morgens auf / öffnen die Schlafzimmertüre nach draußen / die Sonne scheint / Sie recken sich / da sehen Sie mitten auf Ihrem englischen Rasen / steht / ein russischer Panzer.«

Bösen geworden. Wer hierzulande seine russische Herkunft nicht verleugnen kann oder Russe zu sein scheint, kann Leute gegen sich aufbringen. Als Gewerbetreibender kann er oder sie geschäftliche Schwierigkeiten bekommen. Andererseits stimmte im Juni 2022 in einer Umfrage des European Council on Foreign Relations nur eine Minderheit der Bundesbürger einem Abbruch der kulturellen und diplomatischen Beziehungen zu Russland zu. Nicht alle machten die Russische Föderation für den Krieg verantwortlich, nur 66 Prozent (rnd.de, 15.6.2022). Das ist bei der einheitlichen Beschuldigung Russlands in Boulevardpresse und sogenannten Qualitätsmedien beachtlich.

»Auf einmal sind das die Bösen«, titelte etwa *Die Welt* im März 2022 mit Bezug auf die aus Russland stammende Bevölkerung.[64] Das Gegenbild zum »bösen Russen« bieten die Ukrainer, so mit der Vorstellung vom Helden und bravourösen Verteidiger. Man propagiert Solidarität mit der Ukraine, was die meisten als Solidarität mit den Ukrainern gleichsetzen.

Wo ein Feindbild, da ist auch das Gefühl der Bedrohung, das scheinbar rational gemacht werden kann durch *ein Bedrohungsszenario*. In dieser Hinsicht ist eine ganzseitige Reportage in der *Süddeutschen Zeitung* von Ende Juni 2023 aufschlussreich, in der zwei Journalisten die Leserschaft auf den Mangel an Schutzbunkern in Deutschland aufmerksam machen. Besonders alarmiert zeigen sie sich über das Fehlen eines Regierungsbunkers. Nach dem Ende des Kalten Krieges habe man viele Bunker stillgelegt oder umfunktioniert. »Seit Putins Angriffskrieg gegen die Ukraine müssen jetzt aber neue Szenarien durchgespielt werden – etwa eine Nuklearkatastrophe in Saporischschja. Und so unwahrscheinlich es sein mag, aber Putins Propagandisten prahlen ja immer wieder damit, wie schnell

64 Ausschnitt aus folgendem Zitat im Text: »Li, selbst noch in der Sowjetunion aufgewachsen, kennt den inneren Konflikt vieler Einwandererfamilien. ›Da verbringt man jedes Jahr die Sommerferien bei Oma und Opa in Russland, und auf einmal sind das die Bösen. Das ist gerade für Kinder natürlich nicht zu verstehen und sehr belastend.‹« (welt.de, 27.3.2023)

man Berlin auslöschen könnte« (SZ, 29.6.2023). Eine irrwitzige Annahme, mit der hier Ängste geschürt werden. Lediglich die Angst vor einer Nuklearkatastrophe ist keine Phantomangst.

Ein Bedrohungsszenario wird auch in Bezug auf China aufgebaut. Das Feindbild ist vorläufig nur verschwommen sichtbar. Außenministerin Baerbock hat ein Element dafür geliefert, indem sie den Staatspräsidenten Xi Jinping als »Diktator« gebrandmarkt hat. Bedrohlich für die »Weltgemeinschaft« seien, so wird suggeriert, die autokratische Herrschaft, der Anspruch Chinas auf Taiwan und die Meere im Süden und Osten sowie die wirtschaftliche Expansion. Dass das Kapital aus den G7-Staaten darin ebenso wie in der Überlegenheit der staatlich gesteuerten Marktwirtschaft eine reale Bedrohung sieht, ist verständlich. Aber auch der »kleine Mann« soll Angst vor Wohlstandsverlusten bekommen.

Die zunächst aus Anlass des Ukrainekriegs von Presse, Rundfunk, Fernsehen und den staatstragenden Parteien erzeugte Stimmung setzt *die Gewerkschaften*, die sich vor Jahren noch entschieden gegen Aufrüstung wandten, unter Druck. Ein Beispiel dafür liefern Vorstand und Gewerkschaftsrat der großen Dienstleistungsgewerkschaft ver.di, die auf dem Bundeskongress im September 2023 gegen die Stimmen einer Minderheit den Leitantrag »Perspektiven für Frieden, Sicherheit und Abrüstung in einer Welt im Umbruch« verabschiedete – und so mit vielem Wenn und Aber dem Rüstungsprogramm der Bundesregierung die Zustimmung erteilte.

Die Militarisierung der Gesellschaft würde eine weitere Hürde nehmen, wenn die vor Jahrzehnten erkämpfte *Zivilklausel an den Hochschulen* gestrichen würde, wie von der Bundesforschungsministerin Stark-Watzinger (FDP) in die Debatte geworfen. Bei der Zivilklausel handelt es sich primär um eine Selbstverpflichtung der Hochschulen, militärspezifischer Forschung keinen Raum zu geben. In den Hochschulgesetzen einiger Bundesländer ist das auch verankert. Das Vorgehen der Ministerin ist exemplarisch für den Versuch, Errungenschaften der Friedensbewegung in Frage zu stellen und dem Diskurs eine neue Wendung zu geben. Eines ihrer Argumente war, dass sich heute ohnehin zivile Forschung oft nicht von militärischer Forschung trennen ließe. So gewiss die Forschung im Bereich KI mehr als sonst Dual-Use-Ergebnisse hervorbringt, so wenig rechtfertigt das die Öffnung der universitären Forschung und Lehre für die Kooperation mit dem Militär und der Rüstungsindustrie.

Bilanz: Der Angriff auf die Ukraine hat der politischen Führung in Deutschland und den anderen NATO-Staaten die Rechtfertigung für die Realisierung der Pläne zur quantitativen und qualitativen Aufrüstung geliefert, die schon länger in NATO-Dokumenten vorlagen. Mit der Begründung, Russland habe sich als eine bedrohliche, schwer einzuschätzende Macht erwiesen, wird offen das Ziel verfolgt, die Streitkräfte nicht allein zu Interventionen in Krisengebieten, sondern auch zum Gefecht in einem konventionellen, symmetrischen, eventuell auch nuklearen Krieg zu befähigen. Die Öffentlichkeit in Deutschland und ganz Europa, sogar in den neutralen Staaten Österreich und Schweiz, stimmt dieser Rüstungspolitik zu, wie sie auch die ständig neuen Waffenlieferungen an die Ukraine unterstützt. Die Gegenöffentlichkeit, aus der heraus mehrfach die Forderung nach Friedensverhandlungen artikuliert wurde, ist bisher schwach. Bundesverteidigungsminister Boris Pistorius erklärte Ende Oktober 2023 in der ZDF-Sendung »Berlin direkt«: »Wir müssen kriegstüchtig werden. Wir müssen wehrhaft sein. Und die Bundeswehr und die Gesellschaft dafür aufstellen.« Eine unmissverständliche Botschaft.

Der hybride Krieg des Westens, die Teilung der Welt, Konfrontation statt Kooperation

Der Eiserne Vorhang ist vor mehr als drei Jahrzehnten gefallen. Inzwischen zeichnet sich eine neue epochemachende Änderung der politischen Weltkarte ab. Der Wirtschaftskrieg, mit dem die westliche Allianz seit 2014 die Russische Föderation in die Enge zu treiben versucht, hat die russische Führung gezwungen, eine verstärkte wirtschaftliche Kooperation mit der VR China zu suchen. Vorläufiger Höhepunkt der Annäherung war der dreitägige Staatsbesuch des chinesischen Präsidenten vom 20. bis 22. März 2023 in Moskau. »Gegenwärtig geschehen Veränderungen, wie sie seit hundert Jahren nicht geschehen sind«, meinte Xi Jinping (jW, 24.3.2023).

Alles deutet darauf hin, dass sich Russland, wenn die Europäische Union weiter an ihrem Konfrontationskurs festhält, in Zukunft nach Osten hin orientieren wird, verbunden mit der Abwendung von Europa bzw. vom übrigen Europa. Aufmerksamkeit verdient dabei, dass man seitens des Westens nicht nur die wirtschaftlichen Verbindungen gekappt hat, sondern auch bemüht ist, die kulturellen Kontakte einzufrieren. Es scheint gelungen zu sein, das Feindbild Russland neu aufzufrischen. Zumindest wird dem multiethnischen, bis zum Pazifik reichenden Land immer wieder bescheinigt, wie fremd es uns sei.[65]

Eine historische Reminiszenz lässt ahnen, wie sich Russland auf lange Sicht von uns entfernen könnte. Napoleon hat das feudale Europa ziemlich radikal umgestaltet. Auch nachdem die alten Mächte im Wiener Kongress 1815 seine eigenwilligen Staatsschöpfungen wieder rückgängig gemacht hatten, blieb der Kompass des Habsburger Reiches neu ausgerichtet. »Was Napoleon in den ersten zehn Jahren seiner unerhörten Ruhmeslaufbahn mit Österreich gemacht hatte, war nicht weniger, als dass er es beim Genick gefasst und in den Winkel von Europa gestellt hatte, mit dem Gesicht nach Osten. Vor zehn Jahren noch hatte Habsburgs langer Arm über Deutschland hinweg in die Niederlande gereicht … Dieser Arm hatte die Deutsche Kaiserkrone gehalten, die linksrheinischen burgundischen Besitzungen … All das gehörte jetzt der Vergangenheit an. Österreich hatte Belgien und Holland aufgegeben, die Kaiserkrone fallen lassen, Burgund verloren«, schreibt der konservative österreichische Schriftsteller Raoul Auernheimer (1876-1948) in seiner Metternich-

65 Nur ein Beispiel: Eine Aufführung der Oper »Boris Godunow« von Modest Mussorgsky verdeutlichte für den Musikkritiker Peter Jungbluth, »wie fremd uns Russland schon immer war und nicht erst geworden ist« (BR Klassik, 27.3.2023).

Biographie (1948: 47). Wer verbindet heute Österreich gedanklich mit Holland oder Burgund? Seine Zuwendung zum Balkan und nach Osteuropa erscheint uns quasi naturgegeben.

Noch im September 2001 hat Putin im Deutschen Bundestag, mit viel Beifall bedacht, für »eine umfangreiche und gleichberechtigte gesamteuropäische Zusammenarbeit« plädiert. Er warb damit, »dass Europa seinen Ruf als mächtiger und selbstständiger Mittelpunkt der Weltpolitik langfristig nur festigen wird, wenn es seine eigenen Möglichkeiten mit den russischen menschlichen, territorialen und Naturressourcen sowie mit den Wirtschafts-, Kultur- und Verteidigungspotenzialen Russlands vereinigen wird«. Und er zeigte sich zuversichtlich, dass man dabei sei, die Voraussetzungen »zum Aufbau des europäischen Hauses« zu schaffen. Das ist inzwischen Episode.

Die Russische Föderation wendet sich trotz nicht zu leugnender Rivalität gezwungenermaßen der VR China zu. Zum Beispiel konkurriert die Russische Föderation mit China um die wirtschaftlichen Beziehungen mit Zentralasien. Der Außenhandel der dortigen Länder mit China übertrifft seit einiger Zeit den mit der Russischen Föderation (Kronauer 2018, 134). Aber der gegenseitige Handel zwischen der Russischen Föderation und China kompensiert den weggebrochenen Handel mit Europa. Er habe sich 2022 gegenüber dem Vorjahr um 30 Prozent auf 185 Milliarden US-Dollar erhöht, so Putin im März 2023. Damit nähert man sich schon dem bisherigen Handelsvolumen mit den EU-Staaten, das (ebenfalls 2022) bei 250 Milliarden Euro lag. Die wirtschaftliche Kooperation zwischen der Russischen Föderation und der VR China bietet ähnliche Chancen für beide Seiten, wie sie die Kooperation mit Westeuropa geboten hätte. China ist dabei, zum Hightech-Land zu werden, und die Russische Föderation kann mit ihrem Reichtum an Rohstoffen und Energieträgern punkten. Die Landwirtschaft in den Weiten Russlands ist von großer Bedeutung für Chinas Ernährungssicherheit, entsprechend gestiegen ist der Agrarhandel. Beide Länder, vor allem das bevölkerungsreiche China, bieten verheißungsvolle Absatzmärkte. Schon jetzt soll jeder dritte Neuwagen und fast jeder zweite Laptop auf dem russischen Markt aus China kommen (jW, 24.3.2023). Von russischer Seite strebt man mehr industrielle Kooperation an. Vielleicht gelingt es der Russischen Föderation in der Zusammenarbeit mit der Volksrepublik, den Extraktivismus, also die starke Angewiesenheit auf Rohstoff-, Öl- und Gasexporte, zu überwinden.

Die im März 2023 verabschiedete Erklärung zur »Vertiefung der umfassenden strategischen Partnerschaft« lässt sich als symbiotische Ergänzung der beiden Volkswirtschaften interpretieren. Man kann aber auch das technologische Ungleichgewicht herauslesen. »China wolle beispielsweise mehr Elektrotechnik liefern, sagte Xi. Vereinbart worden seien auch zusätzliche russische Gaslieferungen an China, sagte Putin. Bis 2030 solle die Gaslieferung auf fast 100 Milliarden Kubikmeter pro Jahr steigen. Zudem würden 100 Millionen Tonnen Flüssiggas geliefert, aber auch Kohle und atomarer Brennstoff« (merkur.de, 22.3.2023). Schon 2018 hatte der bilaterale Handel die Marge von 100 Milliarden US-Dollar überschritten, und er nimmt zu. China ist zum bedeutendsten Handelspartner der Russischen Föderation geworden, wobei die Einseitigkeit nicht zu verkennen ist. China liefert neben Elektronik Computerchips. Chinesische Digitalunternehmen wie Alibaba und Autofirmen sind in Russland aktiv, allerdings teilweise auch mit Investments (SZ, 14.7.2023). Mit seiner extraktiven Wirtschaft ist die Russische Föderation stark auf die Partnerschaft mit China angewiesen, insbesondere seitdem der europäische Markt weitgehend verschlossen ist. »Russland wird dadurch tendenziell auf die Rolle eines Rohstoff- und Agrarlieferanten reduziert« (Kronauer 2022, 182). Zugleich macht das Engagement chinesischer Konzerne in der Produktion von sibirischem Flüssiggas die Russische Föderation unabhängig vom Westen, weil damit dessen Sanktionspolitik unterlaufen wird (ebd.).

Die Versorgungsleitungen und Verkehrsverbindungen, also Pipelines, Straßen und Eisenbahnen, will man erklärtermaßen ausbauen, unter anderem um die Lieferketten funktionstüchtiger zu machen. Die 2019 in Betrieb genommene Erdgaspipeline Kraft Sibiriens soll um eine zweite Pipeline ergänzt werden. Kraft Sibiriens 2 mit einer Durchleitung von 50 Milliarden Kubikmeter Gas pro Jahr soll dann Nord Stream 2 ersetzen. Dass sich das Gesicht Russlands, um das Bild aufzugreifen, nach Osten wendet, hat also eine materielle Basis.

Die VR China hat angesichts der Konfrontationspolitik des Westens unter Führung der USA Grund genug, die strategische Partnerschaft mit der Russischen Föderation zu suchen. Die Konfrontation ist wirtschaftlicher und militärischer Art. Der Wirtschaftskrieg wurde von Präsident Trump eröffnet und unter Präsident Biden fortgesetzt. Mit der Erhöhung von Zöllen auf Einfuhren aus China war bei Trump noch primär das Ziel verbunden, die eigene Industrie zu schützen. Das zweite Ziel, die technologische Entwicklung in China zu hemmen, indem man Technologietransfer verhindert und chinesische Unternehmen mit fortgeschrittener Technik an der Expansion hindert, hat unter der Regierung Biden Priorität erlangt. Trump begann 2018 mit dem Embargo gegen den Telekommunikationsausrüster ZTE und mit einer Reihe von Maßnahmen gegen Huawei, den Entwickler des Mobilfunkstandards G5 (Kronauer 2018, 240f.). Inzwischen ist das Exportverbot für Hochleistungsprozessoren oder für Komponenten der Chipproduktion nach China dazugekommen. Die »China-Strategie« der Bundesregierung »im Einklang mit der EU-Strategie« wurde im August 2023 in einem Eckpunktepapier des Wirtschaftsministeriums verabschiedet (SZ, 22.8.2023). Alle Investitionen chinesischer Unternehmen in der Bundesrepublik und alle Lizenzvereinbarungen sollen künftig auf Sicherheitsrisiken hin überprüft werden. Die Restriktionen werden wie von der US-Administration damit begründet, dass man die eigene Sicherheit und die Unabhängigkeit von China gewährleisten müsse.

China und Russland antworten auf den Wirtschaftskrieg des Westens mit der verstärkten Anstrengung, zur Importsubstitution die noch fehlenden Technologien zu entwickeln, kurz, mit einer Aufholjagd. Die Antwort der Russischen Föderation auf den Ausschluss vom internationalen Zahlungssystem SWIFT war die Entwicklung eines eigenen Zahlungssystems mit der Bezeichnung SPFS (System for Transfer of Financial Messages), mit dem bisher ein Teil der russischen Bankentransfers abgewickelt wird. China bietet seit 2015 ebenfalls ein eigenes Zahlungssystem an, das Cross-Border Interbank Payment System (CIPS). Mit dem schrittweisen Übergang zu den eigenen Landeswährungen im Geschäftsverkehr wird ein klarer Schnitt gegenüber dem Euro- und Dollarraum gezogen. Schon in den ersten drei Quartalen 2022 seien 65 Prozent des Handels in Rubel und Yuan abgewickelt worden, erklärte Putin im März 2023. Der Dominanz der USA auf dem internationalen Finanzmarkt begegnete China 2013 mit der Gründung der Asian Infrastructure Investment Bank (AIIB).[66]

2014 gründete die BRICS-Staatengruppe eine weitere Alternative zu IWF und Weltbank, was zeigt, dass man künftig vielleicht mit einer Dreiteilung der Welt rechnen muss. Die BRICS-Gruppe ist 2008 entstanden. Damals vereinbarten, zunächst als BRIC, Brasilien, Russland, Indien und China auf Initiative der Russischen Föderation engere Kooperationsbeziehungen, um den wirtschaftlichen Austausch zu intensivieren, gemeinsame Interessen zu artikulieren und sich so ein größeres Gewicht innerhalb der Weltgemeinschaft zu verschaffen. 2011 stieß Südafrika dazu. Die anderen Staaten teilten mit China die Unzufriedenheit über die dominante Position der USA bei IWF und Weltbank. China und Russland können mit der Unterstützung der anderen BRICS-Mitglieder rechnen, wenn auch die Bindungen unterschiedlich fest und von politischen Konjunkturen abhängig sind. Die Beziehung zwischen China und Indien ist zum Beispiel nicht konfliktfrei.

Auf dem BRICS-Gipfel im August 2023 wurde beschlossen, die Staatengruppe mit der Aufnahme von Ägypten, Äthiopien, Iran, Saudi-Arabien und den Vereinigten Emiraten zu BRICS plus zu er-

66 Zur Kritik Chinas an der internationalen Finanz- und Handelspolitik der USA vgl. Wei, Li (2022).

weitern (Argentinien zog unter der Regierung Milei wieder zurück). An der Liste wird deutlich, dass vor allem wirtschaftliche, weniger politische Interessen die Gruppe verbinden. Vieles deutet jedoch darauf hin, dass sie die Politik des Westens, insbesondere zum Ukrainekrieg und zum Konflikt um Taiwan, dazu veranlasst hat, weiter auf Distanz zum globalen Norden gehen. BRICS plus repräsentieren rund 45 Prozent der Weltbevölkerung, die G7-Staaten dagegen nur 11 Prozent. Auch das Bruttoinlandsprodukt ist kaufkraftbereinigt mit etwa 35 Prozent größer als das der G7-Staaten. Dazu kommt, dass sich die Mitgliedschaft bei BRICS stark mit der bei der Shanghaier Organisation für Zusammenarbeit (SCO) überschneidet, zu der wiederum die zentralasiatischen Staaten gehören, die zugleich Mitglied der Eurasischen Wirtschaftsunion sind. Für Pepe Escobar, leitender Redakteur bei *Asia Times* und geopolitischer Analyst, scheint »die Verschmelzung von BRICS und SCO praktisch unvermeidlich« (2023, 26). Er sieht »ein großes Potential für einen goldgedeckten Rubel« (ebd.).

Die BRICS-Gruppe mit der VR China an der Spitze übt auf die Länder des globalen Südens deshalb hohe Anziehungskraft aus, weil sie erstens in China und Indien Vorbilder für die eigene Entwicklung sehen, weil zweitens vor allem die Volksrepublik vielen Ländern tatkräftig bei der Infrastrukturentwicklung hilft, weil sie drittens von den Gründerstaaten keine politische Einmischung zu befürchten haben und viertens auf ihnen keine Kolonialgeschichte lastet, wenngleich man Russland und Brasilien eine innere Kolonialisierung anlasten könnte. An dem BRICS-Gipfel in Südafrika im August 2023 waren nicht nur der Nähe wegen zahlreiche afrikanische Staaten beteiligt.[67]

Vladimiro Giacché von der Banca del Fucino (Rom) diskutiert in einem Aufsatz, wie realistisch die Schwächung des US-Dollars als internationale Reservewährung auf dem Weg der Durchsetzung einer alternativen Reservewährung ist, und zwar im Hinblick auf

67 Zu positiven Umfragewerten für die VR China in afrikanischen Ländern vgl. Kronauer 2019, 130.

die Folgen für die USA, die diesen Prozess mit ihrer Subventionspolitik vorangetrieben haben. Giacché schließt nicht aus, dass der Yuan sich zur zweiten Reservewährung entwickelt, was den Übergang zu zwei Wirtschaftssystemen mit zwei Leitwährungen zur Folge hätte (2023, 120). Der russische Ökonom und Präsidentenberater Sergej Glasjew veröffentlichte 2020 ein Manifest mit dem Titel »Wie man das Dollar-Joch abwirft«, worin er die Regierung auffordert, im internationalen Zahlungsverkehr künftig auf den Rubel zu setzen. Das Zahlungssystem Mir, das er damals für die täglichen Geschäfte vorschlug, hat inzwischen den inländischen Markt erobert, nachdem Visa und Mastercard zum Opfer der Sanktionspolitik geworden sind (Hofbauer 2023b, 216f.).

Es ist also nicht ganz abwegig, für die Zukunft eine *halbierte Globalisierung* zu prognostizieren, wenn die USA im Verbund mit der EU den Wirtschaftskrieg gegen Russland und China fortsetzen. Eine vollkommene Trennung der Weltwirtschaft in zwei Hälften ist jedoch nicht zu erwarten. Erstens wollen und können die meisten BRICS-Staaten, gerade auch die neuen, keine wirtschaftliche Abkoppelung von den G7-Staaten wagen. Zweitens können diese ihrer Sanktionspolitik zum Trotz nicht auf die Rohstoffe aus Russland und die Halbfertigprodukte und auch Investitionen aus China verzichten, ohne die eigene Wirtschaft zu lähmen. Die Länder der BRICS-Gruppe, vor allem China und Indien, sind auch als Absatzmärkte unverzichtbar. China war 2022 noch immer drittgrößter Handelspartner der USA. Bezeichnenderweise sahen sich die USA zu Zugeständnissen gegenüber China gezwungen. Ende August 2023 verhandelte eine US-Delegation mit dem chinesischen Handelsminister über eine Differenzierung der Ex- und Importe, um Umsatzeinbrüche und eine Verweigerung von Hightechgrundstoffen seitens der Volksrepublik zu verhindern (jW, 30.8.2023). Die Reduktion von Lieferketten ist teilweise darauf zurückzuführen, dass China und auch Indien technologisch aufholen und nicht mehr als Werkbank der alten Industriestaaten dienen. Insofern ist der Prozess der Globalisierung etwas rückläufig. Aber die neoliberale Globalisierung ist am Ende. Es kann sein, dass immer mehr Staaten sich vom US-Dollar als Weltwährung verabschieden, was für die USA alarmierend ist. So gewinnt die chinesische Währung Yuan etwa in Brasilien und Bolivien »rasant an Bedeutung« (SZ, 2.8.2023). Die indische Regierung versucht seit 2022 ein Handelssystem mit der Russischen Föderation in Rubel und Rupien einzurichten. Eine solche Entwicklung wird die USA zusammen mit dem Aufstieg Chinas zu einer zunehmend konfrontativen Politik verleiten.

Für die Staaten, die am Ukrainekrieg unbeteiligt sind, bedeuten die durch die Sanktionspolitik des Westens bedingten Unwägbarkeiten ein großes Ärgernis, zum Teil auch ein Entwicklungshemmnis. Der Westen hat die Regeln des internationalen Handels ausgehebelt. Speziell Lieferketten sind teilweise unterbrochen. Der Fluss von Energie und Rohstoffen stockt oder ist unzuverlässig geworden. Mangel an Energie, Rohstoffen und Agrarprodukten wirkt preistreibend. Der brasilianische Präsident Lula da Silva hat am Ende des EU-CELAC-Gipfels im Juli 2023 kritisch angemerkt: »Der Krieg in der Ukraine im Herzen Europas legt eine Decke der Unsicherheit über die Welt und verschlingt Ressourcen für Waffen, die eigentlich in der Wirtschaft und in Sozialprogrammen benötigt würden« (jW, 21.7.2023).

Den Wirtschaftskrieg ergänzen die USA um ein *militärisches Bedrohungsszenario*. Die erste Provokation war die massive Aufrüstung Taiwans. Unter der Präsidentschaft von Barack Obama wurden Taiwan Rüstungsgüter im Wert von 14 Milliarden US-Dollar geliefert (Kronauer 2019, 84). Präsident Trump setzte den Kurs mit der Lieferung von 66 Kampfjets (F16) fort. Insgesamt kaufte Taiwan 2019 Waffen im Wert von acht Milliarden US-Dollar. Die USA betrachten die Pazifik-Region als ihre Domäne und sagen ganz offen, dass ihr Militär beim Schutz der Region eine große Rolle spiele (91). Präsident Obama in einer Rede in Canberra 2011: »Unsere dauerhaften Interessen in der Region verlangen unsere dauerhafte Präsenz« (92). Anfang der 2020er Jahre waren »rund 60 Prozent der U.S. Air Force und der U.S. Navy im Pazifischen und im Indischen Ozean stationiert« (Kronauer 2022, 158). Auch die französische Marine zeigt dort Präsenz. Vom 3. bis zum 16. August 2021 führten die U.S. Navy und die U.S. Marines gemeinsam das Großmanöver »Large Scale Exercise« (LSE) durch. »Es hob sich nicht nur dadurch von anderen Übungen ab, dass stolze 25.000 Soldaten, drei Dutzend Kriegsschiffe sowie über 50 virtuelle Einheiten beteiligt waren, sondern auch durch seine schiere geografische Ausdehnung: Es erstreckte sich über 17 Zeitzonen« und umfasste den Atlantik, den Pazifik und das Mittelmeer (Kronauer 2022, 190f.). Ziel sei es, »eine Botschaft an Russland und China zu senden«, erläuterte das US-Truppenblatt *Stars and Stripes*, »dass Amerika gleichzeitig Aggressionen an mehreren Fronten beantworten kann« (ebd.).

Schon 2017 warnte der US-amerikanische Politikwissenschaftler Graham T. Allison: »Krieg zwischen den USA und China ist in den kommenden Jahrzehnten nicht nur möglich, sondern viel wahrscheinlicher, als man es sich zur Zeit eingesteht« (zit. nach Kronauer 2019, 99). Und der belgische Militär- und Sozialwissenschaftler Joris Van Bladel schließt nicht aus, dass der Krieg in der Ukraine »die erste Schlacht des Dritten Weltkriegs« werden könnte (zit. nach Crome 2023, 58). Selbst wenn sich das verhindern lässt, ist die Zukunft der Menschheit gefährdet. Denn angesichts der drohenden ökologischen Katastrophe und massenhaften Elends – beides ist nicht voneinander zu trennen – ist Kooperation gefordert, nicht Konfrontation.

Die Rolle, die westliche Regierungen bei der unverhältnismäßigen Reaktion Israels auf das Massaker der Hamas vom 7. Oktober 2023 eingenommen haben, wird die Entfremdung vom Rest der Welt verstärken, so ist anzunehmen. Die Sanktionspolitik gegen Russland hat schon wegen des Vertrauensverlusts und der Unsicherheiten in den internationalen Wirtschaftsbeziehungen für Verstimmung gesorgt. Außerdem war sie geeignet, Empörung zu wecken, weil die Welt außerhalb der G7-Staaten die Völkerrechtsbrüche des Westens nicht vergessen hatte und die provokante Politik gegenüber Russland besorgt verfolgte. Die Duldsamkeit des Westens gegenüber Kriegsverbrechen Israels im Kampf gegen die Hamas wird die

Kluft in der Staatenwelt noch vertiefen, wenn sich der Westen nicht nachträglich zu einer Verurteilung des militärischen Vorgehens in Übereinstimmung mit der UN-Resolution vom 27. Oktober 2023 durchringt. Als einen Hinweis darauf lässt sich ein Kommentar im britischen *Guardian* lesen: »Der gegenwärtige Krieg Israels in Gaza hat sich als ein neues Beispiel für die tiefe Kluft zwischen den G7-Staaten und dem Rest der Welt herausgestellt. Die anhaltende Verbindung mit den imperialen Mächten wird für Israel kaum von Vorteil sein. Während die gegenwärtige Krise Israel und die G7 einander nähergerückt hat, ist zugleich das Gefühl der Entfremdung gegenüber der kleinen Elite gewachsen, die für sich die Macht zur Beherrschung der Welt beansprucht. Die uneingeschränkte Unterstützung der Mächte für Israel … hat zunehmend zu dem Gefühl beigetragen, dass es der gegenwärtigen internationalen Ordnung an Legitimität mangelt« (theguardian.com, 17.11.2023). Der Verfasser, Musab Younis, verweist auch darauf, dass die G77, inzwischen auf 135 Staaten erweitert, im Gegensatz zu den G7 explizit das Selbstbestimmungsrecht Palästinas anerkennen.

Die Überlastung des Planeten, der neue Exterminismus

Die Verminung des ukrainischen Territoriums und die Kontamination mit radioaktiven und chemischen Stoffen haben wir schon bei der Bilanz der Kriegsfolgen für die Ukraine registriert. Auch die Folgen der verheerenden Überschwemmung durch den Staudammbruch wurden angedeutet. Außerdem haben Schadstoffe aus Bomben und Munition sowie ausgelaufene Treibstoffe aus Kampffahrzeugen Böden und Grundwasser verunreinigt. Aber dieser Krieg ist wie alle Kriege nicht nur für die direkten Kriegsparteien eine ökologische Katastrophe, sondern auch für die übrige Welt. Sollte das AKW Saporischschja noch Schaden nehmen, würde das sehr deutlich und allgemein spürbar. Zu einer globalen Belastung geworden ist aber schon die gewaltige Emission von Treibhausgasen, die militärische Offensive und Gegenoffensive mit sich gebracht haben und noch mit sich bringen werden.

Noch mehr Aufmerksamkeit verdient *der beängstigende Rüstungswettlauf*, der durch diesen Krieg angeheizt wurde bzw. der mit diesem Krieg gegenüber der Öffentlichkeit legitimiert wird; denn er ist in mehrerlei Hinsicht tödlich für das Leben auf dem Planeten. Das Wettrüsten erschwere den Kampf gegen den Klimawandel, warnte der brasilianische Präsident Lula da Silva im Juli 2023 am Ende des EU-CELAC-Gipfels in Brüssel (jW, 21.7.2023). Deshalb soll die Umweltbelastung durch Rüstungsindustrie und Militär, zunächst unabhängig von Kriegen, im Folgenden vor Augen geführt werden. Neta Crawford, Professorin an der Universität Oxford, früher Universität Boston, und Begründerin des Projekts »Costs of War«, legte 2019 eine Studie darüber vor, wie die Kriege der USA und die militärische Vorbereitung darauf (der Unterhalt des Militärs und die Rüstungsindustrie) durch den Verbrauch fossiler Energie zur Klimakrise beitragen. Sie benennt sieben Quellen von Treibhausgasemissionen, verschuldet durch Kriege, Militär und Rüstung:

1. die gesamten Emissionen von militärischen Anlagen,
2. kriegsbedingte Emissionen des US-Militärs,
3. Emissionen der US-amerikanischen Militär- oder Rüstungsindustrie,
4. Emissionen, die durch das absichtliche Abbrennen von Ölquellen und Raffinerien verursacht werden (wie zum Beispiel in den Irakkriegen),
5. Emissionsquellen durch die anderen Kriegsparteien,
6. der Energieverbrauch beim Wiederaufbau,
7. Emissionen aus anderen Quellen, zum Beispiel dem Einsatz von Feuerlöschmitteln, einschließlich Halon, einem Treibhausgas, auch von Explosionen oder Bränden (Crawford 2019; IMI-Studie, 4.11.2019).

Laut Stuart Parkinson von Scientists for Global Responsibility (SGR) verursachen die weltweiten Streitkräfte und die Industriezweige, die deren Ausrüstung liefern, zusammen schätzungsweise sechs Prozent aller weltweiten Treibhausgasemissionen. Diese werden aber bei der Klimabilanz der Staaten nicht mitgerechnet. Denn die USA haben 1997 ihre Zustimmung zum Kyoto-Protokoll davon abhängig gemacht, dass die Emissionen des Militärs nicht gemeldet und dokumentiert werden müssen. Das Protokoll sollte völkerrechtlich verbindliche Zielwerte für den Ausstoß von Treibhausgasen in den Industrieländern festlegen. Generell sind die vorliegenden Energie- und Emissionsbilanzen, auch die der Bundeswehr, meist lückenhaft. Die gigantische Aufrüstung, die im Zuge des Ukrainekriegs auf die Tagesordnung gesetzt worden ist, macht Weltklimakonferenzen beinahe zur Farce. Man kann nur hoffen, dass stimmt, was der australische Journalist Stuart Braun in einem Beitrag der *Deutschen Welle* meinte: »Der Ukraine-Krieg hat dazu geführt, dass dem Thema militärische Emissionen mehr Beachtung geschenkt wird.« Der Research and Policy Director vom britischen Conflict and Environment Observatory habe erzählt, zum ersten Mal hätten ihn die Medien nach den Auswirkungen von Kriegen auf das Klima befragt (dw.com, 27.6.2022).

Die Rüstungsproduktion, die Militärlogistik und die ständig laufenden Militärübungen verursachen enorme Umweltschäden durch den Ressourcenverbrauch und die entsprechenden Emissionen.

Früher wurden Erze, Kohle, Salpeter und Schwefel für die Rüstung benötigt und Baumwolle oder andere Textilfasern für die Einkleidung der Truppe. Für die Hightech-Geräte von heute, zum Beispiel Raketen, Marschflugkörper und Drohnen, braucht man auch seltene Erden, Coltan, Kobalt und Lithium, wofür ganze Gebiete umgegraben werden. Atomwaffen sorgen neben den AKWs für die Nachfrage nach Uran. Die Umgebung von Uranminen ist vor allem in Afrika schwer belastet.

Bei der Produktion von Militärgeräten, Waffen und Munition fallen in Deutschland 32.000 Tonnen CO_2 an. 8.700 Tonnen CO_2 entstehen bei der Herstellung von Kampffahrzeugen (welt.de, 29.8.2020). Die Rüstungsproduktion in den USA hat von 2001 bis 2017 etwa 2.600 Millionen Megatonnen CO_2-äquivalente Treibhausgasemissionen verursacht (Crawford 2019). Die durchschnittliche Emission pro Jahr entspricht mit 153 Millionen Tonnen CO_2-Äquivalent in etwa dem CO_2-Ausstoß aller mit Benzin und Diesel betriebenen PKW, LKW und Busse in Deutschland in 2015.

Ein weiterer Faktor ist *die Kriegsvorbereitung in Übungen und Manövern*. Die Eurofighter-Flotte hat zum Beispiel nach Herstellerangaben in den vergangen zehn Jahren weit über eine halbe Million Flugstunden absolviert. Dabei wird in einer Flugstunde so viel CO_2 emittiert, wie ein durchschnittlicher Bundesbürger pro Jahr verursacht. »Wenn ein Airbus der Bundeswehr-Flugbereitschaft in Berlin abhebt, um zu seinem Stationierungsort nach Köln/Bonn zurückzufliegen, stößt er für diesen Flug schätzungsweise bis zu 15 Tonnen klimaschädliches CO_2 aus« (rbb24.de, 15.5.2022). Zum Vergleich: Eine Tonne CO_2 pustet ein Mittelklasse-Benziner bei einer Fahrt über 4900 Kilometer in die Atmosphäre. Die erhöhte »Verteidigungsbereitschaft« der Bundeswehr macht sich beim Anstieg der Emissionen bemerkbar. 2021 hat sie beinahe 18 Prozent mehr an CO_2-Äquivalent emittiert als 2019, nämlich 1,71 Millionen Tonnen gegenüber 1,45 Millionen. Auslandseinsätze sind dabei nicht berücksichtigt.

»Auf mehr als 260 Bundeswehrstandorten wird täglich der Krieg eingeübt, dazu kommen zusätzlich die weltweit durchgeführten mehr als 160 NATO-Militärübungen«, so ein Beitrag der BAG Frieden und Internationale Politik der Partei Die Linke. »Der Kampfpanzer Leopard 2 verbraucht auf 100 Kilometer bis zu 530 Liter Diesel, ein Eurofighter verbraucht ca. 70-100 Liter Kerosin pro Minute und produziert pro Flugstunde 11 Tonnen CO_2 – das ist so viel, wie durchschnittlich eine in Deutschland lebende Person im gesamten Jahr emittiert. Allein auf der Base Ramstein finden jährlich 30.000 Starts und Landungen statt.«[68] Die CO_2-Emissionen pro Liter Treibstoff (Diesel, Benzin, Kerosin) werden mit einem bestimmten Faktor berechnet, im Fall von Benzin mit 2,5.

68 vgl. die-linke.de. Die Angaben unterscheiden sich je nach Quelle. In einem Papier der Informationsstelle Militarisierung (IMI) werden für den Eurofighter 3.500 kg Treibstoff pro Stunde gerechnet (IMI, 21.3.2022).

Der logistische Aufwand bei Großmanövern ist unermesslich, die Umweltbelastung entsprechend verheerend. Die NATO-Übung Defender Europe 2021 beispielsweise erforderte die Verlegung von rund 28.000 Soldaten aus 26 Staaten und den Transport von 1.200 Militärgerätschaften, unter anderem Kampfpanzern, aus den USA nach Albanien, Deutschland, Griechenland, Kroatien und Slowenien (IMI, 21.3.2022). Allein die NATO, das größte Militärbündnis weltweit, plante im Jahr 2021 insgesamt 95 gemeinsame Übungen von NATO-Mitgliedsstaaten – und 220 weitere nationale und multinationale Übungen unter den Mitgliedern. Unter anderem im Juni 2023 das Großmanöver Air Defender 23 mit 250 Luftfahrzeugen aus 25 Ländern.

Den Rekord an CO_2-Ausstoß hält das US-Militär, das permanent global präsent ist. »Fast 800 Stützpunkte in 70 Ländern, zahlreiche offizielle Einsätze und verdeckte Operationen, Flottenverbände im Mittelmeer, Atlantik, Pazifik, dem Persischen Golf, dem Roten Meer und dem Indischen Ozean« (Der Tagesanzeiger, 26.6.2019). Der Verbrauch an Ressourcen und die entsprechende Emission von Treibhausgasen lassen sich aus den Angaben der Kampfunterstützungsagentur (Defense Logistics Agency, DLA) erschließen, die das Pentagon unterhält. Diese Agentur stellt nach eigenen Angaben jährlich Güter und Dienstleistungen im Wert von 35 Milliarden Dollar zur Verfügung, unterstützt über 2.300 Waffensysteme und begleitet neun Lieferketten mit über fünf Millionen Objekten. Von den 22 Flugzeugträgern, die weltweit im Einsatz sind, untersteht die Hälfte dem Kommando der US-Streitkräfte.

Der CO_2-Ausstoß des US-Militärs pro Jahr wurde auf 73 Millionen Tonnen geschätzt. 25 Millionen Tonnen CO_2 errechneten Forscher der Universitäten Durham und Lancaster für 2017 aus den Öleinkäufen des US-Militärs (ebd.). Das US-Militär verursacht mehr Treibhausgase pro Jahr als die meisten Industrieländer. Mehr als die Hälfte davon entfällt auf die Air Force. Das US-Militär besetzt Platz 47 der größten CO_2-Emittenten im Ländervergleich. Dass auch die geopolitischen Rivalen Russland und China mit ihrem Militär zum

Treibhauseffekt beitragen, ist klar. Informationen dazu fehlen leider. Nur aus dem Vergleich der Militärausgaben lässt sich die geschätzte Umweltbelastung schließen. Die USA verausgabten 2021 801 Milliarden Dollar, China 293 Milliarden, gefolgt von Indien und Großbritannien sowie Russland mit 65,9 Milliarden Dollar (statista.com, 30.11.2023). Eine Studie des Conflict and Enviroment Observatory schätzte den CO_2-Fußabdruck des Militärs in der EU für das Jahr 2019 auf 24,8 Millionen Tonnen CO_2-Äquivalent (jW, 24.9.2021).

Chemische und biologische Kampfmittel stellen eine nicht gebannte Gefahr dar, letztere eine Bedrohung weit über das Kriegsgebiet hinaus, weil sich die Verbreitung von Krankheitserregern nur schwer begrenzen lässt. Besorgnis hat das zwischen der US-Administration und der ukrainischen Regierung vereinbarte Programm zur Verringerung biologischer Bedrohungen in der Ukraine erregt. Dazu sollen sicherheitsrelevante Erreger und Toxine »konsolidiert und gesichert« werden, wie die US-Botschaft in Kiew zur Rechtfertigung erklärt hat. Das ermöglicht aber auch ihren Einsatz gegen feindliche Kräfte. Neben dem Verteidigungs- und Gesundheitsministerium sind noch einige andere Institutionen an dem Programm beteiligt (Trautvetter 2023, 124).

Im Krieg erreicht der Ausstoß von Treibhausgasen Spitzenwerte. Das US-Militär hat von 2001, dem Jahr der Invasion in Afghanistan, bis 2017 die unfassbare Menge von 1.212 Millionen Tonnen THG, gemessen in CO_2-Äquivalent, freigesetzt (Crawford 2019). Damit lässt sich zumindest ahnen, welche Belastung der Krieg in der Ukraine mit sich bringt, wobei der geringere Einsatz von Bombern den CO_2-Ausstoß vergleichsweise etwas mindern mag. Die Militäroperationen der USA in Afghanistan umfassten von 2002 bis 2019 mindestens 38.100 Luftangriffe. Bei der Invasion im Irak im Jahr 2003 wurden 29.200 Luftangriffe geflogen, und die folgenden acht Jahre nochmal 3.900 (IMI-Studie, 4.11.2019).

Zu den Emissionen durch Fahrzeuge und Angriffswaffen kommen oft *Emissionen durch in Brand geschossene oder bombardierte Ölquellen und Förderanlagen.* Das Ausmaß solcher Operationen wie im Irakkrieg 1991 kann zwar im Ukrainekrieg nicht erreicht werden. Damals wurden über tausend Ölquellen in Brand gesetzt, die auch Böden und Gewässer verseuchten. Aber auch im Ukrainekrieg bleiben Raffinerien und Treibstofflager nicht von Angriffen verschont. Mehrfach trafen Raketen beispielsweise solche Anlagen nahe der Stadt Krementschuk. Über Umweltschäden wurde nicht berichtet. Die Ende Juni umkämpfte Raffinerie bei Lyssytschansk blieb anscheinend von Schäden verschont. Im gleichen Zeitraum traf eine ukrainische Drohne eine russische Raffinerie in der Provinz Rostow am Don, die in Brand geriet. Die Wirtschaftssanktionen gegen Russland zwangen zudem russische Konzerne dazu, Gas abzufackeln, weil die Lager voll waren. Zumindest im Herbst 2022 war das so.

Im Krieg wird die durch die Treibhausgase bedingte Erderwärmung noch zusätzlich durch *die Vernichtung von CO_2-Senken* vorangetrieben. Schon im Ersten Weltkrieg, als man die feindlichen Stellungen mit schweren Geschützen unter Feuer nahm, wurden große Wälder und damit CO_2-Senken vernichtet. Ein einmaliges Umweltvergehen war die Entlaubung der Urwälder mit dem chemischen Mittel Agent Orange im Vietnamkrieg. Betroffen davon waren riesige Gebiete in Vietnam und Laos. In jedem konventionellen Krieg der Neuzeit werden Wälder oder auch Parks zerstört.

Die Wissenschaft hat sich 2009 auf acht bis neun planetare Belastungsgrenzen verständigt. Neben den klimatischen Veränderungen gilt es, unter anderem die Beeinträchtigung der Biosphäre, speziell den Schwund der Artenvielfalt und den Eintrag von chemischen Stoffen, generell von neuartigen Substanzen unter Kontrolle zu halten. Wenn entscheidende Grenzen überschritten werden, kann es zu irreversiblen Schäden kommen. Militärische Einrichtungen, Militärübungen und Kriege tragen dazu bei, dass die ohnehin schon teilweise überschrittenen Belastungsgrenzen außer Kontrolle geraten. Der neue Kalte Krieg wird die internationale Kooperation verhindern oder behindern, die geboten wäre, um die destruktive Entwicklung zu bremsen.

Alle Kriege seit 1991 haben massiv dazu beigetragen, die Erde zunehmend unbewohnbar zu machen. Der Stellvertreterkrieg in der Ukraine steigert nun die Bedrohung deshalb dramatisch, weil Feindbilder und Bedrohungsszenarien in die Welt gesetzt wurden, die nicht bloß Verhandlungen erschweren, sondern die Kooperation unmöglich machen, die bei der heutigen Weltlage dringend geboten wäre (Neelsen 2023, 77). Russlands Außenminister Sergej Lawrow mahnte in der Generaldebatte der UN-Vollversammlung am 20. September 2023 in New York: »Es liegt ganz bei uns, wie sich die Geschichte entwickeln wird. Es liegt in unserem gemeinsamen Interesse, eine Abwärtsspirale in einen groß angelegten Krieg und den endgültigen Zusammenbruch der Mechanismen der internationalen Zusammenarbeit zu verhindern« (zdf.de, 23.9.2023). Ein solcher Zusammenbruch der Mechanismen der internationalen Zusammenarbeit ist der beängstigende Worst Case. Auf jener UN-Vollversammlung ließ die Sprachlosigkeit zwischen den Blöcken bereits Schlimmes befürchten. Es geht nicht nur um die Bereitschaft, Kompromisse zu finden, sondern auch um eine produktive Zusammenarbeit. Dass schon der Wille zum Kompromiss fehlt, zeigt beispielhaft das Scheitern eines neuen Getreideabkommens mit der Russischen Föderation im September 2023. Es kam nicht zustande, weil der Westen sich nicht auf die verständliche Forderung der Russischen Föderation einlassen wollte, auch die Ausfuhr von russischem Getreide und Dünger zu ermöglichen, was die Lockerung der Sanktionspolitik gegen die Russische Föderation verlangt hätte.

Dass dieser Krieg »ausgebrochen« ist, ist nur ein Symptom der schon lange anhaltenden Konfrontation des Westens mit der Russischen Föderation und vor allem gegenüber der VR China. Er manifestiert sich im Gegeneinander internationaler Finanzinstitute und großer Wirtschaftsprogramme: Asiatische Infrastruktur und Investment Bank (AIIB, 2013) und New Development Bank (NDB, 2015) wurden von China und den BRICS-Staaten gegen den reformresistenten Internationalen Währungsfonds samt Weltbank in Stellung gebracht. Der Westen hat neuerdings mit dem India-Middle East-

Europe Corridor (IMEC) die Konkurrenz mit der Belt and Road Initiative Chinas, umgangssprachlich Neue Seidenstraße genannt, angeheizt. An dem IMEC beteiligen sich neben Indien, Deutschland, Frankreich, Italien, der EU, Saudi-Arabien und den Vereinigten Arabischen Emiraten auch die USA.

Notwendig wären ein internationaler Dialog, gegenseitiges Lernen auf dem Feld der Umwelt- und Klimaschutzmaßnahmen, die gegenseitige Förderung technologischer Entwicklungen, um zum Beispiel die Resilienz gegen schon eingetretene Klimafolgen wie Dürre, Wassermangel, Überschwemmungen und Hurrikans zu stärken. Stattdessen versuchen die G7-Staaten alles, um die technologische Entwicklung Chinas auszubremsen. Import- und Exportverbote und der Ausschluss von Investments, angeblich zum Schutz geistigen Eigentums, sollen einen technischen Vorsprung der Volksrepublik verhindern (vgl. Neelsen 2023, 71f.). Notwendig wäre eine Verständigung der Industrieländer über einen Fonds für finanzielle Hilfen für eine aufholende Entwicklung ärmerer Länder. Der Westen bemüht sich nun jedoch in Konkurrenz zu China darum, neue Kredite des IWF zu organisieren (SZ, 11.9.2023), aber ohne China, um das Stimmgewicht Chinas im IWF nicht erhöhen zu müssen (jW, 13.9.2023).

UN-Generalsekretär António Guterres warnte 2022 bei der Eröffnung der 27. Weltklimakonferenz (COP27) vor einem »kollektiven Selbstmord«. Der wissenschaftliche Begriff dafür ist *Exterminismus*. Er wurde von dem britischen Sozialhistoriker und Friedensaktivisten Edward P. Thompson (1924-1993) Anfang der 1980er Jahre im Kampf gegen die nukleare Bedrohung geprägt. Er wollte damit die Züge oder Kräfte in der Gesellschaft kenntlich machen, »die als Schubkraft in einer Richtung wirken, deren Resultat die Auslöschung riesiger Menschenmassen sein muss« (HKWM, Bd. 3, Sp. 1190). Die heutige Bedrohung hat einen anderen Charakter als die nukleare Bedrohung. Es droht nicht die plötzliche Auslöschung ganzer Bevölkerungen, sondern das schrittweise Hineingleiten in eine lebensfeindliche Umwelt, wenn der Planet weiter übernutzt wird. Es wird auch nicht gleich die ganze Menschheit betroffen sein. In dem zu erwartenden Kampf um die Lebensgrundlagen werden wieder die Schwachen den Kürzeren ziehen. Der Jenaer Soziologe Klaus Dörre hat den Begriff Exterminismus im Zusammenhang mit dem Ukrainekrieg aufgegriffen. Er schreibt unter Bezugnahme auf den marxistischen Philosophen Étienne Balibar: »Unter den Bedingungen einer ökonomisch-ökologischen Metakrise mit finalen Konsequenzen wird jeder militärische Konflikt unweigerlich zu einem ›Krieg gegen die Erde‹ (Balibar). Doch der Ukraine-Krieg wirkt als besonderer Bremsklotz für jede Spielart von Nachhaltigkeitspolitik« (2023, 104f.). Unter einer universalen Perspektive kann man zu dem Schluss kommen: Allen Provokationen, den Bedrohungen seiner staatlichen Autonomie zum Trotz hätte Russland diesen Krieg nie beginnen dürfen. Aber in der Logik eines System konkurrierender Staaten kann es sich keine Regierung leisten, bei ihren Entscheidungen Rücksicht auf das Schicksal der Menschheit zu nehmen.

Mit der Stationierung strategischer Waffen in der Nähe ihrer Grenzen war für die Russische Föderation die Gefahr politischer Handlungsunfähigkeit, also Machtlosigkeit, gegeben, weil die NATO russische Ziele einschließlich Moskau mit Atomwaffen erreichen kann, ohne dass der Kreml Zeit zur Reaktion hätte. Damit wurde der bisherige Konsens ausgehebelt, dass es weder politisch noch militärisch sinnvoll ist, der anderen Atommacht mit dem Erstschlag zu drohen, da dies die gegenseitige Vernichtung garantiert. Und Washingtons Militärdoktrin schließt nach wie vor die Möglichkeit ein, einen nuklearen Erstschlag auszuführen. Alexej Gromyko, Mitglied im Wissenschaftlichen Beirat des russischen Außenministeriums, verweist auf zwei rote Linien, die für die Atommacht Russland im Ukrainekrieg überschritten würden: erstens wenn NATO-Staaten sich direkt am Krieg beteiligen, also Truppen entsenden – die bisherige indirekte Beteiligung werde toleriert; zweitens wenn die NATO die Ukraine mit Raketen größerer Reichweite ausstattet (2023, 179f.). Die Warnung vor der Gefahr eines Nuklearkriegs ist also kein Alarmismus.

Vielleicht kann die erstarkende VR China den Raum schaffen für eine Politik des Friedens und der Nachhaltigkeit. Wolfram Elsner, Gastprofessor an der School of Economics der Jilin-Universität in Changchun, erinnert an die eurasische Pax Sinica, die Zentral-, Ost- und Südasien bis nach Vorderasien und Ostafrika 1.500 Jahre lang weitgehend Frieden brachte (2023, 17). Die Hegemonie basierte auf Tributpflichten, Handelsbeziehungen und Schutzgarantien zum allseitigen Vorteil. Dieser Tradition ist nach Elsner auch die heutige chinesische Außenpolitik verpflichtet. Sie sei vom Prinzip strikter Nichteinmischung geleitet. Li Wei von der Renmin-Universität/Beijing schreibt am Schluss seiner Analyse des strategischen Wettbewerbs mit den USA: »Genau wie die USA hofft auch China, durch den Aufbau des internationalen Systems einige seiner eigenen Ziele zu erreichen, und arbeitet gleichzeitig im internationalen System daran, die Gemeinnützigkeit seiner Dienstleistungen für alle Mitglieder im internationalen System aufrechtzuerhalten« (2022, 291). Aber die Rivalität mit den USA ist damit nicht beendet. Es bleibt nur die Hoffnung, dass sie nicht militärisch ausgetragen wird. China hat es nicht nötig, den militärischen Weg einzuschlagen, und die westliche Allianz wird möglicherweise von einem Angriff abgehalten durch die breite Unterstützung, die China inzwischen in den Ländern des globalen Südens genießt. Sie hat mindestens so viel Gewicht wie das Bündnis mit der Militärmacht Russland. Aber es bleibt nur die Hoffnung, dass der worst case, ein dritter Weltkrieg, vermieden wird. Die Aufrüstung ist im vollen Gang, und eine nachhaltige Politik in weiter Ferne. Es braucht noch nicht einmal einen Weltenbrand, um die Biosphäre unseres bereits übernutzten Planeten aufs Neue erheblich zu überlasten. Schon ein weiterer Flächenbrand, wie er im Nahen Osten droht, würde reichen.

5. Abschließende Diskussion

»Die Verantwortung für den Angriffskrieg trägt allein Putin. Aber daran, dass er überhaupt an den Punkt gekommen ist, wo er die Entscheidung traf, einen politischen Konflikt militärisch zu lösen, ist die unnachgiebige und zu sehr an eigenen Interessen orientierte Politik der US-geführten NATO mitverantwortlich.« So beschließt die Historikerin Sandra Kostner ihren Beitrag über den Ukrainekrieg (2023, 83). Selbst dieses scheinbar ausgewogene Urteil wirft Fragen auf. Hatte der Konflikt nicht schon vor dem Februar 2022 militärischen Charakter? Es sei an die NATO-Erweiterung erinnert, an die regelmäßigen NATO-Manöver in der Ukraine und an die »Antiterroroperation« der ukrainischen Regierung gegen die Donbass-Bevölkerung. Man mag einwenden, das seien Reaktionen auf die »Annexion« der Krim gewesen. Aber diese war wiederum eine Reaktion auf die NATO-Expansion und den Putsch in Kiew 2014. »Annexion« und »Putsch« sind, wie man sieht, zwei politische Ereignisse, die von beiden Seiten anders interpretiert werden. Schon damit begann der Konflikt unlösbar zu werden. Aber die westliche Interpretation hält einer rechtlichen Prüfung nicht stand. Sie ist interessengeleitet. Bei gutem Willen hätte man prüfen können, was der Mehrheitswille der Krim-Bevölkerung war. Dann hätte man die Sezession anerkennen müssen.

Kostner verdeutlicht gemeinsam mit dem Politologen Stefan Luft die Konflikteskalation seitens der NATO. Sie wollen den »Vorwurf einer indirekten Kriegsführung der USA gegen Russland« nicht von der Hand weisen (2023, 20). Aber indem sie sich auf die

Konfliktdynamik, die von Reaktion und Gegenreaktion angetriebene Eskalationsspirale konzentrieren, verwischen sie doch die Verantwortung für diesen Wahnsinn. So kommt Kostner zu dem Schluss, »Kiew, Moskau und Washington« seien »in der Konfrontationslogik gefangen« gewesen (78). Aber wollte Wladimir Putin nicht im Dezember 2021 mit dem Vorschlag einer neuen Sicherheitspartnerschaft und im März 2022 mit der Bereitschaft zu Verhandlungen aus der Konfrontationslogik ausbrechen?

Eine wichtige Botschaft vermitteln Kostner und Luft mit ihrer Warnung, dass die Dynamik des Konflikts in zunehmendem Maß kaum noch zu steuern ist. »Jede Woche steigt das Risiko, dass der Konflikt außer Kontrolle gerät und die NATO zur unmittelbaren Kriegspartei wird« (27). Das kann man nur unterstreichen.

Wie Sandra Kostner und Stefan Luft hat Susan Watkins, Herausgeberin der *New Left Review*, eine, sagen wir, vom Mainstream abweichende Sicht auf diesen Krieg, weicht aber in einigen wesentlichen Punkten von unserer Auffassung ab. Gerade deshalb bietet sich wie bei Kostner und Luft am Schluss die Auseinandersetzung damit an. Ein Schlüsselsatz in Watkins Analyse lautet: »Im geteilten Land würden (so die Erwartung nach dem Studium der ukrainischen Geschichte, G. A.) rivalisierende Kräfte äußere Mächte einladen« (2023, 24). Watkins geht also mit uns davon aus, dass die Bruchlinien in der ukrainischen Gesellschaft zur Einmischung von außen einluden. Aber wer waren die politischen Subjekte? Der Satz ist zu abstrakt. Welche »äußeren Mächte« sahen sich eingeladen? Watkins gewichtet die langfristige Interventionsstrategie der USA viel zu gering, obwohl sie bemerkt: »Das US-Außenministerium war seit langem stark in Kiew vertreten, und die EU-Staaten finanzierten eine Vielzahl von Nichtregierungsorganisationen … Victoria Nuland … war intensiv an der Bestellung des neuen Regierungsblocks in Kiew beteiligt« (26). Die US-Regierung habe den »Angriff auf das Gebäude der Präsidialverwaltung augenzwinkernd hingenommen« (27). Und dennoch spricht sie ganz vage von einem »Sturz der moskautreuen Janukowitsch-Regierung durch einen

Volksaufstand« (25). Es war aber ein Staatsstreich, massiv von den USA unterstützt.

Der Volksaufstand wurde nicht nur von gut vorbereiteten und äußerst militanten nationalistischen Gruppen angeführt, sondern von ihnen instrumentalisiert. Watkins registriert die Massaker an Bürgern in Mariupol und Odessa, die sich mit dem Staatsstreich nicht abfinden wollten und hält fest, dass die Putschregierung und die Aufständischen im Donbass nicht über gleiche Machtmittel verfügten, lässt aber die Bombardements auf die Siedlungen im Donbass unerwähnt (26). Indem sie erklärt, Teile der Autonomisten seien durch »den Mythos des Kremls von einer antifaschistischen Mobilisierung« mobilisiert worden, leugnet sie die faschistischen oder zumindest faschistoiden Züge von ukrainischen Kampfgruppen und Parteien. Dabei bemerkt auch sie, dass die im Minsker Abkommen vereinbarte »konföderale Verfassung« von »ukrainischen Nationalisten unerbittlich bekämpft« wurde (28). Die Aussage »Beide Seiten wandten sich an externe Mächte um Hilfe« verzerrt die historische Realität. Denn die Putsch-Regierung musste nicht erst um ausländische Hilfe bitten. Die Unterstützung des Westens hatte sie längst. Die Autonomisten wandten sich dagegen lange Zeit vergebens um Hilfe an den Kreml, wenn wir Zeugen wie Jacques Baud oder Ulrich Heyden glauben wollen. Auch mit der Übernahme der Formulierung »Annexion der Krim« (27) folgt Watkins dem westlichen Narrativ, ohne die völkerrechtliche Kontroverse darüber zu beachten.

Wird die Vorgeschichte der russischen Invasion so verstanden und erzählt, dann ist es schlüssig, dass Watkins diese als »einen neoimperialistischen Eroberungs- oder Teilungskrieg« einordnet, allerdings »mit schwankender Zielsetzung« (27). Zugleich wertet sie aber »die Mobilisierung Russlands als verzweifeltes Defensivspiel«. Anstatt dann den militärischen Widerstand gegen den Einmarsch als eigenen Konflikttyp von »Putins Krieg« und von dem Krieg, »den die Biden-Administration führt« zu unterscheiden, wäre es analytisch von Interesse, den Doppelcharakter des Krieges auf ukrainischer Seite als »nationale Selbstverteidigung« und als Stellvertreterkrieg der NATO gegen Russland herauszuarbeiten.

Watkins meint ein nationales Erwachen in der Ukraine zu entdecken. Der Krieg habe »ein *neues* Nationalbewusstsein geschaffen« (29). Es mag sein, dass die Invasion bei vielen Ukrainerinnen und Ukrainern überhaupt erst Nationalbewusstsein geweckt hat. Aber wenn man liest, was über explodierende Mieten in den Rückzugsgebieten für Geflüchtete und über grassierende Korruption im Verteidigungsministerium und bei Wehrersatzämtern berichtet wird, kommen Zweifel am Patriotismus auf. Die große Zahl von Wehrdienstflüchtigen zeigt eine nüchterne Haltung.

Aber wenn Watkins zu dem Schluss kommt, dass die USA »den Mut und die Kampfbereitschaft der Ukrainer gegen die Russen« zur »Durchsetzung der amerikanischen Hegemonie über den eurasischen Kontinent« nutzten (32), so bringt sie eine vertraute Strategie Washingtons zur Sprache. Diese besteht darin, nationale oder religiöse Minderheiten, fundamentalistische oder rechtsextreme Gruppen zu mobilisieren, um entweder einen Regime Change herbeizuführen oder den Konflikt mit einer zum Feind erklärten Macht anzuheizen. Ersteres machte man in Afghanistan mit den Mudschahedin, im Irak mit Schiiten und Kurden, in Syrien mit der Muslimbruderschaft und den Kurden. Letzteres gilt für den Ukrainekrieg, bei dem der ukrainische Ultranationalismus als Zünder diente und die Eskalationsdynamik in Gang hält. Eine ähnliche Funktion kommt jetzt im Konflikt mit der Volksrepublik China den Anhängern der Demokratisch Progressiven Partei (DDP) auf Taiwan zu, die im Gegensatz zu den Kuomintang nicht mehr an der Einheit Chinas festhalten.

In diesem Zusammenhang verdienen schließlich die Bedenken von John Mearsheimer Beachtung, der stets die geopolitische Gesamtstrategie im Blick hat. Russland zu dem Angriff auf die Ukraine zu provozieren, war für ihn ein ungeheurer geopolitischer Fehler in der »grand strategy« der USA. Denn keine Seite könne diesen Krieg gewinnen. Es werde wahrscheinlich auf einen eingefrorenen Konflikt hinauslaufen, wie Mearsheimer (2023b) in einem Vortrag von Ende Oktober 2023 prognostizierte. Dieser »frozen conflict« werde auf Dauer militärische Kräfte binden. Dabei sei der eigentliche Rivale (Competitor) die Volksrepublik China. Sie sei »die wirkliche Bedrohung für die USA«. Aber statt Russland auf ihre Seite zu ziehen, hätten die USA es in die Arme Chinas getrieben. Der Schwerpunkt müsse auf dem Containment gegenüber China und damit auf Ostasien liegen.

Vermutlich sollen die europäischen NATO-Staaten arbeitsteilig die Eindämmung Russlands übernehmen. Daher die massive Aufrüstung. Diese wird sich nicht ohne weiteren Abbau des Sozialstaats und ohne allgemeinen Wohlstandsverlust realisieren lassen, der die bereits lastende Krise verschärfen wird. Das dürfte auf Widerstand stoßen, lässt zumindest soziale Proteste erwarten. Eine Politik, die Perspektiven über den Kapitalismus oder den marktradikalen Kapitalismus hinaus eröffnet, könnte in einer solchen Lage einen Umbau der Gesellschaft einleiten. Es sei denn, die Herrschenden und Vermögenden können wie in der Vergangenheit die Unzufriedenheit in eine faschistische Bewegung umlenken. Unter diesem Aspekt ist die Verharmlosung des ukrainischen Faschismus alarmierend.

Literatur- und Quellenverzeichnis

Albrecht, Ulrich: Exterminismus. In: HKWM / Historisch-kritisches Wörterbuch des Marxismus, Bd. 3, Hamburg 1997, Spalte 1188-1192

Assmann, Jan (1988): Kollektives Gedächtnis und kulturelle Identität. In: Assmann, J. / Hölscher, T. (Hg.): Kultur und Gedächtnis. Frankfurt/M., S. 9-19

Auernheimer, Georg (2022): Ukrainische Kulturpolitik: Über sektiererische Bilderstürmerei und ihre Begleitung von deutscher Seite. In: Hintergrund, 30.12.2022 (hintergrund.de)

Auernheimer, Raoul (1948): Metternich. Staatsmann und Kavalier. Wien

Auth, Günther (2023): Das »protestantische Erbe« des Westens und der Krieg in der Ukraine. In: Kostner, S. / Luft, St. (Hg.), S. 113-142

Baab, Patrik (2023): Auf beiden Seiten der Front. Meine Reisen in die Ukraine. Frankfurt/M.

Baud, Jacques (2023): Putin. Herr des Geschehens? 2. Aufl. Frankfurt/M.

Bauer, Otto (1907/1975): Die Nationalitätenfrage und die Sozialdemokratie. In: Werkausgabe, Bd. 1, Wien

Bosshard, Ralph (2023): Verlauf des Kriegs in der Ukraine – ein erstes Fazit. In: Hofbauer, H. / Kraft, St. (Hg.), S. 71-82

Brangsch, Lutz (2022): Wer hat die Macht in Russland? In: Luxemburg 3/22 (zeitschrift-luxemburg.de)

Brücker, Herbert u. a. (2022): Geflüchtete aus der Ukraine in Deutschland. Flucht, Ankunft und Leben. Wiesbaden: Bundesinstitut für Bevölkerungsforschung (BiB)

Brzezinski, Zbigniew (1999): Die einzige Weltmacht. Frankfurt/M. (engl.: The Grand Chessboard)

Burns, William J. (2019): The Black Channel. A memoir of American diplomacy and the case for its renewal. First Edition, E-Book. New York

Charap, Samuel / Priebe, Miranda (2023): Avoiding a Long War. U.S. Policy and the Trajectory of the Russia-Ukraine Conflict. RAND Corp. Doc. No. PE-A2510-1

Chintsky, Elem (2023): Die noble Lüge: Wer ist der Urheber der Staudamm-Sprengung? In: Hintergrund, H. 9/10, S. 30-33

Clark, Ramsey (1993): Wüstensturm. US-Kriegsverbrechen am Golf. Göttingen

Crawford, Neta (2019): Pentagon Fuel Use, Climate Change, and the Costs of War. Boston University, Juni 2019

Crome, Erhard (2023): BRICS verändern die Weltordnung. In: Hintergrund, H. 9-10

Cypher, James M.: Die politische Ökonomie des systemischen Militarismus. In: Z. Zeitschrift Marxistische Erneuerung, Nr. 135, S. 37-50

Dörre, Klaus (2023): Nach der Zeitenwende. Der Krieg gegen die Ukraine und der Kampf um eine neue Weltordnung. In: Ukraine-Krieg – Weltordnungskrieg, Das Argument, Nr. 340, S. 87-112

Ehlers, Kai (2022): Über den Beginn des ukrainischen Krieges. In: Hintergrund, 2.4.2022 (hintergrund.de)

Eipeldauer, Thomas (2014): Euromaidan. Vom Sozialprotest zur Hegemonie der äußersten Rechten. In: Thoden, R. / Schiffer, S. (Hg.) (2014), S. 121-131

Elsner, Wolfram (2023): Die neue »Weltmacht« tickt anders. In: Hintergrund, H. 9-10

Encyclopedia of Ukraine (Bd. 5, 1993): Petro Sodol: Ukrainian Insurgent Army. (encyclopediaofukraine.com)

Escobar, Pepe (2023): Die SCO begrüßt einen neuen »Globalen Erdball«. In: Hintergrund, H. 9-10, S. 24-27

Fischer, Sabine (2019): Der Donbas-Konflikt. Widerstreitende Narrative und Interessen, schwieriger Friedensprozess. SWP-Studie 2019/S03, 8.2.2019 (PDF: swp-berlin.org)

Fischer, Sabine (2021): Moskaus Verhandlungsoffensive. Publikation der SWP, 22.12.2021 (swp-berlin.org)

Funke, Hajo (2023): Eskalation im Ukraine-Krieg ohne Ende? (6.1.2023) (hajofunke.wordpress.com)

Giacché, Vladimiro (2023): Notizen zu einer Analyse der ökonomischen Auswirkungen des Ukraine-Kriegs. In: Ukraine-Krieg – Weltordnungskrieg, Das Argument, Nr. 340, S. 113-122

Gehrcke, Wolfgang / Reymann, Christiane (Hg.) (2022): Ein willkommener Krieg? NATO, Russland und die Ukraine. Köln

Grauvogel, Julia / von Soest, Christian: Erfolg und Grenzen der Sanktionspolitik. In: Aus Politik u. Zeitgeschichte 73. Jg., 10-11/23, 6.3.2023

Gromyko, Alexej A. (2023): Kuba-Krise 2.0? Zur nuklearen Dimension in Stellvertreterkriegen. In: Ukraine-Krieg – Weltordnungskrieg, Das Argument, Nr. 340, S. 174-181

Hendrickson, David C. (2022): Die andere Seite der Souveränität: Wie das Völkerrecht auf der Ukraine lastet. Institut für Frieden und Demokratie (peacediplomacy.org)

Heyden, Ulrich (2022): Der längste Krieg in Europa seit 1945. Hamburg

HKWM / Historisch-kritisches Wörterbuch des Marxismus, hg. von Wolfgang Fritz Haug, Bd. 1. Hamburg 1994

HKWM / Historisch-kritisches Wörterbuch des Marxismus, hg. von Wolfgang Fritz Haug, Bd. 3. Hamburg 1997

Hofbauer, Hannes (2014 a): Die Krise hinter dem Krieg. In: Thoden, R. / Schiffer, S. (2014), S. 42-55

Hofbauer, Hannes (2014): Die Diktatur des Kapitals. Souveränitätsverlust im postdemokratischen Zeitalter, Wien

Hofbauer, Hannes (2023a): Vereinbarungen gebrochen, Vertrauen verspielt (nachdenkseiten.de, 1.8.2023)

Hofbauer, Hannes (2023b): Vom US-/EU-Sanktionsregime gegen Russland zur Entwestlichung Eurasiens. In: Hofbauer, H. / Kraft, St. (Hg.), S. 195-220

Hofbauer, Hannes / Kraft, Stefan (Hg.) (2023): Kriegsfolgen. Wie der Kampf um die Ukraine die Welt verändert. Wien

Hunko, Andrej (2023): Kiews »Schwarze Listen«. In: Hofbauer, H. / Kraft, St. (Hg.), S. 135-146

Jaitner, Felix (2014): Hoffnungsträger Chodorkowski? Der gefallene Oligarch und seine historische Rolle. In: Blätter für deutsche und internationale Politik, 5/14, S. 83-91

Jaitner, Felix (2023): Russlands Kapitalismus. Die Zukunft des »System Putin«. Hamburg

James, Harald (1991): Deutsche Identität 1770 – 1990. Frankfurt a. M. / New York

Kagarlitzky, Boris (2023): Die Sackgasse des Krieges und die Bedeutung des Friedens. In: Hofbauer, H. / Kraft, St. (Hg.), S. 123-134

Klein, Margarete / Major, Claudia (2023): Ensuring Ukraine's security. From ad hoc support to long-term security guarantees as NATO member. SWP Comment 2023/C 46 (swp-berlin.org, 29.6.2023)

Komlosy, Andrea (2023): Historische Momente der ukrainischen Staatsbildung (1917-1991). In: Hofbauer, H. / Kraft, St. (Hg.), S. 13-30

Kostner, Sandra (2023): Verspielte historische Chancen. In: Kostner, S. / Luft, St. (Hg.), S. 53-91

Kostner, Sandra / Luft, Stefan (Hg.) (2023): Ukrainekrieg. Warum Europa eine neue Entspannungspolitik braucht, 2. Aufl. Frankfurt a. M.

Kronauer, Jörg (2018): Meinst du, die Russen wollen Krieg? Russland, der Westen und der zweite Kalte Krieg. Köln

Kronauer, Jörg (2019): Der Rivale. Chinas Aufstieg zur Weltmacht und die Gegenwehr des Westens. Hamburg

Kronauer, Jörg (2022): Der große Aufmarsch – Vorgeschichte zum Krieg. Russland, China und der Westen. Köln

Kronauer, Jörg (2022a): Verschärfte Frontstellung. Das strategische Konzept der NATO in einer Ära der Großmachtkonfrontation. In: Gehrcke, W. / Reymann, Chr. (Hg.), S. 134-144

Krone-Schmalz, Gabriele (2015): Russland verstehen. Der Kampf um die Ukraine und die Arroganz des Westens. 12. Aufl. München

Liasheva, Alona (2022): Wohnraum und Krieg in der Ukraine. In: Ukraine-Analysen, Ausgabe 271 (laender-analysen.de, 13.7.2022)

LMd (10.8.2007): Chauvier, Jean-Marie: Die alten Geister sind zurück. In: Le Monde diplomatique

LMd (13.10.2022): Marc Endeweld: Umkämpfte Reaktoren. In: Le Monde diplomatique

Luft, Stefan (2023): Kein Ende in Sicht – Der Krieg in der Ukraine ohne Maß und Ziel. In: Hintergrund, H. 9/10, S. 34-36

Luhmann, Niklas (1969): Legitimation durch Verfahren. Neuwied a. Rh / Berlin

Malek, Martin (2002): Russlands Westpolitik nach dem 11. September. Die postsowjetische Tangente des »Krieges gegen den Terror« (kas.de)

Mearsheimer, John (2014): Why the Ukraine Crisis Is the West's Fault. In: Foreign Affairs, September/October 2014, S. 77-89

Mearsheimer, John (2022): The causes and consequences of the Ukraine war. A lecture (6.6.2022). www.youtube.com/watch?app=desktop&v=qciVozNtCDM

Mearsheimer, John (2023a): The Darkness Ahead: Where the Ukaine War is Headed, 23.6.2023, https://mearsheimer.substack.com/p/the-darkness-ahead-where-the-ukraine

Mearsheimer, John (2023b): Israel-Hamas, Ukraine-Russia and China. The Brisbane Lecture, 30.10.2023. https://scheerpost.com bzw. www.youtube.com/watch?v=62FCVJycwSA

Neelsen, John P. (2023): Zeitenwende. Ende westlicher Hegemonie – Niedergang mit Schrecken. In: Ukraine-Krieg – Weltordnungskrieg, Das Argument, Nr. 340, S. 50-86

Oermann, Nils Ole / Wolff, Hans-Jürgen (2020): Wirtschaftskriege. Geschichte und Gegenwart. Bonn (Bundeszentrale für politische Bildung)

Paech, Norman (2003): Die Rolle der UNO und des Sicherheitsrates im Irakkonflikt. In: Aus Politik und Zeitgeschichte (APuZ), 2.6.2003 (bpb.de)

Paech, Norman (2022): Wo bleibt das Völkerrecht? Zu den globalen Regeln der NATO. In: Gehrcke, W. / Reymann, Chr. (Hg.), S. 145-157

Paech, Norman (2023): Verdeckte Kriege im Schatten des Völkerrechts. In: Ukraine-Krieg – Weltordnungskrieg, Das Argument, Nr. 340, S. 182-192

Petro, Nicolai N. (2023): The Tragedy of Ukraine. What Classical Greek Tragedy Can Teach Us About Conflict Resolution. Berlin

Plokhy, Serhii (2022): Das Tor Europas. Die Geschichte der Ukraine. Hamburg

Pindyuk, Olga (2020): The Ukrainian Economy. Is there a reason for optimism? In: Schulze, P. / Veit, W. (Hg.), S. 161-173

RAND Corp. (2023): Samuel Charap / Miranda Priebe: Avoiding a Long War. U.S. Policy and the Trajectory of the Russia-Ukraine Conflict, Januar 2023 (rand.org)

Rude, Matthias (2014): Die gekaufte Revolution. Einflussnahme von Geheimdiensten, NGOs und Stiftungen. In: Thoden, R. / Schiffer, S. (2014), S. 108-120

Rügemer, Werner (2022): »Unsere europäischen Werte«. Höchste Militärausgaben, niedrigste Löhne: Notizen zum Standort Ukraine. In: Gehrcke, W. / Reymann, Chr. (Hg.), S. 63-77

Rügemer, Werner (2024): Die Kapitalisten des 21. Jahrhunderts. Gemeinverständlicher Abriss zum Aufstieg der neuen Finanzakteure. 4., erw. Aufl., Köln

Salomon, David (2022): Selenskyjs T-Shirt oder die Ästhetisierung des Krieges. In: Z. Zeitschrift Marxistische Erneuerung, Nr. 131, S. 73-85

Schröder, Hans-H. (1993): Russland nach der Oktoberkrise. In: Blätter für deutsche und internationale Politik, H. 11, S. 1303-1307

Schuhler, Conrad (2023): Deutschland im Wirtschaftskrieg. Eskalation um jeden Preis. Köln

Schulze Wessel, Martin (2023): Der Fluch des Imperiums. Die Ukraine, Polen und der Irrweg in der russischen Geschichte. München

Schulze, Peter W. (2020): European comprehensive collective security: Missed

oportunities in a rapidly changing international enviroment. In: Schulze / Veit (Hg.), S. 27-47
Schulze, Peter W./Veit, Winfried (Hg.) (2020): Ukraine in the crosshairs of geopolitical power play. Frankfurt a. M.
Segert, Dieter (2023): Post-sowjetischer Kapitalismus als Gesellschaftsform. In: Z. Zeitschrift Marxistische Erneuerung, Nr. 133, S. 25-37
Serfati, Claude (2023): Der Krieg in der Ukraine und die Militarisierung der Europäischen Union. In: Z. Zeitschrift Marxistische Erneuerung, Nr. 135, S. 19-36
Steinberg, Guido (2014): Eine tschetschenische al-Qaida?, Studie der Stiftung Wissenschaft und Politik (SWP aktuell), www.swp-berlin.org, Juni 2014
Steinberg, Thomas Immanuel (2014): Reiches Land – arme Menschen. Landwirtschaft, Rohstoffe und Industrie. In: Thoden, R. / Schiffer (Hg.), S. 31-41
Stiglitz, Joseph (1999): Quis custodiet ipsos custodes? In: Challenge 42,6, S. 26-67
Stone, Oliver (2018): Die Putin-Interviews. Die vollständigen Abschriften. Rottenburg
Thoden, Ronald / Schiffer, Sabine (Hg.) (2014): Ukraine im Visier. Russlands Nachbar als Zielscheibe geostrategischer Interessen. Frankfurt a. M.
Trautvetter, Bernhard (2023): Friedensökologie und Ukrainekrieg. In: Gehrcke, W. / Reymann, Chr. (Hg.), S. 121-132
Ukrainekrieg – Weltordnungskrieg. Fronten, Folgen, Formen – Eine Zwischenbilanz (2023), Das Argument, Nr. 340. Hamburg
Vercueil, Julien (2023): Die Herausbildung des rentenbasierten Akkumulationsregimes in Russland. In: Z. Zeitschrift Marxistische Erneuerung, Nr. 133, S. 38-52.
Wagner, Jürgen (2014): Der lange Arm der EU. Assoziationsabkommen und Expansionspolitik. In: Thoden, R. / Schiffer, S. (Hg.) (2014), S. 56-70
Wagner, Jürgen (2022): Im Rüstungswahn. Deutschlands Zeitenwende zu Aufrüstung und Militarisierung. Köln
Wagner, Jürgen (2023): USA-EU. Vasall, Partner, Gegner? In: Z. Zeitschrift Marxistische Erneuerung. Nr. 135, Sept.
Wallerstein, Immanuel (2004): World-Systems Analysis. An Introduction. Duke University Press
Warweg, Florian (2023): Medien: Vierte Gewalt oder Meinungsmacher? Vortrag bei attac (Dortmund), nds, 18.7.2023
Watkins, Susan (2023): Fünf Kriege in einem. Der Kampf um die Ukraine. In: Ukraine-Krieg – Weltordnungskrieg, Das Argument, Nr. 340, S. 22-35
Wei, Li (2022): Kampf der Systeme. Die amerikanisch-chinesischen Beziehungen im Zeitalter des strategischen Wettbewerbs. Stuttgart
Winter, Valerie (2023a): Die NATO im Vorhof Russlands. In: Hintergrund, H. 7-8, S. 8-11
Winter, Valerie (2023b): Heute Ukraine, morgen Taiwan. In: Hintergrund, H. 9/10, S. 42-44
Witt-Stahl, Susann (8.10.2022): »Die Russen verstehen keine andere Sprache«. In: Hintergrund (www.hintergrund.de)

***

berlin.de, (28.10.2022): www.berlin.de/politische-bildung/politikportal/blog/artikel.1257098.php (Berliner Landeszentrale für politische Bildung)
bmvg.de (29.9.2016): www.bmvg.de/de/aktuelles/agenda-ruestung-zeigt-wirkung-11536 (BMVg: Bundesministerium für Verteidigung)
bpb.de (13.06.2013): www.bpb.de/themen/europa/ukraine-analysen/163083/analyse-die-fortwaehrende-rueckkehr/ (bpb.de: Bundeszentrale für politische Bildung)
bpb.de (2.5.2019) www.bpb.de/kurz-knapp/hintergrund-aktuell/288321/selenskyj-wird-praesident-der-ukraine
bpb.de (31.7.2020): www.bpb.de/kurz-knapp/hintergrund-aktuell/210410/der-zweite-golfkrieg
bpb.de (20.1.2021): www.bpb.de/themen/kriege-konflikte/dossier-kriege-konflikte/233445/verschleppte-konflikte-und-hybride-staatlichkeit-im-post-sowjetischen-raum/#node-content-title-3
bpb.de (22.2.2022): www.bpb.de/themen/europa/ukraine-analysen/nr-262/346833/dokumentation-rede-des-ukrainischen-praesidenten-wolodymyr-selenskyj-auf-der-58-muenchener-sicherheitskonferenz-19-02-2022-muenchen
bpb.de (28.3.2022): www.bpb.de/themen/europa/ukraine-analysen/nr-265/506913/chronik-24-februar-bis-1-maerz-2022
bundestag.de (25.9.2001): www.bundestag.de/parlament/geschichte/gastredner/putin/putin_wort-244966
bundeswehr.de (17.6.2023): www.bundeswehr.de/de/aktuelles/veranstaltungen-bundeswehr/tdbw-tag-der-bundeswehr-5519914
BZ (6.4.2021): www.berliner-zeitung.de/politik-gesellschaft/ukraine-li.150872
BZ (6.2.2023): www.berliner-zeitung.de/open-source/naftali-bennett-wollte-den-frieden-zwischen-ukraine-und-russland-wer-hat-blockiert-li.314871
cargill.com (16.7.2021): www.cargill.com/2021/cargill-becomes-majority-shareholder-of-its-joint-venture
Crawford, Neta C. (2019): Pentagon Fuel Use, Climate Change, and the Costs of War, hrsgg. v. Watson Institute / International and Public Affairs, 12.6.2019 (PDF: https://watson.brown.edu)
data2.unhcr.org (2023): https://data2.unhcr.org/en/situations/ukraine
derstandard.at (5.3.2022): www.derstandard.de/story/2000133861105/wirtschaftshistoriker-tooze-wir-fuehren-einen-wirtschaftskrieg-gegen-russland
die-linke.de: www.die-linke.de/partei/parteistruktur/zusammenschluesse/bag-frieden-und-internationale-politik
dw.com (15.6.2022): www.dw.com/en/poroshenko-for-peace-we-need-three-things-weapons-weapons-weapons/video-62144627 (dw.com: Deutsche Welle)
dw.com (27.6.2022): www.dw.com/de/der-co2-stiefelabdruck-des-ukraine-krieges/a-62251474
dw.com (19.3.2023): www.dw.com/de/irak-krieg-nach-der-l%C3%BCge-folgte-der-v%C3%B6lkerrechtsbruch/a-64942299
emma.de (4.3.2022): www.emma.de/artikel/russland-will-verhandeln-340083
emma.de (12.1.2023) www.emma.de/artikel/erich-vad-was-sind-die-kriegsziele-340045

eurasischesmagazin.de (4.9.2015): www.eurasischesmagazin.de/artikel/Im-Ukraine-Konflikt-mischt-die-Diaspora-in-Kanada-kraeftig-mit/15015

euromaidanpress.com (März 2016) https://euromaidanpress.com/wp-content/uploads/2016/04/Info-2-1.jpg März 2016

euronews.com (8.8.2018): https://de.euronews.com/2018/08/08/europas-vergessener-konflikt-der-kaukasuskrieg

FAZ (27.3.2022): www.faz.net/aktuell/feuilleton/debatten/selenskyjs-videobotschaften-neues-genre-politischer-kommunikation-17908876.html

fian.at (7.7.2015): https://fian.at/de/artikel/neue-studie-eu-fordert-land-grabbing-und-landkonze

focus.de (12.8.2022): www.focus.de/politik/ausland/ukraine-krise/wirbel-nach-desastroeser-zustandsbeschreibung-russischer-truppen-experten-erzaehlen-viel-muell-ex-bundeswehrgeneral-warnt-davor-putins-armee-zu-unterschaetzen_id_133257174.html

fr.de (24.2.2023): www.fr.de/kultur/gesellschaft/soziologe-wolfgang-streeck-die-amerikaner-meinen-es-bitterernst-92108110.html

freitag.de (14.4.2022): Shaun Walker: Tage, die nie verblassen werden (www.freitag.de/autoren/the-guardian/russische-soldaten-verlassen-die-zerstoerte-stadt-trostjanez)

freitag.de (6.4.2022): www.freitag.de/autoren/der-freitag/politologin-tatjana-stanowaja-wladimir-putins-stellung-ist-in-gefahr

freitag.de (29.6.2023): www.freitag.de/autoren/eva-marburg/der-ukrainische-regisseur-stas-zhyrkov-ich-weine-bei-fast-jeder-probe

freitag.de (7.9.2023): www.freitag.de/autoren/konrad-ege/weisser-putsch-unter-cia-beihilfe-wird-1973-in-chile-salvador-allende-gestuerzt

der Freitag (29.6.2023): Gerd Meißner: Wladimir Putin kann sich Nachsicht gegenüber Jewgeni Prigoschin nicht leisten (freitag.de)

der Freitag (20.7.2023): Nikita Gerasimov: Warten auf die zweite Welle (freitag.de)

ft.com (8.4.2023): www.ft.com/content/119a620c-bf47-4b2f-90a7-5473828c8b16 (ft.com: Financial Times)

Hintergrund (2.4.2022): www.hintergrund.de/politik/welt/ueber-den-beginn-des-ukrainischen-kriegs/)

Hintergrund (8.10.2022): www.hintergrund.de/feuilleton/die-russen-verstehen-keine-andere-sprache/?highlight=Witt%20Stahl.

hromadske.tv (2013): www.hromadske.tv/files/6/a/6aabd00-annual-fin-report---eng.pdf

IMI-Studie (4.11.2019): Marc Werner: Das US-Militär: Auf Kriegsfuß mit dem Klima, 2019/7 (darin u.a. zur Studie von Crawford 2019; www.imi-online.de)

IMI (21.3.2022): Jacqueline Andres: Militär, Manöver und der Sprit, IMI-Analyse 2022/12, in: AUSDRUCK, März 2022 (www.imi-online.de)

IMI (Juni 2023): Ausdruck. Magazin der Informationsstelle Militarisierung (IMI), Ausg. 113. Darin: Andreas Seifert: Ungebrochen oder modernisiert?, S. 5-8; Jürgen Wagner: Militärhaushalt 2024, S. 47-49 (PDF: www.imi-online.de)

independent.co.uk (18.7.2023): www.independent.co.uk/news/mark-milley-ap-ukraine-kyiv-washington-b2377626.html

just-now.news (25.11.2022): https://just-now.news/de/deutschland/buergermeister-von-charkow-fuer-verwendung-russischer-sprache-bestraft
jW (8.4.2022): Guillermo Quintero: Im zerstörten Mariupol [jW: jungewelt.de/junge Welt]
jW (12.4.2022): Henken, Lühr: Was zuvor geschah
jW (19.9.2022): Projanski, Harald: »Los von Moskau«
jW (2.12.2022): Reinhard Lauterbach: Mit Melnyk im Plenarsaal. Der »Holodomor«-Beschluss des Bundestages
jW (14.3.2023): Projanski, Harald: Wie rechts ist der Kreml?
jW (24.2.2023): Reinhard Lauterbach: Ein Ende nicht absehbar
jW (17.4.2023): Reinhard Lauterbach: Bomben auf Ostermesse
jW (22.6.2023): Reinhard Lauterbach: Angriff stockt
jW (1.7.2023): »Wir brauchen eine multipolare Welt« Interview mit Jeffrey Sachs
jW (13.7.2023): Moss Robeson: Banderisierung der Ukraine
jW (25.7.2023): Reinhard Lauterbach: Blutiges Patt
jW (5.8.2023): Reinhard Lauterbach: Keine Lust auf Krieg
jW (14.8.2023): Jürgen Wagner: Aufrüstung um jeden Preis
jW (8.9.2023): Rippel-Lau, Ute: Für ein völkerrechtliches Verbot von Uranmunition
kas.de (Sept. 2002): www.kas.de/documents/252038/253252/7_dokument_dok_pdf_754_1.pdf/723f5c1f-aef4-c611-d4bf-1f19b974faa8 (kas.de: Konrad-Adenauer-Stiftung)
laender-analysen.de (13.7.2022): https://laender-analysen.de/ukraine-analysen/271/wohnraum-und-krieg-in-der-ukraine/ (Liasheva 2022)
marx21.de (19.9.2022): www.marx21.de/ukraine-die-invasion-des-kapitals/?utm_source=rss&utm_medium=rss&utm_campaign=ukraine-die-invasion-des-kapitals
mdr.de (1.9.2022): www.mdr.de/geschichte/zeitgeschichte-gegenwart/politik-gesellschaft/ende-der-sowjetunion-100.html
mediendienst-integration.de (2023): https://mediendienst-integration.de/migration/flucht-asyl/ukrainische-fluechtlinge.html
merkur.de (10.12.2022): www.merkur.de/politik/russland-ukraine-krieg-angela-merkel-interview-zeit-minsker-abkommen-kreml-putin-sacharowa-91967216.html
merkur.de (22.3.2023): www.merkur.de/politik/friedensplan-wladimir-putin-xi-jinping-treffen-moskau-ukraine-krieg-waffenlieferungen-haftbefehl-wirtschaft-zr-92157489.html
Monthly Review (11.12.2021): https://mronline.org/2021/12/11/the-maidan-massacre-in-ukraine
morningstaronline.co.uk (8.4.2022): https://morningstaronline.co.uk/article/e/editorial-afghanistan-model-why-arms-ukraine-will-only-increase-its-peoples-suffering
myrotvorets.center (undatiert): https://myrotvorets.center/criminal
n-tv.de (24.11.2022): www.n-tv.de/mediathek/videos/politik/Ukraine-Krieg-General-a-D-warnt-vor-falschen-Schluessen-ging-nie-um-Sieg-ueber-Russland-article23740490.html

n-tv.de (24.8.2023): www.n-tv.de/politik/Baerbock-enttaeuscht-von-Wirkung-der-Russland-Sanktionen-article24348710.html

nau.ch (14.11.2022): www.nau.ch/news/europa/ukraine-krieg-putin-kollaborateure-in-cherson-an-lampen-angebunden-66337981

nd-aktuell.de (22.8.2023): www.nd-aktuell.de/artikel/1175716.ukraine-krieg-ist-es-auch-wahnsinn-so-hat-es-methode.html (nd.DerTag)

nds (27.7.2021): www.nachdenkseiten.de/?p=74658 (Ehemaliger russischer Diplomat Platoschkin über russische und deutsche Linke) *[Bei den nds-Beiträgen wird der jeweilige Titel genannt, da er aus dem Link nicht hervorgeht]*

nds (26.11.2022): www.nachdenkseiten.de/?p=90830 (Interview: Wieso ruft der Chef des US-Generalstabs Mark Milley jetzt zu Verhandlungen mit Russland auf?)

nds (9.12.2022): www.nachdenkseiten.de/?p=91331#note_1 (Keine Zukunft ohne Vergangenheit: Ein Leben mit russischem Pass in der Ukraine)

nds (14.12.2022): www.nachdenkseiten.de/?p=91561 (Der Rückzug von Kiew, Butscha und Boris Johnson)

nds (11.4.2023): www.nachdenkseiten.de/?p=96200 (Stimmen aus der Ukraine: Die letzte Etappe auf dem Weg zur Errichtung des Totalitarismus)

nds (30.6.2023): www.nachdenkseiten.de/?p=100131 (Der Journalist Pawel Wolkow über seine Flucht aus der Ukraine)

nds (6.7.2023): www.nachdenkseiten.de/?p=100476 (»Ohne den Putsch von 2014 würde die Ukraine in Frieden leben«)

nds (7.7.2023): www.nachdenkseiten.de/?p=100483 (»Der Krieg in der Ukraine ist ein Krieg um den Dollar«)

nds (18.7.2023): www.nachdenkseiten.de/?p=101250 (Vortrag von Florian Warweg bei Attac Dortmund: »Medien: Vierte Gewalt oder Meinungsmacher?«)

nds (20.7.2023): www.nachdenkseiten.de/?p=101332

nds (27.7.2023): www.nachdenkseiten.de/?p=101728 (Russischer Marxist Boris Kagarlitsky verhaftet)

nds (1.8.2023): www.nachdenkseiten.de/?p=101916 (Vereinbarungen gebrochen, Vertrauen verspielt)

nds (1.9.2023a): www.nachdenkseiten.de/?p=103160 (Video/youtube-Link zu Weltwoche-Interview »Nato-General Kujat: Ukraine-Krieg ist für Selenskyj ungewinnbar, EU-Eskalation bleibt eine Gefahr«)

nds (1.9.2023b): www.nachdenkseiten.de/?p=103152 (Lügen, Leoparden und notwendige Gemetzel)

nds (6.9.2023): www.nachdenkseiten.de/?p=103402 (Ukraine-Krieg: Das Geschäft mit dem Tod)

nds (7.9.2023): www.nachdenkseiten.de/?p=103460 (Krieg ohne Krieger – oder: Das phantomhafte Töten und Sterben an der Front)

nordkurier.de (22.12.2023): www.nordkurier.de/politik/geht-es-beim-ukraine-krieg-um-lithium-fuer-europas-e-autos-2147933

nytimes.com (8.3.1992): www.nytimes.com/1992/03/08/world/excerpts-from-pentagon-s-plan-prevent-the-re-emergence-of-a-new-rival.html (Wolfowitz-Doktrin)

nytimes.com (5.2.1997): www.nytimes.com/1997/02/05/opinion/a-fateful-error.html (nytimes.com: New York Times)

nzz.ch (5.7.2022): www.nzz.ch/international/ukraine-krieg-in-cherson-buergermeister-als-held-oder-verraeter-ld.1691788 [NZZ: Neue Zürcher Zeitung]
oaklandinstitute.org (6.8.2021): www.oaklandinstitute.org/blog/who-really-benefits-creation-land-market-ukraine
osce.org (30.1.2015): www.osce.org/ukraine-smm/138296
rbb24.de (15.5.2022): www.rbb24.de/panorama/beitrag/2022/05/treibhausgas-emissionen-bundeswehr-erheblich-gestiegen-klima.html
rnd.de (15.6.2022): www.rnd.de/politik/umfrage-nur-66-prozent-der-deutschen-machen-russland-fuer-angriffskrieg-verantwortlich-BCPAFKAR5AYHAAQ2-JC5M4KJHCQ.html (rnd.de: Redaktionsnetzwerk Deutschland)
saxios.com (22.2.2023): www.axios.com/2023/02/22/israel-russia-invasion-ukraine-bennett-mediation-failure
spiegel.de (27.2.2004): www.spiegel.de/politik/ausland/sabotageexporte-an-die-sowjets-cia-lieferte-hightech-mit-kleinen-fehlern-a-288186.html
srf.ch (6.7.2022): www.srf.ch/news/international/krieg-in-der-ukraine-ukrainische-truppen-haben-grosse-verluste-erlitten
statista.com (5.5.2023): https://de.statista.com/statistik/daten/studie/163882/umfrage/dokumentierte-zivile-todesopfer-im-irakkrieg-seit-2003
statista.com, (27.7.2023): www.statista.com/statistics/1293301/combined-defense-expenditures-nato
statista.com (27.10.2023): https://de.statista.com/statistik/daten/studie/1338426/umfrage/ukraine-krieg-woechentliche-kampfhandlungen
statista.com (30.11.2023): https://de.statista.com/statistik/daten/studie/157935/umfrage/laender-mit-den-hoechsten- militaerausgaben
swp-berlin.org (29.6.2023): www.swp-berlin.org/publikation/dauerhafte-sicherheit-fuer-die-ukraine (swp-berlin.org: Stiftung Wissenschaft und Politik)
swp-berlin.org (Juni 2014): www.swp-berlin.org/publications/products/aktuell/2014A40_sgb.pdf
SZ (25.11.2010): www.sueddeutsche.de/wirtschaft/putin-plaedoyer-fuer-wirtschaftsgemeinschaft-von-lissabon-bis-wladiwostok-1.1027908
SZ (28.3.2022): www.sueddeutsche.de/kolumne/praesident-selenskij-richtige-oder-beschaemende-reaktion-des-bundestags-1.5556115
SZ (17.6.2023): Florian Hassel / Theresa Palm: Katastrophe in Sicht (www.sueddeutsche.de/projekte/artikel/politik/saporischschja-ukraine-russland-akw-staudamm-gau-krieg-e671727/?reduced=true)
SZ (29.6.2023): Georg Ismar / Georg Mascolo: Wohin mit dem Kanzler? (online 28.6.2023: www.sueddeutsche.de/projekte/artikel/politik/bundesregierung-bunker-katastrophenfall-evakuierung-bundeswehr-e609454/?reduced=true)
SZ (4.7.2023): Cathrin Kahlweit: Gift der Enttäuschung (online 3.7.2023: www.sueddeutsche.de/meinung/ukraine-offensive-russland-kommentar-1.5992999?reduced=true)
SZ (18.7.2023): Florian Hassel: Die Stille mitten im Sturm. (online 17.7.2023: www.sueddeutsche.de/projekte/artikel/politik/bachmut-stellungskrieg-atilleriebrigade-e436916/?reduced=true)
t-online.de (3.12.2022): www.t-online.de/nachrichten/ukraine/id_100086798/

ukraine-krieg-stadt-der-kollaborateure-wollten-uns-zu-russen-umerziehen-.html

t-online.de (19.6.2023): www.t-online.de/nachrichten/ukraine/id_100192192/gegenoffensive-der-ukraine-experte-haben-russen-sehr-intelligent-gemacht-.html

tagesschau.de (22.11.2022): www.tagesschau.de/faktenfinder/video-kriegsverbrechen-ukraine-101.html

taz.de (12.5.2016): https://taz.de/Datenleak-in-der-Ostukraine/!5304013

taz.de (30.3.2021): https://taz.de/Antislawischer-Rassismus-in-Deutschland/!5758259

telepolis.de (4.10.2022): www.telepolis.de/features/Ukraine-Krieg-Was-viele-Laender-der-Welt-jetzt-fordern-7283419.html

telepolis.de (5.3.2023): www.telepolis.de/features/Mammut-Militaerausgaben-in-Polen-7535793.html

telepolis.de (2.6.2023): www.telepolis.de/features/Militaerisch-Industrieller-Exzess-Was-Kriege-wie-in-der-Ukraine-wirklich-kosten-9159234.html

telepolis.de (28.7.2023): www.telepolis.de/features/Medienbericht-USA-wussten-dass-die-Offensive-in-der-Ukraine-scheitern-wuerde-9228546.html

telepolis.de (30.7.2023): www.telepolis.de/features/Ukraine-Krieg-Wie-die-Russen-an-der-Heimatfront-ihre-Jungs-unterstuetzen-9229733.html

telepolis.de (4.8.2023): www.telepolis.de/features/Ukraine-2023-Blutiges-Ringen-um-ein-altes-Prinzip-9234448.html

telepolis.de (11.8.2023): www.telepolis.de/features/Die-ukrainische-Gegenoffensive-ist-gescheitert-9241084.html

thegrayzone.com (28.4.2022): https://thegrayzone.com/2022/04/28/zelensky-celebrity-populist-pinochet-neoliberal

theguardian.com (28.4.2022): www.theguardian.com/commentisfree/2022/apr/28/liz-truss-ukraine-war-russia-conservative-power

theguardian.com (17.11.2023): www.theguardian.com/commentisfree/2023/nov/17/gaza-invasion-israel-west-crisis?CMP=share_btn_link

transparency.org (2013): www.transparency.org/en/cpi/2013

tv.spiegel.de (4.7.2022): https://tv.spiegel.de/programm/artikel/spiegel-tv-als-putin-den-tod-nach-butscha-brachte-rekonstruktion-eines-beispiellosen-kriegsverbrechens; vgl. gleichnamiges SpiegelTV-Video unter: www.youtube.com/watch?v=a_AEYHwXT14 (23 Minuten)

uacrisis.org (6.4.2017) https://uacrisis.org/de/54793-top-5-ukrainian-oligarchs

uacrisis.org (11.9.2017): https://uacrisis.org/de/60230-need-know-healthcare-reform-ukraine

ukraine-nachrichten.de (29.9.2008): https://ukraine-nachrichten.de/israel-kann-holodomor-golodomor-nicht-genozid-anerkennen_726

washingtonpost.com (08.08.2022): www.washingtonpost.com/world/2022/08/08/ukraine-bucha-bodies

washingtonpost.com (22.7.2023): www.washingtonpost.com/world/2023/07/22/ukraine-is-now-most-mined-country-it-will-take-decades-make-safe

washingtonpost.com (17.8.2023): www.washingtonpost.com/national-security/2023/08/17/ukraine-counteroffensive-melitopol

welt.de (27.3.2023): www.welt.de/regionales/hamburg/article237772009/Russen-in-Deutschland-Auf-einmal-sind-das-die-Boesen.html
welt.de (29.8.2020): www.welt.de/wirtschaft/article211016375/CO2-Emissionen-Krieg-und-Ruestung-die-vergessenen-Klimasuender.html
weltexpress.info (24.12.2022): https://weltexpress.info/kissinger-bringt-realismus-in-die-ukraine-debatte-und-bestaetigt-eine-verschwoerungstheorie
weltwoche.ch (22.2.2023): https://weltwoche.ch/story/der-westen-hat-den-krieg-provoziert
weltwoche.ch (27.8.2023): https://weltwoche.ch/daily/bidens-politik-ist-dumm-us-oekonom-jeffrey-d-sachs-ueber-das-beispiellose-versagen-der-amerikaner-dass-sie-sich-weigern-mit-russland-zu-verhandeln
wiiw.ac.at (Sept. 2019): https://wiiw.ac.at/die-lohnentwicklung-in-den-westbalkan-laendern-moldau-und-der-ukraine-dlp-5021.pdf
wikipedia.org: ›Bachmut‹; https://de.wikipedia.org/wiki/Bachmut
wikipedia.org: ›Kriegsverbrechen im Russisch-Ukrainischen Krieg‹; https://de.wikipedia.org/wiki/Kriegsverbrechen_im_Russisch-Ukrainischen_Krieg
wikipedia.org: ›Massaker von Butscha‹; https://de.wikipedia.org/wiki/Massaker_von_Butscha
wikipedia.org: ›Militärbasen‹ (Liste von Militärbasen der Vereinigten Staaten im Ausland): https://de.wikipedia.org/wiki/Liste_von_Milit%C3%A4rbasen_der_Vereinigten_Staaten_im_Ausland
wikipedia.org: ›Mink II‹: https://de.wikipedia.org/wiki/Minsk_II#Vor_Ort
wikipedia.org: ›Organisation Ukrainischer Nationalisten‹; https://de.wikipedia.org/wiki/Organisation_Ukrainischer_Nationalisten#Historische_Einordnung_und_Beurteilung
wikipedia.org: ›Russischer Überfall auf die Ukraine seit 2022‹; https://de.wikipedia.org/wiki/Russischer_%C3%9Cberfall_auf_die_Ukraine_seit_2022
worldleaders.columbia.edu (Sept. 2007): https://worldleaders.columbia.edu/directory/mikheil-saakashvili
woz.ch (23.4.2020): www.woz.ch/2017/uranmunition/die-waffe-die-noch-ewig-toetet
wsws.org (17.3.2022): Andre Damon: Die Aufrüstung der Ukraine durch die USA im Vorfeld des Kriegs www.wsws.org/de/articles/2022/03/17/pers-m17.html
youtube.com, 30.6.2023: www.youtube.com/watch?v=gx7tF2-Pn00 (Interview mit John Mearsheimer)
youtube.com (23.7.2023): www.youtube.com/watch?v=rCLPxJ0wNhU (Interview mit John Mearsheimer)
youtube.com (5.9.2023a), https://www.youtube.com/watch?v=v1gk6HmeUr8 (Interview mit US-Colonel Douglas Macgregor)
youtube (5.9.2023b): www.youtube.com/watch?v=YPmBpU9QxrE (Eyes on the world: Judge Napolitano's Judging Freedom & Douglas Macgregor: Ukraine war analysis)
zdf.de (23.9.2023): www.zdf.de/nachrichten/politik/lawrow-un-friedensplan-getreideabkommen-ukraine-krieg-russland-100.html
zdf.de (12.4.2023): www.zdf.de/nachrichten/politik/pentagon-leaks-usa-verluste-ukraine-krieg-russland-100.html

zeit.de (21.10.2014): www.zeit.de/politik/ausland/2014-10/human-rights-watch-ukraine-streubomben?utm_referrer=https%3A%2F%2Fwww.google.com%2F

zeit.de (24.2.2022): www.zeit.de/politik/ausland/2022-02/wladimir-putin-rede-militaereinsatz-ukraine-wortlaut

Die Zeit (7.12.2022): www.zeit.de/2022/51/angela-merkel-russland-fluechtlingskrise-bundeskanzler/komplettansicht (Nr. 51/2022, Titelstory: Merkel-Interview: »Auch wir hätten schneller auf die Aggressivität Russlands reagieren müssen«)

ZgK (Nr. 54): Lühr Henken: Deutsche Rüstungsausgaben drohen zu explodieren. In: Zeitung gegen den Krieg, Herbst 2023 (www.zeitung-gegen-den-krieg.de)

z.i.f. (18.1.2023) https://zeitgeschehen-im-fokus.ch/de/newspaper-ausgabe/nr-1-vom-18-januar-2023.html#article_1460

zois-berlin.de (9.1.2019): www.zois-berlin.de/publikationen/zois-spotlight/2019/der-verkauf-von-agrarland-in-der-ukraine (ZOiS: Zentrum für Osteuropa- und internationale Studien)

Alle Links (URLs) wurden zuletzt bei Abschluss des Manuskripts im Spätherbst 2023 eingesehen.

Georg Auernheimer

Globalisierung

Basiswissen Politik / Geschichte / Ökonomie

Pocketformat
131 Seiten, € 9,90
ISBN 978-3-89438-689-4

Der Kapitalismus ist seit seinen Anfängen expansiv. Der Wachstumsimperativ verlangt stets neue Anlagemöglichkeiten, Rohstoffquellen und Absatzmärkte sowie billige Arbeitskräfte. Die Globalisierung ist daher nichts prinzipiell Neues. Jedoch hat die neoliberale Agenda in Kombination mit der digitalen Revolution wirtschaftliche Prozesse entgrenzt und die spekulativen Finanzgeschäfte auf ungeahnte Art beschleunigt. Der offene Weltmarkt hat gigantische Monopole begünstigt. Die Ökonomie hat sich staatlicher Kontrolle entzogen, das Kapital herrscht fast uneingeschränkt. Georg Auernheimer skizziert die Folgen des Standortwettbewerbs für die alten Industrieländer und diejenigen von IWF-Auflagen und Freihandel für den Globalen Süden. Die Rolle der supranationalen Institutionen wird kritisch hinterfragt. Den Elitennetzwerken werden Ansätze von Widerstand gegenübergestellt. Abschließend geht es um die neue Weltmacht China und die geopolitischen Konflikte der Zukunft.

PapyRossa Verlag